みぢかな倒産法

石川　明編

不磨書房

はしがき

　近時，倒産法学の発展にはいちじるしいものがある。経済不況にともなう倒産件数の増加はその一因であるが，民事再生法の制定や破産法の改正作業も大きな刺戟になっている。

　本書は，倒産法学の近時の発展をふまえて最新の学説や判例を加えて編集されている。

　ご多忙中にもかかわらず本書の執筆を引き受けていただいた先生方，とりわけ編集の補助をしていただいた岡伸浩，草鹿晋一の両氏および本書の出版を御世話いただいた不磨書房の稲葉文彦氏に深堪の感謝の意を表したい。

　2002年3月

　　　　　　　　　　　　　　　　　　　　編者　　石川　　明

目　次

はしがき

第1編　倒産制度

第1章　倒産とは何か …………………………………………… 2
第2章　倒産処理の体系 ………………………………………… 3
第3章　倒産処理制度の概要 …………………………………… 4
　1　破　産　*4*
　2　特別清算　*5*
　3　会社更生　*7*
　4　会社整理　*9*
　5　民事再生　*11*

第2編　破　産　法

第1章　序　説 ………………………………………………… 16
　1　破　産　*16*
　2　破産制度の必要性　*16*

第2章　破産手続の主体は誰か ……………………………… 18
　1　破産手続は誰の手によって行われるのか　*18*
　2　破産者および債権者の権利・義務　*18*
　3　破産管財人による破産者の財産の中立・公平な処分　*20*
　4　破産裁判所による破産手続の指揮・監督　*24*
　5　債権者集会──債権者に情報を提供し，意思決定させる場──　*25*
　6　監査委員による管財人の監督・補助　*27*

第3章　破産の開始 …………………………………………… 28
　1　破産手続の開始──本章で扱われる問題──　*28*

　　　　2　破産能力　*29*
　　　　3　破産原因　*33*
　　　　4　破産宣告　*38*
　　　　5　破産宣告前の保全処分　*43*
　　　　6　破産手続の開始とその効果　*46*

第4章　破産債権 …………………………………………………………*52*
　　　　1　どのような債権が破産手続によって保護されるのか　*52*
　　　　2　破産債権はどのように扱われるのか——破産債権の額と順位——　*54*
　　　　3　一つの債権について複数の債務者がいるとき破産法ではどのように処理されるのか——多数債務者関係と破産債権——　*58*
　　　　4　破産債権の確定　*61*

第5章　破産財団 …………………………………………………………*64*
　　　　1　破産財団　*64*
　　　　2　破産財団の範囲　*66*
　　　　3　自由財産　*72*

第6章　破産者をめぐる法律関係 ………………………………………*73*
　　　　1　破産宣告は破産者をめぐる法律関係にどのような影響を与えるのか　*73*
　　　　2　破産宣告後の破産者の行為　*73*
　　　　3　破産宣告前からの法律関係の調整　*77*
　　　　4　係属中の訴訟関係・執行関係　*84*

第7章　否認権 ……………………………………………………………*87*
　　　　1　否認権の意義　*87*
　　　　2　否認権の類型　*89*
　　　　3　手形支払の例外　*101*
　　　　4　対抗要件の否認——登記登録なども否認の対象となる——　*103*
　　　　5　執行行為の否認　*105*

6　転得者に対する否認　*107*
　　　7　否認権の行使——否認権は訴えまたは抗弁による——　*109*
　　　8　否認の効果　*112*
　　　9　相手方の地位　*114*
　　　10　否認権の消滅　*116*
　　　11　否認の登記　*116*

第8章　破産財団の減少 …………………………………………… *118*
　　　1　破産財団の減少とは　*118*
　　　2　取戻権　*119*
　　　3　別除権　*125*
　　　4　相殺権　*130*
　　　5　財団債権　*137*

第9章　破産手続の実施 ……………………………………………… *142*
　　　1　破産財団の管理と換価　*142*
　　　2　配当による破産手続の終了　*147*
　　　3　配当によらない手続の終了　*153*

第10章　免責，復権，破産犯罪 …………………………………… *160*
　　　1　破産者の債務の免責　*160*
　　　2　復　権　*165*
　　　3　破産犯罪　*166*

第3編　民事再生法（個人再生手続を除く）

第1章　民事再生法の制定の経緯 ………………………………… *172*
　　　1　従来の日本の倒産法制　*172*
　　　2　倒産法改正作業　*172*

第2章　従来の和議手続の問題点は ……………………………… *174*
　　　1　和議手続の問題点　*174*
　　　2　再生手続の制度　*175*

第 3 章 再生手続の概要と 4 類型 ……………………………177
1 再生手続の概要 *177*
2 再生手続の 4 類型 *178*

第 4 章 申立から手続開始まで ……………………………183
1 再生手続開始の申立 *183*
2 管　轄 *187*
3 事件に関する文書等の閲覧等 *189*
4 財産の保全措置 *191*

第 5 章 再生手続の開始 ……………………………198
1 再生手続開始決定 *198*
2 同時処分 *198*
3 開始決定と再生債務者の地位 *198*
4 開始決定が債権者に与える影響 *199*
5 個別的権利行使の禁止 *199*
6 共益債権化の許可 *200*
7 開始決定の手続的効力 *200*
8 再生債務者の行為の制限 *201*
9 開始後の権利取得 *202*
10 開始後の登記および登録 *202*
11 双務契約関係への影響 *203*
12 不服申立 *204*

第 6 章 組織法上の特例 ……………………………205
1 減資等に関する商法の適用除外 *205*
2 営業譲渡に関する商法の特例 *206*

第 7 章 再生手続の機関等 ……………………………209
1 再生債務者 *209*
2 裁判所から選任される機関 *210*
3 再生債権者の役割 *213*

　　　　　　　　　　　　　　　　　　　　　　　　　目　　次　ix

　　　　4　労働組合等の関与　*215*

第 8 章　再生債権・共益債権等 ……………………………………………*217*

　　　　1　再生債権　*217*

　　　　2　共益債権　*218*

　　　　3　一般優先債権　*218*

　　　　4　開始後債権　*219*

第 9 章　再生債権の届出および調査確定 …………………………………*220*

　　　　1　届　　出　*220*

　　　　2　債権の調査および確定　*220*

第10章　再生債務者の財産の管理 …………………………………………*222*

　　　　1　財産評定とは何か　*222*

　　　　2　財産評定の必要性　*222*

　　　　3　財産目録，貸借対照表の作成　*223*

　　　　4　裁判所への報告　*223*

第11章　担保権の取扱い ……………………………………………………*225*

　　　　1　別除権　*225*

　　　　2　担保権消滅制度　*225*

第12章　再生計画 ……………………………………………………………*228*

　　　　1　再生計画とは何か　*228*

　　　　2　再生計画案の提出　*228*

　　　　3　再生計画の成立手続　*229*

　　　　4　再生計画の認可　*230*

　　　　5　再生計画案の条項　*231*

　　　　6　再生計画の条件　*233*

　　　　7　再生計画認可の効力　*233*

　　　　8　再生計画の遂行　*234*

第13章　再生手続の終了 ……………………………………………………*235*

　　　　1　再生手続の終結　*235*

2　再生手続の廃止　*235*

第14章　簡易再生・同意再生 ………………………………………………*236*

　　1　簡易再生・同意再生の必要性　*236*
　　2　手続の概要　*236*

第4編　個人再生手続

第1章　個人再生手続の創設 ……………………………………………*240*

第2章　住宅資金貸付債権に関する特則 ……………………………*241*

　　1　住宅資金特別条項を定めることができる場合　*241*
　　2　住宅資金特別条項を定めることができない場合　*242*
　　3　住宅の意義　*243*
　　4　住宅資金特別条項の内容　*243*
　　5　抵当権の実行としての競売手続の中止命令　*245*
　　6　再生計画の決議　*245*
　　7　再生計画の不認可　*246*
　　8　再生計画の認可およびその効力　*246*
　　9　抵当権への影響　*247*
　　10　保証人等への影響　*247*
　　11　再生計画の取消　*248*

第3章　小規模個人再生 ……………………………………………………*249*

　　1　はじめに　*249*
　　2　手　続　*249*
　　3　機　関　*250*
　　4　再生債権の手続内的確定　*251*
　　5　再生債務者の財産の調査および報告　*253*
　　6　再生計画案の作成および提出　*254*
　　7　再生計画案の決議　*256*
　　8　裁判所の認可決定　*257*
　　9　認可の効力　*257*

　　　　10　小規模個人再生の終了　*258*
　　　　11　再生計画の変更　*259*
　　　　12　免　責　*259*

第4章　給与所得者等再生 ……………………………………………*262*
　　　　1　申述権者　*262*
　　　　2　申立手続　*263*
　　　　3　再申立の制限　*263*
　　　　4　再生計画　*263*
　　　　5　再生手続の終結　*265*
　　　　6　再生手続の廃止　*265*
　　　　7　再生計画の変更・取消　*265*

第5編　国際倒産

第1章　序　論 ……………………………………………………………*268*
　　　　1　旧来のわが国の国際倒産法の状況　*268*
　　　　2　現行国際倒産法制の特色──厳格な属地主義からの脱却──　*270*

第2章　国際倒産法管轄 …………………………………………………*272*

第3章　外国人の地位──相互主義からの完全平等主義へ── ………*274*

第4章　日本の倒産手続の対外的効力 …………………………………*276*

第5章　外国倒産手続の承認 ……………………………………………*278*
　　　　1　序　*278*
　　　　2　外国倒産手続の承認　*279*

第6章　並行倒産 …………………………………………………………*291*
　　　　1　管財人の権限　*291*
　　　　2　並行倒産における債権者平等　*292*

第7章　内外手続の調整 …………………………………………………*295*
　　　　1　外国倒産手続の承認と国内倒産手続の競合　*295*

2　外国倒産手続の承認申立の競合　　297

第8章　倒産抵触法……………………………………………………299
　　1　総論──「手続は法廷地法による」の原則との関係──　299
　　2　各　論　300

事項索引……………………………………………………………303

第1編
倒産制度

第1章 ■ 倒産とは何か

「倒産」とは，債務者が，弁済期にある債務を一般的に弁済することができなくなった状態，すなわち，決定的な経済的破綻状態をいう。ここで「一般的に」とは，特定の債務という個別的な意味ではなく，ある債務者が負担しているすべての債務という意味である。もともと「倒産」は，日常用語として利用され，法律用語ではなかった。しかし，倒産件数の増加に伴って社会問題化し，たとえば，中小企業倒産防止共済法（昭和58年法律84号）によって「倒産」という言葉が法律用語としても利用されることになった。同法2条2項では，「倒産」とは，「一，破産，再生手続開始，更生手続開始，整理開始又は特別清算開始の申立てがされること。二，手形交換所において，その手形交換所で手形交換を行っている金融機関が金融取引を停止する原因となる事実についての公表がこれらの金融機関に対してされること」と定義している。

第2章 ■ 倒産処理の体系

　倒産処理の方法には，法律上の手続に則って行う「法的整理」と当事者間の任意の交渉を通じて和解を進めていく「任意整理」（私的整理ともいう）がある。前者の「法的整理」には，もはやその企業を存続させることはできないとして，企業を清算させる倒産処理手続（「清算型倒産処理手続」）とその企業を将来的に再建させることを目的とする倒産処理手続（「再建型倒産処理手続」）がある。また，任意整理（私的整理）にも当事者が清算を求めるか，再建を求めるかによって清算型と再建型がある。任意整理は，法的整理と比べて簡易で迅速な処理が期待できるという長所がある。しかし他方で，短所として，いわゆる整理屋などの詐害的債権者に対し，どこまで監視監督して公平な処理を実現できるかという問題がある。

　法的整理としてわが国では，4つの法典上に5つの手続を用意している。具体的には，清算型倒産処理手続として破産法上の破産手続，商法上の特別清算手続があり，再建型倒産処理手続として民事再生法上の民事再生手続，会社更生法上の会社更生手続，そして商法上の会社整理手続の5つである。これらをまとめて「倒産5法」または広く「倒産処理制度」などと呼んでいる。

第3章 ■ 倒産処理制度の概要

　それぞれの倒産処理制度は特色を有している。これらの手続の特色を踏まえて当該倒産事件にふさわしい手続が選択されていくことが望ましいといえる。そこで，ここでは各倒産処理制度について，その特徴と手続の概要を検討する。

1　破　　産

(1)　破産手続の特徴
　破産手続は，支払不能・債務超過（破産原因）の状態にある債務者について，裁判所から選任される破産管財人が，破産者の全財産を換価して現金化し，債権額に応じて債権者に平等に配当する清算型の法的整理手続である。法的倒産処理の手続の中で最も利用件数が多く，個人から大企業まで幅広く利用されている。

(2)　破産手続の概要
　(a)　破産申立　　破産手続は，債権者または債務者が申し立てることができる（破産法132条1項：以下条文のみ）。実務上，債権者申立に比べて，債務者自らが破産申立を行う場合（「自己破産の申立」）が圧倒的に多い。

　(b)　破産宣告および破産管財人の選任　　申立後，裁判所の審理（破産原因の有無）を経て破産宣告（126条）がなされ，同時に破産管財人が選任される（142条1項）。破産管財人は，破産者の全財産について管理処分権を持つ（7条）。破産宣告後は，債権者の個別的権利行使は禁止され（16条），債権者は破産法上の債権の届出，調査・確定という手続によってのみ権利を行使することが可能となる。ただし，破産財団に属する財産のうえに存在する抵当権者，質権者および特別の先取特権者は別除権者（92条）として破産手続によらずに，担保権を実行することが可能である（95条）。この別除権者は，別除権の実行によって回収できない不足額について，一般の破産債権者として破産手続に参

加できる（96条）。

　(c) **債権の届出・調査**　債権者は，破産裁判所からの通知に従って，期限までに裁判所に債権を届け出る（228条）。債権調査期日において，破産管財人は届出のあった各債権の存否や額について調査し（231条），異議がないときは配当の対象となる債権およびその額が確定する（240条1項）。

　(d) **債権者集会**　債権者集会では，破産管財人は破産宣告にいたった事情ならびに破産者および破産財団に関する経過や現状について報告する（193条）。実務上，任務終了の際の債権者集会と区別する意味で，とくに「第一回債権者集会」と呼んでいる。債権者集会の決議には，出席破産債権者数の過半数，かつ，総債権額の過半数の同意を必要とする（179条1項）。

　(e) **配当**　破産管財人は，債権調査終了後裁判所の許可を得て，遅滞なく配当を実施する（256条・257条）。配当は，予め定められた債権の優先順位に従って，債権額に応じて平等に行われることになる（39条・40条）。

　(f) **破産終結**　最後配当の報告のための債権者集会が終結したときは，裁判所は破産終結の決定をする（282条1項）。これによって破産手続は終了する。

　なお，東京地方裁判所民事20部（破産再生部）では，とくに破産事件が急増している現状を踏まえ，申立に必要な予納金を少額として，破産宣告後の手続の簡略化を認めた上で，第一回債権者集会（この場合，破産宣告決定からおおむね3カ月程度）での終結を目指し，迅速な処理を実現しようとするいわゆる「少額管財手続」を実施している。

2　特別清算

(1) 特別清算手続の特徴

　特別清算は，解散後清算中の株式会社に，債務超過の疑い（特別清算原因）がある場合に，裁判所の監督のもとに清算を進める清算型の手続である。法定多数の債権者の同意を得た上で協定を成立させることによって手続が進められる。破産手続と同じく法的倒産処理手続であるが，株式会社のみを対象としている。特別清算手続では，たとえば破産手続と異なり債権者が届け出た債権について，調査・確定手続が認められていない。また，破産手続のような否認権

の制度もない。そのため、債権の存否について争いのある場合や否認権行使の必要が認められる場合には、この手続は適当でないということができる。特別清算手続は、かつてはあまり利用されていなかったものの、破産事件の増加に従って、近時、利用件数が増加している。その理由としては、破産に比べて簡易かつ迅速に清算処理を進めることが可能であり、たとえば、大口の債権者が親会社である場合の子会社の清算など大口債権者の協力が得られやすい清算処理などに適していること、貸倒引当金や貸倒損失の計上の点でメリットがあること、また、「破産」という言葉の持つ負のイメージを受けずに事実上破産手続と同様の清算を実施できることなどが指摘されている。

(2) 特別清算手続の概要

(a) 清算人の選任　特別清算開始の申立に先立って、株主総会の解散決議により当該株式会社の解散を行い、清算人を選任すること（商法417条：以下、商）が必要である。

(b) 特別清算の申立　特別清算は、債権者、清算人、監査役または株主が申し立てることができる（商431条1項）。清算人には、会社に債務超過の疑いがある場合は、特別清算の申立をする義務がある（同2項）。

(c) 開始命令　裁判所は、清算の遂行に著しい障害があると認める場合、会社に対して特別清算の開始を命じることができる（商431条1項）。開始命令があると、原則としてそれまでの清算人が特別清算人に就任する（商435条1項参照）。開始命令後は、債権者の債権回収行為は一切禁止されることになる（商433条で383条を準用）。担保権者は担保権の実行を自由にできるが、裁判所は必要と判断したときは、一定の期間担保権者の競売手続の中止を命じることも可能である（商433条で384条を準用）。

(d) 債権の申出　債権者は、債権申出催告期限内に会社に債権の申出をする。清算人は、債権者が申し出た債権について議決権を行使させるか否か、行使させる場合は、その金額を定め、異議があるときは裁判所が定める（商441条）。

(e) 協定の認可　特別清算では、清算会社の清算人の側から債権者に対して協定案（弁済条件）が提示される（商447条）。債権者集会の法定多数決（出席債権者の過半数かつ議決権を行使することを得べき総債権額の4分の3以

上）および裁判所の認可が得られれば協定案は可決される（商450条1項2項）。実務上，協定案の多くは，債権の大幅な免除と免除後の債権についての長期の分割払を提案するものである。協定案は債権者間の平等を確保するのが原則であるが，実質的な公平を害さない範囲内で債権者の間に差を設けることも可能である（商448条1項但書）。具体的には，少額の債権者に対しては弁済率を高くして，早期に処理することなどが行われている。

(f) 手続の終結　清算が結了または清算の必要がなくなった場合は，清算人等一定の者の申立により清算終結決定をする（商456条1項による399条の準用）。これによって特別清算手続は終了する。

3　会　社　更　生

(1)　会社更生手続の特徴

　会社更生は，主として上場企業など大規模な株式会社の再建を目的とし，裁判所の監督を受けつつ，一般債権者のみならず，担保権者も更生担保権として手続に取り込み，すべての債権者の権利行使を禁止する再建型の倒産処理手続である。これは，法的倒産手続の中で最も厳格な手続であるといえる。

(2)　会社更生手続の概要

(a)　会社更生の申立　事業の継続に著しい支障をきたすことなく債務を弁済できないとき，または破産原因が生ずるおそれがある場合等に，会社は裁判所に対し更生手続開始の申立をすることができる（会社更生法30条1項：以下，会更）。

(b)　保全処分　裁判所は，更生手続開始申立後，開始決定までの間に財産が散逸するのを防止する趣旨で，申立会社の弁済禁止，処分禁止などの保全処分をすることができる（会更39条1項前段）。

(c)　保全管理人の選任と保全管理命令　更生手続開始申立後，裁判所から保全管理人による管理を命ずる処分（保全管理命令）が下され（会更39条1項後段），保全管理人が選任される。保全管理人は，裁判所が選任する更生手続上の機関であり，会社の事業経営権および財産の管理処分権を専有し（会更40条1項），会社役員等に対して，会社の業務・財産の状況について報告を求め，

会社の帳簿，書類等を検査する役割を担う（会更43条1項・98条の2）。保全管理人の職務権限の範囲は，原則的に「会社の常務」に限定され，常務外の行為を行うには裁判所の許可を必要とする（会更40条1項但書）。これは，保全管理人が，会社更生手続開始申立から開始決定に至るまでの財産を保全し，更生手続が開始できるかを調査する暫定的な機関であることを考慮したためである。

保全管理人は事業を継続しながら，会社財産の状況や更生の見込みについて調査し裁判所に報告を行う。また，保全期間中に更生手続開始決定後の会社を人的・物的に支援するスポンサー企業を選定することも，保全管理人の重要な任務である。

(d) 更生手続開始決定　裁判所が，更生の見込みがない等の理由で申立を棄却する場合等を除き，開始決定が出され，会社更生手続が開始される（会更38条・47条）。更生開始決定後すべての債権者は，強制執行，担保権の実行等の一切の権利行使が禁止され，更生手続によらなければ弁済を受けることができなくなる（会更112条）。保全管理命令から更生手続開始決定までの期間はかつては，おおむね3カ月程度であったが，近年は早期手続開始の要請が高まり，1カ月やそれ以内の期間で開始決定が出されるケースも増加している。

(e) 更生管財人の選任　更生手続開始決定と同時に更生管財人が選任され，会社の事業の経営ならびに財産の管理および処分をする権利は，更生管財人に専属する（会更53条）。更生管財人には，主として会社の事業面を担当する者と法律面を担当する者が選任されるのが通例である。実務上，前者を「事業管財人」，後者を「法律管財人」と呼んでいる。事業管財人には，保全期間中に選定されたスポンサー会社の役員クラスの者が就任し，法律管財人には，保全管理人として選任されていた弁護士がそのまま選任されるのが一般である。更生管財人は，会社の業務執行，財産の管理処分権を有し，事業を継続しつつ会社の資産を評価して（会更177条），更生計画案を作成する（会更189条1項）。

(f) 債権の届出・調査　債権者の会社に対する債権は，すべて届出（会更125条・126条），調査，確定（会更136条から156条）という手続を経て行使される。

(g) 関係人集会　債権の届出後，裁判所は更生管財人，会社，債権者，担保権者，株主を招集して関係人集会を開く（会更164条）。関係人集会では，更生管財人から経過等の報告がなされ（会更187条），株主，債権者は質問や意見

を述べることができる（会更188条）。実務上，更生手続開始決定後行われるこの関係人集会を「第一回関係人集会」と呼んで，後に行われる更生計画案の審議・議決のための関係人集会と区別している。

(h) 更生計画の認可　更生計画には，弁済率，弁済方法などが定められる（会更211条1項）。更生計画は，法律上，会社，債権者，担保権者，または株主も作成することができると規定されているが（会更190条），事実上困難であり，更生管財人（会更189条）が作成するのが一般である。更生計画案は関係人集会において債権者，株主の組別（一般債権，優先債権，担保権，株主等）ごとの法定多数により可決される（会更204条・205条）。「第一回関係人集会」に対して，この更生計画案の審議・決議のための関係人集会を，実務上「第二・第三回関係人集会」と呼んでいる。関係人集会で可決された更生計画案は，裁判所の認可を経て効力を持つ（会更232条・236条）。更生計画が認可されたときは，計画によって認められた更生債権者表または更生担保権者表の記載は，確定判決と同一の効力を持つことになる（会更245条）。

(i) 更生手続の終結　更生計画が遂行されたとき，または計画が遂行されることが確実であると認められるに至ったときは，裁判所は，更生管財人の申立によりまたは職権で，更生手続終結の決定をする（会更272条1項）。これによって会社更生手続は終了する。

4　会　社　整　理

(1)　会社整理手続の特徴

会社整理手続は，その対象が株式会社であること，開始原因が破産にいたる前の支払不能または債務超過に陥るおそれがあると認めるときで足りること（商法381条1項前段），経営陣の交替が強制されないこと，否認権や債権確定手続がないこと等が特徴である。また，会社整理手続には，多数決原理による強制力がないため，債権者の数が比較的少なく，かつその協力を見込める可能性が高い場合に用いられている。同じく再建型倒産処理手続である会社更生手続と比較して，実務上は「ミニ会社更生」などと呼ばれているが，利用件数は少ない。

(2) 会社整理手続の概要

(a) 会社整理申立　　取締役，監査役，発行済株式総数の100分の3以上に相当する株式を6カ月前より有する株主，または資本の10分の1以上に相当する額の債権者が申立できる（商381条1項）。裁判所は，申立直後に，財産の散逸を防止するために保全処分を出すことができる（商386条2項）。

(b) 整理開始命令　　裁判所は，支払不能または債務超過に陥るおそれがあるとき，またはその疑いがあるときに，会社整理の開始を命じることができる（商381条1項）。整理開始命令後は，債権者は一切の債権回収行為を禁止されるが，担保権者は担保権の実行を自由に行うことができる。ただし，裁判所は一定期間，競売手続の中止を命じることができる（商383条・384条）。

(c) 監督命令および検査役または監督員の選任等　　裁判所は，整理開始の命令を行った場合で必要があると認めるときは，検査命令によって検査役を選任し，会社の業務および財産について検査をさせることができる（商388条）。裁判所は，整理開始の命令を行った場合で必要があると認めるときは，会社の業務および財産に対する監督命令を出し，裁判所の選任した監督員に監督を行わせる（商397条）。実務上，検査役または監督員は，保全処分と同時に選任されるのが通常である。また，裁判所は管理命令によって管理人を選任し，会社の業務および財産に関する管理の命令をすることができるが，実務上，管理人が選任されることは例外で，開始命令が発令されても原則として引き続き現経営陣が経営権と財産の管理処分権を持つのが一般的である。

(d) 整理計画案の提示　　裁判所は，整理に関する立案または実行の命令を出した場合，必要があると認めるときは整理委員を選任することができる（商391条1項）。整理委員は，整理計画の立案を行う（同2項）。

(e) 整理計画の実行　　整理計画は，会社が作成した案に，債権者が個別に同意すれば効力が生じる。整理計画に同意しない債権者の権利は変更されないが，整理終結まで開始命令による権利制限効が及び，強制執行による債権の回収はできない。

(f) 整理終結　　整理が結了または整理の必要がなくなった場合は，裁判所は，整理終結の決定をすることができる（商399条）。これによって会社整理手続は終了する。

5　民事再生

（1）民事再生手続の特徴
　民事再生法は，倒産が急増している経済情勢を踏まえて，和議に代わって主として中小企業の再建を容易にする新再建型の法的倒産手続として，平成12年4月1日から施行された。また，個人債務者のために平成13年4月1日から小規模個人再生と給与所得者等再生手続の新設等を内容とする個人再生手続が施行されている。以下では，個人再生手続を除く通常の再生手続の特徴について検討する。

（2）民事再生手続の概要
　(a) 再生開始申立　債務者が，支払不能や債務超過などの破産状態には至らない前段階での申立ができる（民事再生法21条：以下，民再）。

　(b) 監督委員の選任　裁判所は，再生手続開始の申立があった場合，必要があると認めるときは，監督委員を選任し，業務の監督を命ずる処分および調査委員を選任し，財産の調査を命ずる処分をする（民再54条・62条）。また，裁判所は，再生債務者の財産の管理・処分が妥当でないとき，その他再生債務者の事業の継続のために特に必要があると認めるときは，保全管理人を選任し，保全管理人による管理を命ずる処分をすることができる（民再79条）。この場合，再生債務者の業務執行・財産の管理処分権は保全管理人に移行する（民再81条1項）。

　(c) 開始決定　裁判所は，再生手続開始の申立があったときは，再生計画案の作成・可決・認可の見込みがないことが明らかであるなどの理由で棄却する場合等を除き，再生手続開始の決定をする（民再33条1項）。開始決定後，担保や優先権のない一般債権者は，強制執行などの債権回収行為がすべて禁止され，再生手続によってしか弁済を受けることができなくなる（民再39条・85条1項）。担保権者は，別除権者として原則として，担保権の実行を自由にできる（民再53条2項）が，裁判所が必要と判断した場合，一定期間，競売手続の中止を命じることができる（民再31条）。再生手続では，開始決定後も引き続き従来の経営陣が業務の執行や財産の管理処分権を有するのが原則である（民再38条1項）。

(d) 管財人の選任　　裁判所は，再生債務者の財産の管理・処分が妥当でないなど事業の再生のために特に必要があると認めるときは，再生手続開始決定以降に管財人を選任し，業務および財産の管理を命ずる処分をすることができる（民再64条）。この場合，再生債務者の業務執行・財産の管理処分権は管財人に移行する（民再66条）。管財人は，再生計画案の作成や，その後の履行の責任を負う（民再163条・186条）。

(e) 債権の届出・調査　　債権者は裁判所によって公告・通知された期限までに債権を届け出なくてはならない（民再34条・35条・94条）。債務者や他の債権者からの異議がない場合は，配当の対象となる債権およびその額は確定し（民再104条），異議があった場合は，債権者は確定のために，裁判所に査定の申立を行う（民再105条1項）。なお，簡易な処理を可能にするため，届出債権額の5分の3以上の債権者が，再生計画案および債権の調査・確定手続の省略に同意している場合は，債権の調査・確定手続を省略できる簡易再生手続が認められている（民再211条）。

(f) 再生計画の認可　　再生債務者等は，債権者の権利の変更および弁済に関する条項を定めた再生計画案（民再154条1項）を作成する。再生計画案を可決するには，議決権を行使することができる再生債権者（以下，議決権者という）で出席したものの可半数であって，議決権者の議決権の総額の2分の1以上の議決権を有する者の賛成がなければならない（民再171条4項）。これは，従来の和議手続が総債権額の4分の3以上の債権者の同意を必要としたことに比較して決議要件を緩和したものである。また，届出債権者の全員が右に同意している場合は，債権の調査・確定手続，債権者集会の決議を経ることなく再生計画を速やかに成立させる同意再生手続が認められている（民再217条）。再生計画が債権者の法定多数の同意を得て可決され，裁判所の認可を受けると（民再174条），一般債権者の権利内容は，計画どおりに変更され，一般債権者は計画に従ってのみ弁済を受けることになる（民再85条1項）。再生計画が認可されたときは，再生債権者表の記載は，確定判決と同一の効力を有する（民再180条2項）。

(g) 手続の終結　　再生計画の可決，裁判所の認可により手続は終了する。ただし，監督委員が選任されているときは再生計画の履行を監督する趣旨から，

再生計画認可確定後，3年間は再生計画の遂行を監督する（民再186条2項・188条2項）。

第2編
破　産　法

第1章 ■ 序　　説

1　破　　産

　破産という用語は2つの意味で用いられる。第1は，手続ないし制度としての破産という意味である。この意味で，破産とは，倒産という状態を破産法に従って裁判上処理する手続ないし制度であるということができる（手続としての破産概念）。破産手続は，債務者の全財産を換価処分し，総破産債権者のために換価代金をもって破産財団（配当財団）を形成し，これを配分（配当）する清算手続（破産手続）である。第2に破産とは，債務者の経済的破産状態としての破産という意味でも用いられる（状態としての破産概念）。この意味での破産とは，債務者が，弁済期にある債務を一般的にまた継続的に弁済できなくなった状態をいう。この点，従来は，この意味での破産とは，負債が資産を上回るという債務超過（破産法127条1項：以下条文のみ）の概念を中心に据えて，「ある者が経済的に破綻し，その総財産をもって総債権者に対する債務を完済することができない状態」を意味すると言われてきた。しかし，126条1項は支払不能を破産原因と規定し，債務超過の状態がなくとも支払不能があれば破産原因が認められるとしている。したがって，債務超過概念ではなく，支払不能概念をもって破産概念を説明すべきであるといえる。

2　破産制度の必要性

　破産制度は，債務者が経済的に破綻した場合に債務者の総財産をもって総債権者に対して公平な満足を与えて，財産関係を清算するものである。ではなぜ，破産処理制度が必要なのであろうか。その理由は，次の諸点にある。

（1） 債権者間における平等の確保

債務者が倒産状態に陥ると，債権者は我先にと自分の債権の取立に奔走する。この場合の法的手段としては強制執行があるが，強制執行は債務者の経済的破綻状態を予定して設けられているものではない。経済的破綻状態の下では，強制執行だけでは弁済を受けられない債権者や不公平な弁済しか受けられない債権者が生じてくる。これでは，同じく債権者の立場にある者は平等に扱うという債権者平等の原則に反してしまう。そこで，債権者の個別的な権利行使を禁止して，債務者の総財産を管理し，換価した上で配当という形をとって，総債権者に公平かつ平等に分配するための破産制度が必要となるのである。

（2） 債務者の経済的再起更生の機会の確保

債務者が倒産した状態にあるにもかかわらず，債権者が個別的な権利行使を継続すると，債務者はその対応に追われ，再建に向けて事業を継続することができなくなってしまう。そのため，債権者の個別的な権利行使を禁止して債務者が将来，経済的に再起できるようにすることが必要となる。そこで破産法は，破産手続とは別に免責手続を設け，破産者が負担する債務について破産手続による配当によっても弁済できなかった部分について免責を与えることによって，債務者の経済的再起更生の機会を確保しようとしている。

（3） 社会経済上の不利益の回避

債務者が倒産した状態にある場合，これを放置しておくと最終的に多数の債権者や利害関係人に悪影響を及ぼし，場合によっては倒産してしまう者（連鎖倒産）が発生する。そこで，破産制度を設けて倒産状態に陥った債務者の経済状態が決定的に悪化して極端な状態に陥る前に破産的清算を行い，その経済的破綻による社会的な影響を一定の限度に止めることが必要となるのである。

第 2 章 ■ 破産手続の主体は誰か

1 破産手続は誰の手によって行われるのか

〔例1〕 債務者Xは，資金繰りが苦しくなり，今月末までに計500万円の借金を債権者のYやZらに返すことができなくなった。そこで，破産宣告を受けて，YやZらの債務の取立てを回避し，新たに生活をやり直したい。Xが破産手続を選択した場合，Xの破産手続は，誰の手によって行われるのか。

破産手続は，経済的に破綻した債務者の再起更生のみならず，債権者間の公平な弁済を図るための制度である。債務者の財産を集めて管理・換価し，その換価代金をもって構成する配当財団を債権者間に公平に分配するためには，債務者本人の行為も必要ながら，他のさまざまな機関の介入により，破産手続が客観的かつ適法に行われることが重要である。

そのため，破産者や破産債権者が破産手続を進行するのではなく，むしろ，破産裁判所，破産管財人，債権者集会および監査委員といった機関が，破産手続の運営に携わるように定められている。

破産手続の諸機関の相互関係は，次頁のようにまとめられる（図1）。

2 破産者および債権者の権利・義務

（1） 破産者は何ができ，何ができなくなるのか

債務者は，経済的に破綻し，債務を支払うことができなくなった場合，個々の債権者からの追及を免れ，今までの債務を一度に清算し，新たに経済的出発を図るため，裁判所に破産申立を自ら行うことができる（破産法132条：以下条文のみ）。〔例1〕のXも，破産裁判所で破産を申し立てられる。そして，裁判

第2章 破産手続の主体は誰か

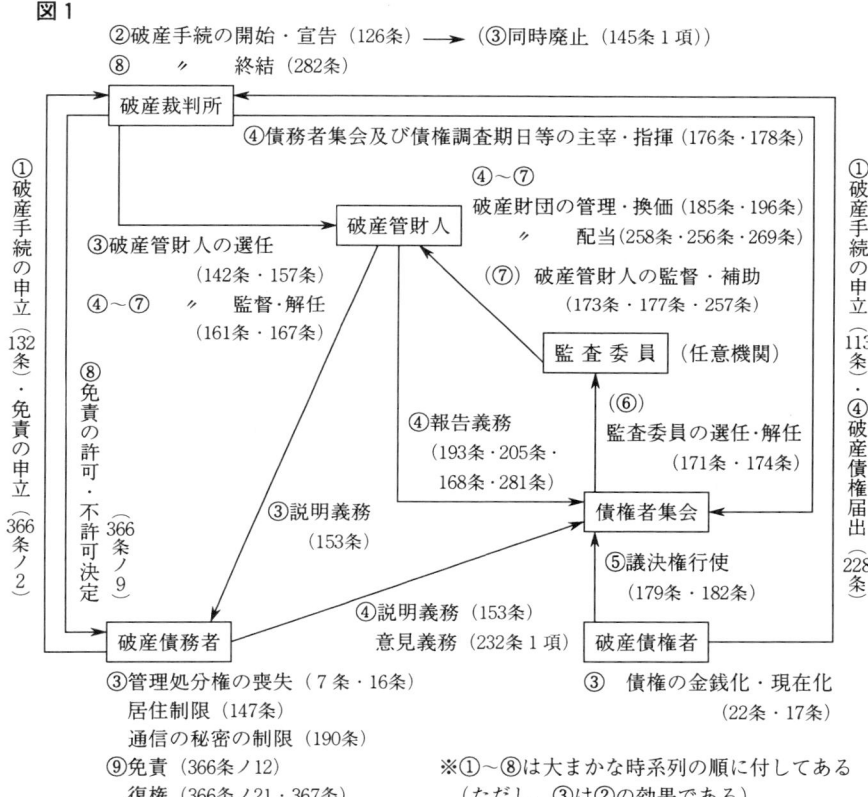

図1

所から破産宣告（126条）を受けると，債務者Xは破産者となる。破産者Xが破産宣告時点で有していた全財産は，原則として破産者Xの手を離れ，裁判所により選任された破産管財人Aの管理下に置かれ（管理処分権の喪失，7条），そこで破産財団を構成する（6条）。ただし，一部の財産については，さまざまな政策的な理由により，破産者Xの自由財産として管理処分権が留保される（破産法と異なり，たとえば民事再生法の下では，再生債務者は管理処分権を原則として喪失しない。民事再生手続は，債務者の経済的活動を維持・再建するための手続で，すべての経済活動を清算する破産手続とは目的が異なるからである）。

破産者Xは，破産手続進行中，自己の財産関係について，破産管財人Aや債

権者集会に対する説明義務（153条）や債権調査期日において意見を述べる義務（232条1項）を負う。また，弁護士や公証人になる資格や後見人や取締役になる資格の制限などの公的制限，あるいは居住制限（147条）や通信の秘密の制限（190条）などの私的制限を受ける。

他方で，破産者Xは，破産手続上の権能として，破産宣告等の破産手続に関する裁判に対する決定に対する不服申立権（112条），強制和議の申立権（290条），免責の申立権（366条ノ2）などを有する。

（2）　債権者は何ができ何ができなくなるのか

〔例1〕の債権者YやZらは，債務者Xの財産について重要な関係を持つため，Xが経済的に破綻しながら破産申立をしていない場合，Xに代わって破産申立をすることができる（132条）。また，債権者Yが抜け駆け的な債権回収をしようとするのを防止するため，債権者Zらは破産宣告前に保全処分の申立もできる（155条）。

破産宣告がなされると，債権者YやZらは破産債権者となる。破産債権とは，破産宣告前の原因にもとづいて生じた財産関係上の請求権（15条）である。その弁済は，破産手続を通じてのみ，破産財産から他の債権との割合に応じて配当として受ける。YやZらは，破産手続内でのみ権利行使が許され，破産手続外で個別的に債権を行使することはできなくなるのである（16条）。破産手続内で権利行使するためには，破産裁判所に債権を届け出て調査・確定手続を経なければならない（228条）。ただし，たとえばYの債権に一定の担保権がついている場合には，債権者Yは，破産手続外でその担保額の範囲内で個別的な権利行使が認められる（別除権・相殺権等）。

また，債権を届け出た債権者YやZらは，破産手続において，自己の公平かつ最大の配当を確保するべく，債権者集会における議決権（179条・182条）や配当表に対する異議権（264条）などの破産手続関与の権能を与えられる。

3　破産管財人による破産者の財産の中立・公平な処分

（1）　破産管財人とは何か

破産管財人は，破産者に代わって破産者の財産を管理・処分する者であり，

破産手続の中心的存在である。破産管財人は、破産宣告と同時に裁判所により選任される（142条1項・157条）。選任された破産管財人は、資格証明書を破産裁判所から交付され（159条1項），利害関係人の請求があれば，その資格証明書を提示しなければならない（159条2項）。破産裁判所は，破産管財人の氏名・住所を公告するとともに，破産決定主文等とこれを併せて記載した書面を，その時点で判明している債権者，破産者等に送達する（143条1項2号・2項）。

破産管財人は，原則として1人であり（158条本文。ただし必要があれば，複数同条但書），自然人に限定される（380条・381条参照）。通常は，破産管財人には管財業務を中立・公平が適切に遂行できる者がふさわしいので，当該事件と利害関係のない弁護士が選任される。

（2） **破産管財人の職務は具体的にどのようなものか**

〔例1〕の破産管財人Aは，破産者Xの破産宣告と同時に裁判所から選任されると，直ちに破産者Xの財産を管理・維持することになる（管理処分権の取得，7条）。

破産管財人の主な職務は，以下のとおり，①破産財団に関する職務，②破産債権の確定に関する職務，③配当に関する職務の3つに大別することができる。

図2　破産管財人の職務

破産財団に関する職務	〈具体的な財産の管理〉 破産財団の占有・管理（185条），封印（186条） 財産の評価（188条） 財産目録・貸借対照表の作成（189条） 郵便物の管理（190条） 財産の換価（196条以下） 〈権利関係の管理〉 破産宣告前の契約関係の処理（59条） 破産財団に属する財産に関する訴訟の受継（69条） 否認権の行使（76条） 債権者取消訴訟の受継（86条）
破産債権の確定に関する職務	届出債権の調査と異議の申立（233条〜240条） 債権確定訴訟の追行・受継（244条〜248条）
配当に関する職務	配当表の作成（258条） 配当の実施（269条）

破産管財人は，これらの職務を遂行するにあたり，善管注意義務（164条）が課せられ，また破産裁判所の監督（161条）を受ける。また，債権者集会，裁判所，破産者に対して各種の報告義務を負う（193条等）。

破産管財人が善管注意義務を怠った場合には，利害関係人に対して損害賠償義務を負う（164条）。たとえば，取立可能な債権の回収を怠り，消滅時効が完成してしまってその回収ができなかった場合（東京高判昭和39年1月23日下民集15巻1号39頁）や，破産財団にとって無用な財産を遅滞なく放棄して財団の減少を最小限度におさえるべきであったのに，それを怠った場合（大阪高判昭和53年12月21日判時926号26頁）等があげられる。

（3） 破産管財人の費用および報酬はどうなっているのか

〔例1〕の破産管財人Aは，職務遂行の費用・報酬を誰からもらえるのか。

破産管財人は，第一にすべての債権者のため，第二に破産者のために公平・中立に職務遂行する者であるから，その活動の費用や報酬は，破産財団が負担する。また，破産管財人の職務の重要性からその費用や報酬請求権は，財団債権（47条3号）として，他の債権に優先して支払われる。破産管財人の報酬額の算定は，裁判所が財団の規模や破産管財人の職務状況を考慮して決定する（166条）。

（4） 破産管財人は破産者の代理人にすぎないのか

〔例1〕の破産管財人Aは，破産者に代わって，しかし債権者等の利害関係人の利益を考慮し中立的に破産者の財産を管理・処分し，また，裁判所の監督の下ではあるが，独立の存在としてすべての債権者に公平な配当を行う者である。この一連の破産管財人の行為の法律的意味は何か。すなわち，破産管財人は，破産者の代理人であるのか（代理人説），裁判所に選任されるので国家機関の1つになるのか（国家機関説），債権者と破産者の利害関係を調整する私人なのか（私法上の職務説），破産者の財産が独立の財団法人となりその代表者なのか（破産財団法主体説）。それとも，財団法人の代表者であり，かつ独立の管理機構の両者を兼ね備える者であるのか（管理機構人格説）については学説上争いがある。

かつては，破産財団を破産者から切り離し，独立の法人格として破産手続の中心にとらえ，破産管財人をその代表者とする破産財団法主体説が主流であっ

た。しかし近時は，それをもとにさらに破産管財人の役割も重要視し，破産管財人自体にも法人格を与える管理機構人格説が有力になっている。

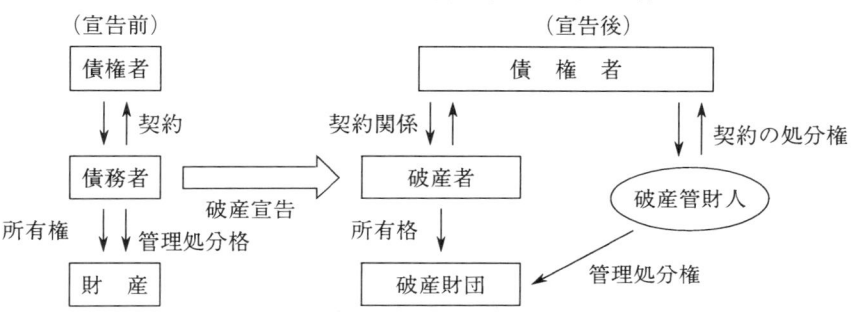

図3　破産宣告後の債務者財産をめぐる主体

（5）　破産管財人と外部の第三者との間の関係はどう考えるべきか

〔例2〕　Xは，自己の土地を甲に売ったが，登記を移転する前に破産宣告を受けた。譲受人甲は，破産管財人Aに対してX本人に対するのと同様に登記なくして対抗できるのか。それとも，破産管財人は破産者とは異なる第三者であるとして破産管財人Aに対抗するには登記が必要か（民法177条参照）。

（4）で見たように，破産管財人の法的地位の問題は，従来，破産手続の内部的法律関係をいかに矛盾なく説明するかという問題として考えられてきたが，それだけではなく，破産管財人と外部の第三者との関係にも同様にあてはめられてきた。しかし最近では，第三者といってもその地位は多様であり，破産管財人と第三者との関係を統一的に捉えるのは困難であるとして，具体的事案ごとに，破産管財人が誰のどのような利益を代表しているかを考えながら，当該第三者との公平も図るべく，実質的な利益考量で決めようとする考えが有力である。これは，事件毎にきめ細かい対応ができるので妥当であろう。

そして，その際の基準として，まず，①破産管財人は，財産の管理処分権を有するという，破産者の一般承継人的な立場である（破産者の法律関係をそのまま受け継ぐ側面がある）ことを念頭におくべきであろう。破産手続外の第三者にとって，相手方の破産により突然自己の地位が不当な状態に陥ることになるのは，酷だからである。

しかし、他方で、②破産管財人は、破産者の立場を離れ、すべての債権者のために中立・公平な立場で財産の管理・処分をする義務を負うという、第三者的立場をも有する点も考慮する必要がある。破産管財人は、債権者のための差押権者的立場でもあるからである。そのため、実体法が差押権者を特に保護している場合には、破産管財人にも同様の保護を与えるべきであろう。たとえば、不動産譲渡や債権譲渡における対抗関係などがこの場合に当たる。

したがって、〔例2〕の場合は、不動産譲渡の対抗関係にあたるので、甲は第三者対抗要件たる登記なくして破産管財人Aに対抗できないことになる（民177条）。

4　破産裁判所による破産手続の指揮・監督

（1）　破産裁判所とは何か

破産裁判所とは、破産手続を開始し、自らその手続を実施し、また実施に関わる破産管財人などの機関を監督し、手続を終結させる職務を負う裁判所である。ただし、破産裁判所という特別裁判所があるわけではなく、地方裁判所の職分管轄に属する（105条）。土地管轄については、第一次的には、債務者の主たる営業所の所在地か、営業所がない場合は、債務者の普通裁判籍所在地である。ただし、相続財産破産の場合は、相続開始地である（106条）。第二次的には、債務者の財産の所在地である（107条）。〔例1〕の債務者Xが自然人で住所も不明な場合は、Xの財産があるところを管轄する裁判所が当該破産事件につき管轄権を有する。この破産手続の管轄は専属管轄であり、当事者の合意管轄は認められない。

（2）　破産裁判所はどのような権能を有するか

破産裁判所は、破産手続の開始から終了までを指揮・監督する指導的役割を有している。当事者の法律関係の判断・決定という通常の訴訟における役割と比べ、破産手続は債務者の財産を管理・処分するという行政的・非訟的側面も有しているため、裁判所はより積極的な役割を担っている。

司法的・訴訟的役割としての裁判所の権限は、主に①破産手続の開始・宣告決定（126条）、②配当表に対する異議の裁判（264条）、③破産終結決定（282

条），④免責の許可・不許可決定（366ノ9）である。

他方，行政的・非訟的役割としての裁判所の権限については，①破産管財人の選任・監督・解任（157条・161条・167条）および②債権者集会の招集・指揮（176条・178条）などがあげられる。

5 債権者集会
―― 債権者に情報提供し，意思決定させる場 ――

(1) 債権者集会とは何か

債権者集会とは，破産手続の直接の利害関係人である債権者に対し，①さまざまな情報を提供すると共に，②重要事項について破産者に意思決定の機会を与え，債権者の共通の利益を破産手続に反映させるための制度である。債権者集会は，破産裁判所の招集により，通常は裁判所内で開かれ（142条・176条），裁判所が指揮する（178条）。

〔例1〕の債権者YやZらは，裁判所で所定の期日に招集される債権者集会を通じて，破産手続の重要な事項に自らの意思決定をもって関わることになる。債権者集会でYやZらが何をできるかについては，以下のとおりである。

図4 債権者集会の権限

情報の収集・交換	破産者等からの説明の聴取（153条） 破産管財人からの経過，状況，計算の報告の聴取（193条，205条，168条・281条）
破産管財人・監査委員に対する監督	破産管財人の解任請求決議（167条） 監査委員の設否・選任・解任の決議（170条・171条・174条） 破産管財人の職務執行に関する監査委員の同意に代わる決議（183条，198条2項等） 扶助料の給与，営業の廃止または継続，高価品の保管方法についての決議（194条） 破産管財人の状況報告方法を定める決議（205条） 破産管財人が換価しなかった財産の処分についての決議（281条） 強制和議の議決（306条） 財団不足による破産廃止に関する意見表明（353条）

(2) 債権者集会は債権者団体という法人格の機関か

〔例1〕のYやZら債権者による債権者集会は，単なる個人の集合ではないのか。

かつては，たとえば株式会社における株主総会のように，債権者集会も破産財団という法人の機関であるという見解があった。現在では，債権者集会は，独立の機関ではなく期日ごとに成立するもの，すなわち債権者の事実上の集合体にすぎないとみるのが通説である。その理由は，会社のような統一ある結合体と認めるだけの組織が実体法上なく，また債権者の利害が共通しているとは限らないからというものである。

しかし，他方で，最近，法が債権者自身に招集申立権を認め，種々の重要事項について債権者集会に自主的な議決権を与えていること，また適切な管理業務を期待する点で利害が共通することから，法人格はないが団体としての債権者団体を肯定する説が有力である。債権者の意思を破産手続に反映させるための手続的保障としての債権者集会の重要性からみると，最近の学説のように考えるのが妥当であろう。

なお，債権者の出席率が低いことが問題になっているという実情から，債権者集会をより法人に近づけてみるべきとの意見もある。

(3) 債権者の議決権とその決議の効力の範囲はどうなっているのか

債権者の議決権は，債権の届出をした債権者に限り，確定した債権額（182条）に応じて認められる。ただし，届出債権者でも劣後的破産債権者（46条）と強制和議の議決における優先的破産債権者（39条）には議決権が認められない（182条5項・293条）。前者は，配当を受けられる可能性が皆無に近いので，決議の利害が非常に薄いからであり，後者は，強制和議において，和議の効力を受けずに弁済を受ける地位が保障されているからである（323条）。

なお，決議事項に特別利害関係を有する債権者は，議決権を行使できない（同条2項）。

決議の成立には，原則として，出席債権者数の過半数で，かつ，出席債権者の債権総額の過半数の賛成が必要である（179条1項）。ただし，出席債権総額の過半数の賛成がある場合，裁判所は決定によって決議が成立したものとみなすことができる（180条1項）。これは，正当な議案が多数の少額債権者の反対

によって否決されるのを防ぐためである。また，強制和議の可決には，出席債権者の過半数で，かつ，債権総額の4分の3以上という特別多数の賛成が必要である（306条1項）。

　適法に成立した決議は，すべての債権者および利害関係人を拘束する。決議の手続に瑕疵があっても，軽微であればその効力に影響はない。ただし，公告されなかった事項の決議など重大な手続的瑕疵や，決議の内容が不当な低価格で財産を売却するなど債権者の一般の利益に反するような重大な瑕疵の場合には，裁判所は決議の執行を禁止できる（184条，重大な手続瑕疵については184条類推適用）。

6　監査委員による管財人の監督・補助

　（1）　監査委員は，債権者の利益を擁護するために，破産管財人の職務執行を監督および補助する者である。監査委員は，破産管財人に対し財団に関する報告を要求したり，財団の状況の調査をする監督的職務（173条等）と，破産管財人の重要行為に関する同意などの補助的職務（196条2項・197条・206条1項・257条・265条2項）を行う。

　ただし，監査委員は，債権者集会の決議と裁判所の認可により設置される任意の機関であり（170条・171条・174条），実務上，監査委員を置く例はほとんどない。というのも，監査委員の数は3名以上必要であるので（171条），その報酬費用がかなり発生し，これを，本来なら破産債権者に対する配当の源資となるべき破産財団が負担しなければならなくなってしまうからである。また，債権者集会は監査委員に優越する地位にあり，債権者集会の決議は監査委員の同意に優先するので，実効性が薄いからである（183条）。

　監査委員の法的地位については，破産財団の機関とみる説と，債権者集会の代表機関とみる説とが大きく対立しているが，監査委員が債権者集会の意思によって設置され解任され，裁判所の監督を受けないことから，債権者集会の代表機関と考えるのが通説的見解である。

第3章 ■ 破産の開始

1 破産手続の開始——本章で扱われる問題——

　破産手続は，原則として利害関係人の申立にもとづき開始される。しかし，申立があれば当然に手続が開始されるわけではなく，破産手続を開始するためには，一定の要件が充足されている必要がある。

　手続開始のための要件として，まず，申立の対象となった債務者に破産手続を利用する資格（破産能力）が備わっていなければならない。破産能力のない者については，いくら申立があったとしても，破産手続を開始することはできないからである。また，破産手続は申立にもとづいて開始されるものであることから，申立が適法になされていることも必要である。具体的には，申立権者が管轄権を有する裁判所に対し法の定める方式に従い適式に申立をなしていること，および，必要な費用が納付されていることがあげられる。これらは，破産手続を開始するための形式的要件である。以上の形式的要件が整っているとしても，破産手続を実施する必要がない場合にまで手続を開始したのでは無益なばかりか有害である。そこで，さらに実質的要件として，破産手続を行わなければならないほど債務者の財産状態が悪化していることを示す事由（破産原因）の存在が要求される。また，破産手続に優先する他の倒産手続がすでに行われている場合には，破産手続を開始することはできないため，これら破産手続開始の障害となる事由が不存在であることも手続開始のための実質的要件とされる。

　申立を受けた裁判所は，以上の形式的・実質的要件が充たされているか審理し，すべての要件が充足されているときには，破産手続を開始する旨の決定（破産宣告決定）をするとともに，手続を進めていくために必要な諸々の処分（同時処分・付随処分）を行う。破産宣告決定がなされると，一般債権者は破

産手続によらずに自分で債権を取り立てるなどの個別的権利行使ができなくなり，また，債務者も破産宣告時に有していた財産については自分の財産であるにもかかわらず管理処分権を奪われ勝手に処分することができなくなる。さらに，身分上も一定の制約を受けることになる。ところで，これら破産手続の効力は破産宣告の時から生ずるため（1条），破産申立がなされてから破産宣告までの期間に債務者が財産を隠したり，一部の債権者が抜け駆け的に債権の回収をはかるおそれがある。そこで，そのような事態を未然に防止し，破産手続の実効性を確保するため，手続開始前といえども債務者の身体や財産に対して一定の暫定的処分（宣告前の保全処分）を行うことが認められている。

　本章においては，これら破産手続の開始にまつわる問題につき，まず破産宣告のための形式的要件である「破産能力」と実質的要件である「破産原因」について説明したうえで（2・3），申立から破産宣告までの手続（4），および，破産宣告決定とその効果（6）についてみていく。また，破産手続開始前の保全処分をめぐる問題についても扱うことにする（5）。

2　破　産　能　力

　民法においては，個別具体的な権利や義務の問題としてではなく，一般的に権利義務の帰属主体となることができるかというレベルにおいて権利能力が問題となり，また，民事訴訟法においても，個別具体的な事件からは離れ，民事訴訟の当事者となることのできる一般的資格・能力の有無というレベルで当事者能力が問題となる。これらと同様に，破産法においても破産宣告を受け破産者となりうる一般的資格として「破産能力」という概念が設けられており，債務者がこの破産能力を有することが手続を開始するための前提要件とされている。

　どのような者に破産能力を認めるかについては，原則的には民事訴訟法上の当事者能力に準じて判断され（108条，民訴28条・29条），自然人，法人，権利能力なき社団・財団に破産能力が認められる。また，これに加えて，相続財産にも破産法上特別に破産能力が認められている。

（1）自　然　人

　自然人については，性別・年齢・職業を問わず，すべて破産能力が認められ

る。このように，自然人である以上，破産能力を当然に認める立場を一般破産主義という。現行破産法の前身である旧商法破産編においては，商人のみに破産能力を認めていたが（商人破産主義），現行法においては，商人であるか否かにより手続を分けることなく自然人すべてにつき破産能力を認める一般破産主義に転じた。自然人の破産能力は，権利能力と同様に出生に始まり死亡により消滅するが，破産手続中に自然人である破産者が死亡した場合には，相続財産について破産手続が続行されることになる（130条）。

外国人の破産能力については，かつては，破産法2条但書に「本国法ニ依リ日本人又ハ日本法人カ同一ノ地位ヲ有スルトキ」に限り破産能力を認める旨の規定が設けられていたため，その解釈をめぐり，①当該外国人の本国法において日本人が日本法と同一の処遇を受ける場合にのみ破産能力を認めるとする見解（実質的相互主義），②当該外国人の本国法において日本人が不利な取扱いを受けていない限り破産能力を認めるとする見解（形式的相互主義），③破産能力については相互主義を否定し，内国人と外国人を区別せずに破産能力を認める見解（無条件平等主義）などが対立していた。しかし，平成12年の改正（平成12年法律128号）によって，この但書が削除されたことにより，破産法においても会社更生法（会更3条）や民事再生法（民再3条）と同様に無条件平等主義を採用するに至り，この議論は立法的に解決された。

（2）法　　人

伝統的な見解は，法人の破産能力につき，まず私法人と公法人に分け，私法人（私法上の法人という意味で，法人内部の法律関係に国家の強制的権力作用が働かない法人）については，株式会社や有限会社のような営利法人（民35条）であると学校法人や宗教法人のような公益法人（民34条）であるとを問わず破産能力を認める。次に，公法人（国家の下に特定の国家的・公共的目的を行うために設立された法人）については，これをさらに，国および地方公共団体のようないわゆる本源的統治団体と，公共組合（国民健康保険組合，農業共済組合など）や公共企業体（日本道路公団，国民生活金融公庫など）のような本源的統治団体以外の公法人に区別し，本源的統治団体については本来的に解体を予定しておらず，破産手続により法人格が消滅すると行政権行使という公共的機能を阻害することになるため法秩序上そのような事態を是認できないと

して，破産能力を否定する（地方自治体が財政的に破綻した場合には，地方財政再建促進特別措置法にもとづき，財政再建団体の指定を受け，国から強制される各種の措置や監督の下で財政再建に取り組むことになる）。これに対し，その他の公法人については，当該公法人の公共性の程度・性質，当該法人限りで破産手続による清算を行う必要性の有無，財政面での国家との結びつきの程度などの要素を総合的に考慮して，個別具体的に破産能力の有無を判断すべきとする。

以上のように，私法人と公法人を分別して考える伝統的な見解に対して，本源的統治団体以外は，公法人であると私法人であるとを問わず，破産能力を否定する規定がない限り原則的には破産能力を肯定し，公共性の程度や財政面での国家との結びつきの程度（国庫からの資金援助の可能性など）については，破産原因の判断基準として考慮すれば足りるとする見解も，近時有力となってきている。

判例としては，財産区の破産能力につき，財産区は公法人であることから一般的清算手続になじまないとして，これを否定したものがあるが（大決昭和12年10月23日民集16巻1544頁［新百選7事件］），これに対しては，とくに後者の見解から強く疑問が呈されている。

(3) 権利能力なき社団・財団

権利能力なき社団・財団については，民事訴訟法は民法とは別の見地から，代表者または管理人の定めがあり，社団・財団としての実体を備えているものについては当事者能力を認めることとしている（民訴29条）。破産能力についても当事者能力とパラレルに考えてよく（108条），権利能力なき社団・財団であっても，民事訴訟法上の当事者能力が認められる限りにおいては，破産能力も肯定される。したがって，民法上の組合（667条）についても，民事訴訟法上の当事者能力が認められるか否かを基準に破産能力の有無が判断されることになる。

(4) 相続財産

相続が行われると，被相続人の財産（相続財産）は資産も負債も含めて相続人に承継され，相続人の固有財産と融合し，この融合した財産全体が被相続人の債権者（相続債権者・受遺者）と相続人の債権者に対する共同の引当財産と

なるのが原則である。しかし，たとえば，相続人の財産は，相続人固有の債権者に対する責任財産としては十分であっても，相続財産が負債ばかりのため，両者が融合した結果，相続債権者と相続人固有の債権者の両者に対する責任財産としては不足してしまうような場合，相続人の債権者は自己の債権を全額回収することはできなくなってしまう。この場合，相続人の債権者としては，被相続人の債権者が参入してきた結果，自己の取り分の一部を被相続人の債権者にいわば横取りされ，本来得られるべき利益を失うことになる。そこで破産法は，このような場合に相続財産と相続人の固有財産を分別し，被相続人の債権者との債権債務関係について相続財産だけを対象として破産的清算を行う相続財産破産の制度を設けている（5条・12条・129条など）。相続財産については民法上の権利能力や民事訴訟法上の当事者能力は認められていないが，以上のような趣旨から破産能力が認められている。なお，相続財産破産における破産者を誰とみるかについては，かつては見解が分かれていたが，現在の学説・実務においては，相続財産自体を破産者とする相続財産破産者説が支配的見解となっている。

相続財産破産に類似する民法上の制度として，被相続人の債務が大きい場合に相続人が相続財産の範囲内でそれを承継する限定承認制度（民922条），相続財産と相続人の固有財産を分離し，相続財産からは相続債権者が優先して弁済を受け，相続人の固有財産からは相続人の債権者が優先弁済を受けるための財産分離制度（民941条）がある。これら民法上の制度と相続財産破産は本来その機能・目的を異にし，相互に競合したり，排斥し合う関係にはなく，その連携（5条・136条2項）が予定されているものである。しかし，①これらの制度はともに相続財産の債務超過の可能性が大きい場合に行われることから事実上の競合関係が生ずること，②相続財産破産には限定承認の効力がないため，破産手続によって弁済できなかった残債務については，相続債権者が相続人の固有財産に権利行使をする可能性があり，相続人およびその債権者の保護としては不十分なこと，③民法上の制度に比べ相続財産破産は手続が複雑なことなどにより，現象的には，相続財産破産はあまり活用されず，これに代替して限定承認制度や財産分離制度が活用されているのが現状である。

3 破産原因

(1) 破産原因とは何か

　破産手続は，経済的に破綻した債務者の従来の財産関係につき，破産宣告の時点を基準に一切合切を清算する手続であるため，ひとたび破産手続が開始されると，債権者・債務者双方の権利義務に重大な影響・変容をもたらすことになる。したがって，破産手続を行う必要性を度外視して手続を開始させることは無意味なばかりか，債権者については不必要な破産的制約を課すことになり，また，債務者についても不必要な清算の危険にさらすことになるため有害である。そのため，破産手続は手続を実施する緊急性・必要性がある場合，すなわち，破産手続による清算を行わなければならないほど債務者の財産状態が悪化している場合に限り，開始するものとしなければならない。そこで破産法は，破産手続を開始しなければならないほど債務者の財産状態が悪化していることを示す事由をあらかじめ定め，その事由がある場合に限り破産手続を開始するものとしている。このような破産手続の始動を促す法定の事由を破産原因といい，その存在は破産宣告のための実質的要件とされている。

　破産原因の定め方としては，破産原因に該当する行為を個別的に列挙する方法（列挙主義）と，債務者の財産状態の悪化を示す事由につき抽象的に包括的概念によって規定する方法（概括主義）があり得るが，わが国の破産法は後者の概括主義によって破産原因を定めている。具体的には，全ての債務者に共通する一般的な破産原因として支払不能を定め（126条1項），支払停止をその推定事由としている（同条2項）。また，合名会社および合資会社を除く法人については支払不能に加えて債務超過をも破産原因とし（127条1項・2項），逆に相続財産破産については債務超過のみを破産原因としている（129条）。

		自然人	株式会社などの物的会社	合名会社・合資会社	相続財産
破産原因	支払不能 （←推定―支払停止）	○	○	○	―
	債務超過	×	○	×	○

(2) 支払不能

支払不能については，法文上は「債務者カ支払ヲ為スコト能ハサルトキ」と規定するのみであるが（126条1項），一般には，「債務者が弁済能力の欠乏のために即時に弁済すべき債務を一般的かつ継続的に弁済することができない客観的状態」と定義されている。この支払不能の定義についてもう少し詳しくみていくことにする。

まず，ここにいう弁済能力とは，財産，信用，労力ないし技能の三要素を総合して判断されるものであり，「弁済能力の欠乏」とはこの三要素のいずれを駆使しても債務を弁済することができない場合を意味する（東京高決昭和33年7月5日金法182号3頁［新百選8事件］）。したがって，財産が不足していても，信用により融資を受けたり，労力や技能を活用することにより弁済資金を捻出することができるのであれば，弁済能力の欠乏にはあたらない。このように，支払不能は財産状態以外に信用や労力をも判断要素とする点で，後に説明する債務超過と異なる。

「即時に弁済すべき債務」とは，履行期が到来し債権者から請求のなされた債務を意味する。したがって，履行期が未到来の債務を将来弁済できないことが予測されても，現時点で履行期が到来している債務を自転車操業状態であるにせよ弁済し続けている限りは支払不能にあたらない。また，ここにいう債務の内容は金銭債務に限られないと解され，資金不足により給付の目的物を調達できず引渡債務を履行できない場合なども支払不能にあたる解される。

「一般的」とは，債務者の負担する債務全体に対する弁済資力が不足していることを意味する。したがって，特定の債務について弁済をしていなくともそれが債務者の弁済資力全体の欠乏によるものでない場合には支払不能にはあたらない。逆に，一部の債務については弁済していても，大部分の債務について弁済資力の欠乏のため弁済できないのであれば支払不能にあたる。

「継続的」とは，弁済できない状態が相当期間継続していることを意味する。したがって，たまたま休日で銀行の口座からお金をおろせないため弁済ができないような場合や，一時的に弁済資金が不足しているが近い将来に融資の実行が予定されており，それによって弁済資力が回復するような場合は，支払不能にあたらない。

支払不能は，債務者の主観的な判断あるいは行為ではなく，上述の各要素を充たす客観的な状態である。すなわち，支払不能というには，客観的にみて，財産・信用・労力を駆使しても弁済資力が不足するため，履行期が到来し債権者から履行を請求された債務の大部分につき相当期間継続的に弁済することができないと判断される状態でなければならない。したがって，債務者が財産を過小評価して支払不能であると判断しても支払不能にあたらないこともあり得るし，逆に債務者自身はまだ支払不能ではないと主張していても，支払不能と認定されることもあり得る。

(3) 支払停止

弁済能力の欠乏のため債務一般を継続的に弁済することができないこと——すなわち，支払不能であること——を外部に表明する債務者の行為を支払停止という。支払停止は債務者の主観的行為であり，客観的状態である支払不能とは異なる。したがって，債務者が自らの弁済資力を過小評価し，客観的には弁済が可能であるにもかかわらず支払不能であると表明した場合であっても，支払停止にあたる。

債務者が支払停止行為を行った場合には，その債務者は支払不能である（すなわち，破産原因がある）と推定されることになる（126条2項）。もっとも，支払停止はあくまでも支払不能を推定する前提事実であり，破産原因そのものではない。したがって，債務者はたとえ支払停止行為を行ったとしても，支払不能でないことを立証すれば支払不能との推定を破り，破産宣告を免れることができる。支払停止があれば支払不能を推定することとしているのは，①債務者の財産状態につきもっとも熟知しているのは債務者自身であり，その債務者が自ら支払不能である旨を外部に表明した場合，客観的にもその債務者は支払不能の状態にあるものと通常は推測されること（支払停止と支払不能の経験則上の関連性），②客観的経済状態である支払不能の立証にあたっては債務者の信用や労力など多くの要素を総合的に考慮しなければならず証明が困難な場合があるため，債務者の主観的行為である支払停止によって支払不能を推定することにより，とくに債権者申立の場合の立証負担を軽減することができること（立証負担の軽減）による。

債務を弁済できない旨の表明は，債権者に対して書面や口頭で通知したり掲

示や貼り紙をするなど明示的なものはもちろん，黙示的にこれを表明するものであってもかまわない。黙示的な表明例としては，店舗や営業所を封鎖した場合やいわゆる夜逃げ（東京高決昭和36年6月30日下民集12巻6号1499頁），銀行取引停止処分に直結する手形の不渡り（1回目の手形不渡りから6カ月以内に2回目の不渡りが発生すると銀行取引停止処分がなされる）などがあげられる。とくに企業の場合には2回目の不渡りが支払停止の典型例とされるが（福岡高決昭和52年10月12日下民集28巻9号～12号1072頁［新百選9事件］），債務者の財産状態によっては1回目の不渡りをもって直ちに支払停止と認定されることもありうる（最判平成6年2月10日裁判集民171号445頁）。なお，支払停止は明示的にせよ黙示的にせよ外部に表明する行為でなければならないため，債務整理の方法について弁護士との間で破産申立の方針を決めただけでは，まだ内部的に支払不能の方針を決めたにとどまり，支払停止にはあたらないとした判例として最判昭和60年2月14日（判時1149号159頁［新百選10事件］）がある。

　支払停止をめぐっては，とくに以下の二点について見解の対立がある。まず第一は，支払停止は破産宣告の時まで持続していなければならないか否かという点である。これにつき従来の通説的見解は，破産宣告をするためには，破産宣告の裁判の時まで支払停止が持続していなければならないとする（山木戸克己・破産法47頁）。これは，支払停止をその成立時から破産宣告時まで継続する「状態」としてとらえるものであり，実質的には客観的状態である支払不能に近い概念として支払停止を位置づけるものといえる。通説がこのように解する背後には，支払停止は支払不能を推定させる前提事実であるばかりでなく，否認（72条2号～5号）や相殺制限（104条2号・4号）の要件としても用いられることから，否認の対象たる行為の相手方や相殺権者の権利保護のためにも，ある程度客観的なもの——一時的な主観的行為ではなく持続性のある客観的状態——であることが望ましいとの考慮がある。以上の通説的見解に対し，支払停止はあくまでも一定時点において成立する債務者の主観的行為であり，客観的状態である支払不能とは一線を画する概念であるとして，持続性を要求しない有力見解（伊藤眞・破産法［全訂第3版補訂版］67頁）が提唱されている。両説の相違は，債務者が支払停止行為後に支払いを再開した場合に端的に現れ，通説によればこのような場合には支払不能を推定することは許されないことに

なるが，有力説ではいったん支払停止があった以上支払不能の推定は存続し，債務者において支払不能でない旨を立証しない限り破産宣告を免れることはできないことになる（ただし有力説においても，支払が再開された場合には，支払不能の不存在が立証されたものとして推定が破られ，破産宣告はなされ得ないとする見解もある（伊藤・前掲書68頁））。

第二の点は第一点とも関連するものであるが，上述したように支払停止には，支払不能を推定する前提事実となるほか，否認や相殺制限の要件としての機能もあるが，このように二つの異なる機能を有する支払停止を単一内容の概念として捉えてもかまわないのかという点である。これについて有力な見解として，支払停止の二つの機能は全く性質が異なるものであり，認定する裁判所や関係する当事者も異なる以上，支払停止の意義を二義的にとらえるべきであり，支払不能を推定する支払停止は債務者の主観的行為で足りるが，否認や相殺の要件となる支払停止は債務者の主観的行為に加え，破産宣告に結びつく客観的状態でなければならないとする，いわゆる支払停止の二義性論が主張されている（青山善充「支払停止の意義および機能」新実務民事訴訟講座(13)55頁）。この見解によれば，支払不能を推定する支払停止については持続性は不要であるが，否認や相殺の要件となる支払停止については持続性が要求されることになる。しかし，この二義性論に対しては，否認や相殺制限の要件としての支払不能を客観的状態とすると，否認や相殺禁止を主張する破産管財人の立証負担が過大になり妥当ではないとの批判（伊藤・前掲書68頁）もあり，通説は，支払停止の二つの機能を認めつつ，その概念としては一義的なものと捉えている。

（4） 債務超過

債務者の資産を全て換価したとしても負債を全額弁済することができない状態，すなわち，債務者の負債の評価額の総計が資産の評価額の総計を上回っている客観的経済状態を債務超過という。合名会社および合資会社を除く法人については支払不能と並ぶ破産原因であり（127条），相続財産については唯一の破産原因とされている（129条）。債務超過は，客観的経済状態である点では支払不能と同様であるが，その判断にあたり，債務者の信用や収入を考慮に入れず資産のみを判断基準とする点（東京高決昭和56年9月7日判時1021号110頁［新百選11事件］参照），履行期未到来の債務についても判断要素に取り込む点で異

なる。

　株式会社や有限会社のような物的会社においては，出資者の責任は出資を限度とする有限責任にとどまり，債権者に対する責任財産は債務者会社が現に有する資産のみである。そのため，物的会社が債務超過に陥った場合，債権者は債権全額を回収することができなくなり，（出資者に対して不足額の穴埋めを求めることはできない），債務者会社が現に有する限られた資産を公平・平等に分配するために破産手続を行う必要が生ずる。そこで，物的会社については債務超過も破産原因とされているのである。これに対し，合名会社や合資会社のような人的会社においては，人的無限責任を負う無限責任社員が存在するため，会社の資産が計数上マイナスとなったとしても，なおこれら無限責任社員の信用を考慮することができるため，債務超過は破産原因とされていないのである。

　ところで，わが国の企業においては，自己資本比率が低く金融機関からの借り入れに依存する割合の高いことが一つの特徴とされており，債務超過の判断にあたりその資産を処分価格によって評価してしまうと，借金経営ながら順調に経営を行っている企業についてまで破産原因が存在することになってしまい，わが国の実状にそぐわないとの指摘がある。そこで，債務超過の判断にあたっては資産を帳簿上の処分価格によるのではなく，事業の継続を前提として継続企業価値によって評価すべきとの見解（谷口安平・倒産処理法［第二版］76頁）や，事業活動が継続している場合とすでに事業活動が停止し清算手続に移行している場合で区別し，前者については継続企業価値により，後者については清算価値（処分価格）により評価すべきとの見解（伊藤・前掲書70頁）が主張されている。わが国の実状に照らせば，少なくとも事業活動が継続している場合には継続企業価値により資産を評価すべきであろう。

4　破産宣告

(1)　破産の申立

　破産手続は破産宣告により開始するが，この破産宣告は申立にもとづいてなされるのが原則である。したがって，破産宣告をするためには，その前提とし

て，申立権者が管轄裁判所に対して適式な方式で申立をしていることが必要となる。ただし例外として，他の倒産手続が不成功に終わったため残された債務者の財産関係につきいわば後始末を行うために破産手続に移行する場合（これを牽連破産という。会更23条1項，民再16条1項，商402条・455条），および，民法上の公益法人（民70条1項）については，裁判所の職権によっても破産宣告がなされる。

（2）申立権者

破産の申立権は，債権者，債務者，債務者に準ずる者が有する。

(a) 債権者　破産手続は，債権者に対し公平・平等な配当弁済を行うことを目的とするものであることから，そのような破産手続の利益を受ける者，すなわち，破産手続が開始された場合に破産債権者の地位に立つ債権者に申立権が認められている。申立債権者となるための債権は，破産宣告前の原因に基づいて生じた財産上の請求権であれば足り，期限付債権，条件付債権，将来の請求権であってもかまわない。また，担保債権者も，不足額については破産債権としての権利行使が認められることから（96条），申立権が認められる。なお，申立人の債権は，破産宣告の時点で存在していなければならないが，破産手続の効力は宣告の時より全ての債権者に対する関係で生ずることから，宣告後であれば申立人の債権が消滅しても破産宣告の効力には影響を及ぼさない。

債権者が破産申立をした場合，その申立債権について時効中断の効力が生ずるかについては議論があるが，破産申立も一種の裁判上の請求として消滅時効の中断事由にあたると解される。さらに判例は，申立が取り下げられた場合であっても，催告としての効力は継続し，取下げ後6カ月以内に訴えを提起することにより時効を確定的に中断できるとしている（最判昭和45年9月10日民集24巻10号1389頁［新百選16事件］）。

(b) 債務者　破産手続が行われると，債務者は財産上・身分上一定の制約を受けることになるが，他面，債権者の執拗な取立てから解放され，さらに，自然人の場合は免責を受けることにより経済的再起更生の機会を得るというメリットもあることから，債務者自身についても破産の申立権が認められている。債務者の申立により行われる破産手続を自己破産といい，最近では多重債務者が免責を受けるために破産の申立をするケースを中心に自己破産の件数が急増

(c) 債務者に準ずる者　法人の破産については，理事，無限責任社員，取締役，清算人等は，債務者に準ずる者として，代表権がなくとも単独で破産の申立をすることができる（133条・135条）。また，民法上の法人の理事や清算人については破産申立が義務とされる場合もある（民70条2項・81条1項，商124条3項・147条・430条1項など）。

(d) 相続財産に対する申立権者　相続財産については，相続債権者，受遺者，相続人，相続財産管理人，および，遺言執行者に破産の申立権が認められる（136条1項。その申立義務につき同条2項）。

(3) 申立の方式

　破産の申立は裁判所に対し書面または口頭により行う（114条）。もっとも，実務上，口頭による申立は皆無であるといってよく，書面による申立が通常である。破産事件については，債務者が営業者のときは主たる営業所所在地の地方裁判所，債務者が営業者であっても営業所を有しないとき，または営業者ではないときは債務者の普通裁判籍（自然人の場合は住所・居所）所在地の地方裁判所が管轄裁判所となり（105条），申立人はそれぞれの事件につき管轄権を有する裁判所に申し立てなければならない。申立にあたっては，申立人（債権者が申立人であるときは被申立人），申立の趣旨（破産宣告を求める旨），申立の原因（債務者につき破産原因が存在する旨）を明らかにし，また，債権者が申立人の場合は1万円，それ以外の場合は600円の申立手数料をあわせて納付しなければならない（民訴費3条1項，別表I—12・16）。

　さらに申立の適法要件として，債権者申立の場合は，申立人が債権者であること（債権の存在）と債務者に破産原因があることについての疎明が要求される（132条2項）。疎明とは，裁判官に一応確からしいとの心証を得させることである。債権者申立の場合，債権者でない者が債権者と偽って申立をしたり，債務者の財産状況に問題がないにもかかわらず嫌がらせや強迫のために申立をすることがあり得るため，申立の段階で債権の存在と破産原因の存在について一応確からしいという程度には明らかにさせることにより，そのような濫用的申立を排除する趣旨である。これに対し，債務者が申立人の場合は，そのような濫用的申立のおそれはないため，以上の点についての疎明は不要である。ま

た，債務者に準ずる者の一部が申立人となっている場合は，破産原因の存在について争いがあることがあり得るため，破産原因の疎明が要求される（134条）。なお，債務者または債務者に準ずる者が申立人の場合は，財産の概況を示す書面および債権者・債務者の一覧表の提出が要請される（138条。ただし，訓示規定）。債務者や債務者に準ずる者はこれらの資料を容易に入手できることから，その後の手続運営の便宜上，申立の段階で提出を要請するものである。

（4） 申立の審理

(a) **形式的要件の審理**　破産の申立があると，申立を受けた裁判所はまず，申立権者が管轄裁判所に対して適式な方式で申立をしているか，債務者に破産能力があるか，債権者申立の場合には債権の存在および破産原因の疎明がなされているかなどの形式的要件について審理する。これらの要件を欠くと判断した場合は，補正を命じ，補正がなされないか不可能なときは，申立書または申立を却下する。ただし，管轄権のない裁判所に申立がなされた場合については，管轄裁判所に事件を移送する。

(b) **費用の予納**　破産手続を行うためには当然のことながら，ある程度の費用がかかる。たとえば，申立から破産宣告までの間でも，破産宣告のための審理にかかる費用，保全処分を行う場合にはそのための費用が，また，破産宣告により手続が開始した後においては，破産財団の占有・管理・換価にかかる費用，破産管財人の報酬，債権の確定のためにかかる費用などがあげられる。これらの費用は手続運営のために必要な費用であり，破産手続が債権者に対し公平・平等な満足を与えることを目的とする手続である以上，破産債権に優先して財団債権として支払われるべき費用である（47条参照）。しかし，実際にこれらの費用を財団債権として支払うことができるようになるのは，破産宣告がなされある程度手続が進行してからのこととなる。そうすると，その段階まで手続を進めるためには，誰かがその間に要する費用を立て替え払いする必要がある。そこで法は，債権者申立の場合において上述の形式的要件が整っているときについては，申立人である債権者にその費用を立て替え払い（予納）させるものとしている（139条1項）。これを予納金という。手続運営のためにかかる費用は個々の事件ごとに異なり一律に定めることはできないため，予納金額は負債総額や債権者数などを考慮して裁判所が裁量により定める（実務上は，

地方裁判所ごとに一応の算定基準が設けられている）。裁判所が定める一定の期間内に予納金が納付されない場合は，裁判所は破産申立を却下（法文上は「棄却」とされているが，「却下」と解すべきである）することができる（139条1項後段）。なお，債権者申立の場合に申立人が拠出した予納金は，手続開始後に財団債権として納付者に償還される。

これに対し，申立人が債権者以外の者である場合には，当面の手続運営に要する費用は国庫から仮に支出（仮支弁）するものとされている（140条前段）。しかし，現実には予算上の制約があり，すべての事件で仮支弁を行うことは不可能であることから，実務上は，法人の場合には仮支弁はなされず手続費用を予納させるのが通常であり，自然人の場合も基本的には予納を求め，どうしても予納ができない場合に限り仮支弁がなされているのが実状である。このような取扱いにつき，「費用を予納できる申立人に対し，任意にこれを予納するように求めること」は禁止されないとする判例（大阪高判昭和59年6月15日訟月30巻12号2569頁［新百選14事件］）もあるが，学説においては根強い批判がある。

(c) 実質的要件の審理　申立につき形式的要件が具備されており，費用の予納がなされると，裁判所は実質的要件，すなわち，①破産原因が存在するか，②破産手続に優先する他の倒産手続が行われていないか（破産障害事由の不存在）について審理する。

債権者申立の場合，申立の段階で破産原因の疎明が要求されているが，この疎明はあくまでも申立の適法要件にすぎず，破産宣告をするための実質的要件の審理段階では証明が必要になる。このことは債務者や債務者に準ずる者が申立人の場合でも同様であり，破産宣告をするためには破産原因の存在について証明が必要である。

債権者申立の場合に債権の存在についても証明を要するかについては争いがある。判例は，破産債権の存在は破産宣告によって確定されるものではないとして疎明で足りるとするが（大判大正3年3月31日民録20輯256頁），学説上は，債務者の利益保護のため申立資格の認定は慎重であるべきであり，原則として証明を要するとする見解，申立人の債権が被申立人の債務の大部分を占めており，申立人の債権の存否により支払不能の認定が左右されるような場合には疎明では足りず証明を要するとの見解も有力に主張されている。申立人の債権の

存在は申立の適法要件であり，また，その証明は比較的容易になしうると考えられることから，原則として証明を要するとする見解に賛成したい。

以上の審理の結果，実質的要件が具備されている場合には破産宣告決定がなされ，具備されていない場合には申立は棄却される。

(d) 審理の方法　破産宣告の要件についての審理は口頭弁論を開かなくても行うことができ（任意的口頭弁論），裁判所は当事者の提出した資料だけでは不十分なときは，職権で調査をすることができる（110条1項・2項）。破産宣告のように債務者の権利に重大な影響を及ぼす裁判を口頭弁論を開かずに行うことの合憲性が争われ，これを合憲とした裁判例として最大決昭和45年6月24日（民集24巻6号610頁［新百選1事件］）がある。なお，実務においては，口頭弁論を開かない場合であっても，債務者が意見を述べる機会を保障するため債務者審尋を行うのが通例である（「破産事件の処理に関する実務上の諸問題」法曹会68頁）。

(5)　申立の取下げ

破産の申立は，申立が義務とされている場合を除き，申立人において自由に取り下げることができる。申立の取下げにあたっては，債権者申立の場合であっても被申立人である債務者の同意は不要であり（この点で，相手方の同意を要する「訴えの取下げ」（民訴261条2項）と異なる），また，いったん申立を取り下げた後に，同一申立人があらためて破産申立をすることも許される。いつの時点まで取下げが許されるかについては争いがあるが，ひとたび破産宣告がなされると総債権者との関係で宣告の効力が生ずる（1条）ことから，取下げが許されるのは破産宣告前までで，破産宣告後はたとえ確定前であっても許されないと解される（大決昭和6年7月31日民集10巻9号619頁）。

5　破産宣告前の保全処分

(1)　破産宣告前の保全処分の意義

破産宣告の効力は宣告の時から生ずるとされているため，申立があっただけでは債権者・債務者とも何ら破産的制約を受けることはなく，債権者は個別的に権利実行をし，債務者は自分で財産を管理処分することができる。破産の申

立がなされたということは，事実上は債務者の財産状態が破綻していることを意味するにもかかわらず，申立から破産宣告までは一定の時間的間隔があるため，この空白の期間中に債権者においては強引に債権の回収をはかったり，また，債務者においては財産を隠匿したり，一部の債権者のみに優先的に弁済をするなどの挙に出るおそれがある。こうした事態を放置すると，不公平な弁済がまかり通るとともに，いざ破産宣告がなされ手続が開始された段階では，債務者のもとにはみるべき財産は残されておらず破産手続を行う意味がないことにもなりかねない。そこで法は，このような事態を未然に防止し，破産手続の実効性を確保するために，破産宣告前の保全処分という制度を設けている。この保全処分には，債務者に一定の人的な制約を課すことにより恣意的な行動を抑制することを目的とする人的保全処分と，債務者の財産を可能な限り固定して将来の破産手続に備えることを目的とする物的保全処分がある。なお，これら破産手続上の保全処分は，その目的・機能・手続などの点で民事保全法上の保全処分とは大きく異なることから，特殊保全処分とも呼ばれる。

(2) 人的保全処分

人的保全処分としては，破産宣告前といえども債務者などの身柄を確保し，あるいは，監督下におくために，職権をもって債務者などの引致または監守を命ずることが認められている（154条）。もっとも，人的保全処分は人権上の問題もあり，実際にはほとんど利用されることはない。

(3) 物的保全処分

物的保全処分は財産保全処分とも呼ばれ，債務者財産を減損したり散逸させる行為を禁ずることなどにより，財産の現状を固定し将来の破産手続において配当原資となる破産財団の維持をはかることを目的とする。物的保全処分は，利害関係人（申立人以外の債権者，債務者も含まれる）の申立または職権により，裁判所が決定をもって，債務者の財産につき仮差押，仮処分その他の必要な保全処分を命じるという方式で行われる（155条1項・3項）。保全処分の内容としては，民事保全法上の定型的な仮差押，仮処分にとどまらず，より広く裁判所の裁量により「必要な保全処分」を行うことが認められている。実務上よく利用されるものとしては，弁済禁止，動産の仮差押，自動車の仮処分，債権の差押，不動産の処分禁止などの保全処分があげられる（「破産事件の処理に

関する実務上の諸問題」法曹会73頁)。

上述したように，物的保全処分の内容はかなり幅広く認められているが，その許容性や効果をめぐり議論のあるものもある。以下においては，そのいくつかをとりあげて個別的にみていくことにする。

(a) 弁済禁止の保全処分　弁済禁止の保全処分は，本来的には，一部の債権者に対する偏頗的弁済を防止するために，債権者が申立人となり債務者を名宛人として申し立てられるものである。しかし現実には，債権者からの取立てを回避するために，債務者が自分を名宛人としてこの保全処分の申立をする例が多い。債権者からの取立てに対しては，個別に取立禁止や強制執行禁止の保全処分により対処すべきとの指摘もあるが，弁済禁止の保全処分が債務者保護に大きな役割を果たしている現状に鑑み，このような債務者自身による申立であっても許容してかまわないとするのが通説である。

弁済禁止の保全処分は，債務者を名宛人とする裁判所の命令であることから，債務者がそれを理由に弁済を拒絶した場合は，債権者は履行遅滞として契約を解除したり，損害賠償を請求することは許されない（会社更生における弁済禁止保全処分に関するものとして，最判昭和57年3月30日民集36巻3号484頁［新百選19事件］）。しかし，この保全処分は債務者の任意弁済を禁ずるにとどまり，債権者の取立行為を禁止するものではないため，その発令後であっても，債権者が債務者に対して給付訴訟を提起したり（会社更生につき最判昭和33年6月19日民集12巻10号1562頁，会社整理につき最判昭和37年3月23日民集16巻3号607頁），強制執行を行うことは妨げられない（東京高決昭和59年3月27日判時1117号142頁［新百選20事件］）。

弁済禁止の保全処分に違反してなされた弁済の効力については，見解が分かれており，①有効説，②無効説，③債権者が保全処分につき善意のときに限り有効とする説がある。常に有効としたのでは保全処分の実効性が失われるし，逆に，一律に無効とするのでは保全処分の公示方法がないため弁済受領者の保護に欠けることになるとして，債権者の善意・悪意を基準に弁済の効力を決する③の説が通説である。しかし，弁済禁止保全処分の効力は債権者には及ばず，これに違反してなされた弁済については手続開始後に否認の問題として処理すれば足りるとする①の有効説もなお有力に主張されている。

（b）強制執行の禁止または停止の保全処分　　破産申立後宣告前の時点において特定の債権者によりすでに開始されている強制執行を停止させる保全処分，および，特定の債権者により開始されることが予想される将来の強制執行をあらかじめ禁止する保全処分の許否が問題となる。これについては，まず，債務者ではなく第三者である債権者を名宛人とすることができるかが前提問題となるが，法文上保全処分の名宛人は債務者に限定されておらず（155条1項参照），第三者を名宛人とする保全処分も必要に応じて認められると一般に解されている。

前者の強制執行停止の保全処分については，いずれ破産宣告がなされれば係属中の強制執行は失効するのであるから（70条1項），宣告前であっても必要に応じて執行停止を認めることは不当でないとしてこれを肯定する見解が多数である。後者の将来の強制執行を禁止する保全処分については，強制執行が開始されてから執行停止の保全処分をすれば足りるとも考えられるが，転付命令（民執159条）のように開始されてから停止しようとしても間に合わない場合もあることから，あらかじめ禁止しておく必要性がある場合には許容されると解される。

（c）将来の否認権行使を前提とする第三者に対する保全処分　　債務者が財産を第三者（受益者）に詐害的に譲渡した場合において，将来の否認権行使を前提に当該財産が他の者に転々譲渡されることを防止するため，財産の所持人である受益者（または転得者）を名宛人として当該財産の処分を禁止する保全処分ができるかが問題となる。否認権行使の実効性を確保するために許容すべきとする見解もあるが，通説は財産の所持人である第三者（受益者または転得者）が長く不安定な地位に置かれることから，このような保全処分は許されないとしている。

6　破産手続の開始とその効果

（1）破産手続開始の裁判

（a）破産宣告決定　　破産申立にもとづき審理を行った結果，手続開始のための要件がすべて具備されていると判断するときには，裁判所は破産手続を開

始する旨の宣言をする。これを破産（宣告）決定といい（143条1項1号），書面により決定の形式でなされる。決定書には，債務者を破産者とする旨の「主文」（通常，「債務者○○を破産者とする」と記載される）と，破産原因の存在が認められる旨の「理由」が記載される。

　破産宣告決定は，通常の判決や決定と異なり，確定をまたず「宣告の時」からその効力を生ずる（1条）。債務者財産をできるだけ早く破産管財人の管理下に移すことにより散逸を防ぐためである。ここにいう「宣告の時」とは，決定が言渡しによるときは言渡しの時を，言渡しによらないときは裁判官が破産宣告の効力発生時点として決定書に記載した時を意味する。そのため，破産宣告決定書には，宣告の年月日に加え時刻も記載することが要求されている（141条）。

　(b)　同時処分　　裁判所は，破産宣告決定をするときには，破産手続を遂行する上であらかじめ決めておかなければならない基本的事項についても同時に定めなければならない（142条1項）。①破産管財人の選任（142条1項本分・157条以下），②債権届出期間の決定（142条1項1号），③第一回債権者集会の期日の指定（同2号），④債権調査期日の指定（同3号）がこれにあたる。③と④の期日については併合することができ（142条2項），実務においても同一日時を指定することが多い。これらの処分は，破産宣告と同時になされることから同時処分といわれる。

　また，破産財団に属する財産の額が100万円に満たないと認めるときは，裁判所は破産宣告と同時に小破産の決定をしなければならないとされている（358条）。小破産は，破産財団を構成する財産が僅少な事件（100万円未満のとき）につき，手続を簡易化（361条～366条）することにより時間・費用・労力の負担を軽減し，関係人の利益をはかろうとする制度である。しかし，手続の簡易化が必ずしも十分でなく，また，通常の破産手続と異なる方法になるためかえって使いにくいとの批判もあり，実務において利用されることは極めてまれである（「破産事件の処理に関する実務上の諸問題」法曹会87頁）。

　(c)　付随処分　　裁判所は，破産宣告後直ちにあるいは遅滞なく，債務者について破産手続が開始された事実（破産宣告決定の主文および同時処分の内容など）を公告するとともに（143条1項），すでにわかっている債権者・破産者

の債務者・破産者の財産の所持人に対しては個別的に通知し（同条2項），また，債務者の財産や債務者自身について登記や登録がある場合には，登記所または登録官庁に対して債務者に破産宣告のあったことの登記・登録を嘱託しなければならない。債務者に破産手続が開始されたことを関係人に知らせることにより，権利行使の機会を与えるとともに，債務者が財産の管理処分権を失っていることを知らずに取引をするなどして第三者が不測の損害を被ることを防止するためである。また，法人の主務官庁の監督権の発動や検察官による破産犯罪の捜査の機会を与えるため，主務官庁や検察官へも破産宣告があった旨を通知しなければならない（125条・144条）。これらの処分は，破産宣告に付随してなされることから付随処分と呼ばれる。

(d) **同時破産廃止** 裁判所は，破産財団が不足するために手続を進めても費用倒れになる場合，すなわち，破産財団をもって手続の費用を償うに足りないと認めるときは，破産宣告と同時に破産手続の廃止を決定しなければならない（145条1項前段）。宣告と同時に手続が廃止されることから，これを同時破産廃止という。財団不足の場合であっても，破産宣告だけは行わないと債務者は破産者という身分を免れることになるとともに，免責の機会を失うという不都合もあるため，一応破産宣告を行って身分上の効果は生じさせるが，現実の債権債務関係の処理は行わず，開始と同時に手続を打ち切ることとしているのである。同時破産廃止においては，債務者は破産者になるが，その後の手続は行われないため，破産管財人の選任などの同時処分はなされない。

かつては，同時破産廃止決定がなされるのは例外的なケースと位置づけられていたが，今日ではいわゆる消費者破産事件の急増にともない，免責を受けることを目的として破産の申立をし，同時破産廃止となり免責を受けるというパターンが大半を占めている。

(2) 破産宣告の効果

(a) **財産上の効果** 破産宣告がなされると，破産者が宣告時に有していた一切の財産は「破産財団」と呼ばれる財産の集合体となり（6条），破産者はこれらの財産についての管理処分権を失い，これに代わって破産管財人が管理処分権を一手に握ることになる（7条）。したがって，宣告時に係属していたこれらの財産をめぐる訴訟は破産管財人に引き継がれ（69条・162条），また，

宣告後に破産者がこれらの財産を勝手に処分したとしても破産債権者に対抗することはできなくなる（53条1項）。もっとも，破産者が宣告後新たに獲得した財産については破産財団に取り込まれることはなく，破産者が自由に処分することができる（自由財産）。このように，宣告時を基準に責任財産—破産財団—の範囲を確定する立法主義を固定主義という。

破産手続が開始されると，破産管財人は破産財団に属する財産を占有・管理・換価し，破産債権者に対して配当していくことになる。つまり，従前の破産者をめぐる財産関係は破産財団との関係に切り替えられ，破産手続の中で集団的に処理されていくことになるのである。このような債権債務関係の集団的処理を行うため，破産手続が開始されると破産債権者の個別的権利実行は禁止され，債権を届け出た上で，調査・確定を経て配当を受けるという破産手続内での権利行使のみが認められることになる（16条）。また，以上の趣旨から，破産債権者が個別的に行っていた強制執行や保全処分も破産宣告により破産財団に対する効力を失う（70条）。

(b) 破産者に対する身上の効果　破産宣告がなされると，債務者は破産者となり，その身上にも一定の効果が及ぶ。これには，(ｱ)破産法の規定による破産者の自由に対する制約と，(ｲ)破産法以外の各種法令による資格制限がある。

(ｱ)　破産法が認める破産者の自由に対する制約としては，以下のものがある。①破産管財人や債権者集会の求めに応じ，財産・負債の状況，破産に陥った事情などについて説明する義務（153条）。②裁判所の許可を得なければ居住地から離れることができないとする居住制限（147条）。これは，破産者が行方不明になって，説明義務を果たすことができなくなることを防止する趣旨である。③破産者が説明義務を果たさない場合には引致（148条）を，逃亡したり，財産の隠匿・破毀のおそれがあるときには監守（149条）を裁判所は命じうる。④破産者宛の郵便物・電報を破産管財人に対して配達させ（190条1項），破産管財人が開封して内容を確認できる（同条2項）。これは憲法上の通信の秘密の保障（憲21条2項）に対する例外となるが，破産者の財産関係を把握したり，財産の所在を探知するために認められるものであり，実務上の意義は大きい。以上の制約は，いずれも破産手続を円滑に運営するために認められるものであり，破産者に対する懲罰的な意味合いはない。

(ｲ) 以上のように破産法は破産者に対する懲罰的色彩を払拭し，円滑な手続運営の必要から一定の制約を課すにとどまるが，他の各種法令においては破産者であることを資格の欠格事由としている例が多い。たとえば，公法上のものとしては，弁護士（弁護士法6条5号），公証人（公証人法14条2号），公認会計士（公認会計士法4条3号），司法書士（司法書士法4条3号）などが，私法上のものとしては，後見人（民847条3号），後見監督人（民852条），遺言執行者（民1009条），株式会社・有限会社の取締役（商254条ノ2第2号，有32条）などがあげられる。他人の財産を管理するような資格については破産者であることを欠格事由とすることにつき納得し得る点もあるが，なかには合理的な理由を見出しがたいものもあり，立法論としては破産者に対する資格制限につき統一的に見直しをはかり，不必要な資格制限については撤廃すべきであると考える。

(ｃ) 法人破産の場合の効果　法人は，破産宣告により解散するが（民68条1項3号，商94条5号・404条1号），その法人格は破産の目的の範囲内でなお存続するものとみなされ（4条），破産手続の終結によってはじめて消滅する。もっとも，財産の管理処分権は破産管財人に専属するため，破産法人はもっぱら破産財団とは関わりのない法人の組織法上の主体として存続することになる。したがって，破産財団に関する訴訟の当事者適格は破産管財人に移るが（162条），これとは無関係な社団法的・組織法的な訴訟については（たとえば，会社不成立確認訴訟など），破産法人がなお当事者適格を有する（大判昭和14年4月20日民集18巻495頁［新百選28事件］）。なお，法人に破産宣告がなされると，理事やこれに準ずる者にも説明義務が課され（153条），また，居住制限や引致・監守などの制約がこれら破産法人の内部者に対しても課される（152条）。

(3) 不服申立

破産申立に関する裁判に対しては，利害関係人は即時抗告の方法により不服申立ができる（112条）。不服申立のできる利害関係人の範囲は，不服の対象となる裁判の内容により異なる。まず，破産申立を不適法として却下する裁判については，申立人以外には利害関係を生じないため，申立人のみに不服申立権が認められる。破産申立を棄却する決定については，申立が適法である場合には否認や相殺制限との関係で手続を早期に開始することにつき申立人以外の債権者にも利害関係が認められることから，債権者申立のときには申立債権者に

加え他の債権者も，また，自己破産申立のときには申立人である債務者のほか債権者も不服申立ができる。破産宣告決定については，申立人以外の債権者や債務者も利害関係を有することから，債権者申立のときには債務者および他の債権者，自己破産申立のときには債権者に不服申立権が認められる。

　抗告審は事実審であることから，破産原因の存否など破産宣告の要件については，抗告審の審理終結時を基準として判断される。したがって，破産宣告の時点では破産原因が存在していたとしても，抗告審の審理中に消滅した場合には破産宣告決定は取り消されることになる。ただし，申立人の債権については破産宣告の時点で存在していれば足り，抗告審の段階で消滅しても破産宣告決定が取り消されることはないと解される。また逆に，原審においては破産原因など宣告の要件が不存在として申立が棄却されていても，抗告審の段階でこれらの要件を具備するに至れば，抗告裁判所は原決定を取り消して破産宣告をする。なお，この場合同時処分についても抗告裁判所がなすのか，あるいは管轄破産裁判所に差し戻してこれを行わせるのかについては争いがあるが，破産宣告後直ちに破産管財人が財団の占有管理に着手する必要があることから，少なくとも破産管財人の選任については抗告裁判所がすべきとの見解が有力である。

　通常の即時抗告には執行停止の効力が認められているが（民訴334条1項），破産宣告は宣告の時点で効力を生ずるとされていることから，破産宣告決定に対して即時抗告がなされたときは執行停止の効力は生じないと解されている（大判昭和8年7月24日民集12巻2264頁［新百選6事件］）。破産宣告決定に対する即時抗告につき審理した結果，破産宣告の要件が不存在と判断するときには，抗告裁判所は破産宣告決定を取り消す。破産宣告決定が取り消されると，破産宣告はなかったことになり，宣告により生じた効果も遡って消滅する。したがって，破産者は身上の制約から解放されるとともに財産の管理処分権を回復し，債権者は個別的な権利実行が可能となる。また，破産管財人も遡ってその地位を失うが，取引の安全確保の観点から，破産管財人が第三者に対して行った破産財団の処分行為についてはその効力を維持すると解される。破産取消決定が確定すると，公示がなされ，破産取消登記の嘱託など，破産宣告の場合に準じた付随処分がなされる（156条・121条・125条2項・191条2項など）。

第4章 ■ 破産債権

1 どのような債権が破産手続によって保護されるのか

(1) 破産債権

　破産者に対して生ずる権利関係のうち，破産手続によって弁済を受けることのできる債権を破産債権という。実体は，破産手続によらなければ弁済が受けられない債権であり，破産手続の枠内でしか弁済が受けられない債権である。ここでは主にどのような債権が破産債権となりうるのかを中心に説明する。

　(a) 破産債権の要件　　破産法は，破産債権を「破産者に対し破産宣告前の原因に基づきて生じたる財産上の請求権」と定めている (15条)。すなわち，破産債権として弁済を受けるためには，原則として次の要件が必要となる。

　(イ) 破産者に対する請求権であること　　破産債権として保護を受けるには，破産者に対する請求権でなければならない。破産者に対する請求権というためには，単に破産者に対してその給付を求めうる請求権であるというだけではなく，破産者がその総財産（責任財産）をもって弁済の責を負うべき請求権，すなわち，人的請求権（債権）であることを必要とする。破産手続は，破産者の総財産からなる破産財団をもって総債権者に対する債務を弁済させるものだからである。

　　＊　物権的請求権　　所有者は，自己の所有物を持ち去るなどしてその所有権を侵害した者に対しては，物に対する支配を回復するよう求めることができる。このような，物権の一内容として認められる特定財産に関する請求権，すなわち物権的請求権（たとえば所有権に基づく物の返還請求権）は，破産者の総財産によって弁済されるべき破産債権ではなく，特定財産に対する取戻権 (87条，第8章1参照) として行使される。

　　＊　担保物権　　抵当権，質権などの担保物権も，特定の物について優先的権利行使が認められる権利なので，それ自体は破産債権にならず，原則として別除権 (92条，第8章3参照) として行使することになる。担保物権をともなう債権であっても，破産

債権となり得るが，この場合は，別除権を行使してもなお弁済を受けることができない債権額についてのみ，破産債権としての行使が認められる（96条，不足額責任主義。なお，別除権を放棄すれば，全額破産債権として行使し得る。）。

　(ロ)　財産上の請求権であること　　破産手続は，最終的に破産者の財産を換価して，その金銭をもって配当を行うものである（第9章参照）。したがって，破産債権として保護を受けるには，破産者の財産を換価した金銭で満足を受けることができる債権でなければならない。金銭債権に限らないが，金銭によって評価可能な債権である必要がある（22条）。物の給付を求める請求権は，その物について金銭的評価が可能なので，財産上の請求権である。代替的作為を目的とする請求権も，債務者の費用をもって第三者になさしめることができる（民414条2項，民執171条）ので，財産上の請求権とされている。これに対し，不代替的作為・不作為を目的とする請求権は，債務者自身の作為，不作為によらなければその目的を達成できないので財産上の請求権とはいえず，破産債権にはならない。

　(ハ)　執行可能な請求権であること　　破産手続は，破産者に対する請求権について強制的に実現をはかる手続であるので，その対象となる請求権は強制執行可能なものであることを要する。したがって，不法原因給付の返還請求権（民708条）や，利息制限法の制限を超過した利息債権など，裁判上その行使が認められない請求権は破産債権にならない（いわゆる自然債務）。また，執行しない旨の合意（いわゆる不執行契約）がある債権も破産債権にならないことがある（責任なき債務）。ただし，破産手続には破産債権の存否およびその内容について，調査，確定のための手続が予定されているので，あらかじめ債務名義を有している必要はない。

　(ニ)　破産宣告前の原因にもとづいて生じた請求権であること　　破産法は，破産債権の引当てとなる破産者の財産，すなわち破産財団の範囲について，破産者が破産宣告時に有していた財産に限定する固定主義を採用している（6条，　章参照）のに対応して，破産債権として保護される請求権も破産宣告前の原因にもとづいて生じたものに限定した（15条）。破産宣告時を基準にして，破産者の財産関係を清算する趣旨である。もっとも，請求権が破産宣告時に発生している必要はなく，その基礎となる原因が破産宣告前に生じていれば足りる。

主たる発生原因が備わっていればよいとするのが通説であるので，履行期未到来の債権，期限付債権，条件付債権および将来の請求権などは，いずれも破産債権となりうる（17条・23条参照）。これに対し，単なる期待権は破産債権にならない。たとえば，遺贈による請求権（民985条）は遺言者の死亡がその主たる発生原因の一つであり，それまではその成立が確定的とはいえない（民1022条）ので，破産債権にならない。

* 例外規定1　破産宣告後の原因にもとづいて生じたにもかかわらず，破産法が，とくに破産債権として認めたものがある。通説によれば，破産手続参加の費用（38条），破産宣告後に善意で手形，小切手その他の有価証券について引受または支払をしたことによって生じた債権（57条），破産管財人による双務契約の解除により相手方に生ずる損害賠償請求権（60条1項），定期取引の解除により相手方に生じる差額請求権（61条2項），前払借賃または借賃債権の処分が破産債権者に対抗できないことにより生じる損害賠償請求権（63条2項・3項），委任者の破産宣告後に受任者が善意で委任事務を処理した場合に生じる債権（65条），破産宣告により交互計算が閉鎖されたことによる相手方の残額請求権（66条2項）および破産者の行為が否認され，その受けた反対給付が破産財団に現存しない場合における相手方の価格償還請求権（78条2項）などがそれにあたる。

* 例外規定2　一方，破産宣告前に生じたものであっても，公益上の理由あるいは衡平の要請から特に財団債権とされたものがある。国税徴収法または国税徴収の例により徴収することができる請求権（租税債権等，47条2号），未完了の双務契約において管財人が債務の履行を選択した場合における相手方が有する請求権（47条7号）および負担付遺贈における負担の受益者の請求権（48条）等がそれである。

2　破産債権はどのように扱われるのか
――破産債権の額と順位――

(1)　破産債権の等質化

破産手続は，破産者の全責任財産（破産財団）をもって，総債権者にその有する債権の額と順位に応じた配当を行うことにより，公平な満足を与えることを目的とする。ところが，債権者が有する破産債権は，すでに見た限りでも多種多様のものがある。これらを正しく評価し，割合に応じた公平な配当を実現するためには，すべての債権を比較可能な状態に転化する必要がある。具体

には，非金銭債権や外国通貨債権および金額や存続期間の不確定な債権等は，いずれも破産宣告時の評価額をもって定額の（内国通貨による）金銭債権とされ（22条，破産債権の金銭化），弁済期未到来の債権についても，破産宣告の時に弁済期が到来したものとして扱われる（17条，破産債権の現在化）。すなわち，破産手続においては，どのような債権であっても，破産宣告時の評価をもって，金額が確定された金銭債権として扱われるのである。この破産債権の金銭化と現在化とをあわせて，破産債権の等質化という。

なお，等質化の効果は破産手続に関係する範囲に限られ，破産手続外に保証人，連帯債務者，物上保証人などがいた場合，それらとの関係では，債権は本来の期限，態様，額において行使されるべきとされている。

(2) **破産債権の額**

(a) 確定金額債権　金銭債権でその額が確定しているものは，その元本，利息および遅延損害金の合計額が破産債権の額となる。破産宣告時に弁済期の到来していない債権についても，破産宣告時に弁済期が到来したものとみなされるので同様である（17条，破産債権の現在化）。なお，宣告後に発生した利息，遅延損害金（46条1号・2号）および期限未到来債権が無利息債権であった場合の本来の期限までの中間利息相当額（46条5号・6号）は，劣後的破産債権となる（本章 (3) 参照）。

(b) 非金銭債権，外国通貨債権，不確定金額債権　金銭債権でないもの，金銭債権であってもその額が外国通貨で定められているとき，またはその額が不確定であるときは，破産宣告時の（内国通貨による）評価額をもって破産債権の額とする（22条前段）。この額は，破産債権者自らが評価したうえで債権届出をなし（228条1項），届け出られた金額の当否は債権調査期日における調査の対象となる（231条・229条1項2号）。

(c) 定期金債権　定期金債権で金額および存続期間が確定しているものは，その合計額をもって確定金額債権として扱う。すなわち，破産宣告前に弁済期が到来している金額についてはそのまま合計し，宣告後の金額については中間利息相当分が劣後的破産債権とされる（47条7号）。終身定期金債権（民689条）のように金額または存続期間が不確定なものは，破産宣告時における評価額によってその金額を確定する（22条後段）。

(d) **条件付債権および将来の請求権**　条件付債権は，その条件が停止条件であろうと解除条件であろうと，無条件の債権として扱われる。すなわち，金額が確定していればその額が，そうでない場合はその破産宣告時における無条件債権としての評価額が破産債権の額となる（23条1項）。債権額の評価にあたっては，簡明さを優先し，条件成就の蓋然性を考慮しないことにしたのである。将来の請求権も，その性質は停止条件付債権にほかならないので同様に取り扱われる（23条2項）。

破産債権の額については，条件成就の可能性を問題にしないとしても，満足を与える段階において，条件成就の有無を無視することはできないので，配当および相殺に関しては条件付債権および将来の請求権について特別の定めがある（停止条件付債権および将来の請求権につき，271条4号・275条・278条前段・100条・278条後段，解除条件付債権につき，266条・271条5号・276条前段・101条・276条後段。なお，第8章4および第9章参照のこと。）。

(3)　破産債権の順位

破産手続は，総債権者に対してその債権額に応じて平等な満足を与えることを目的とするものであるから，破産債権は，その額に比例して平等に取り扱われるのが原則である（40条）。しかし，破産法は，実体法上一般の債権に対して優先権を持つ債権について優先的破産債権とし（39条），また一定の債権について，他の債権者との実質的衡平などの政策的配慮から劣後的破産債権とする定めを置いている（46条）。

すなわち，破産債権には，優先的破産債権，一般の破産債権，劣後的破産債権の3種があることになる。優先的破産債権は，一般の破産債権に先立って配当を受ける。優先的破産債権への弁済が終了してなお破産財団に余剰があれば，一般の破産債権への配当が実施される。一般の破産債権への弁済が終了してなお破産財団に余剰があるときは，劣後的破産債権への配当が実施されるが，一般の破産債権さえ満足な配当を受けることはまずないので，事実上劣後的破産債権が配当をうけることはあり得ない。劣後的破産債権とされているものの多くは，これに免責の効力を及ぼすためである。

同一順位の破産債権は債権額に応じて平等に弁済を受ける（40条）が，他の法律によってさらに優先順位が定められているとき（民329条等）は，これに従

う。

以下,優先的破産債権および劣後的破産債権について概説する。

(a) 優先的破産債権　破産財団に属する財産について,一般の先取特権(民306ないし310条,商295条,有46条2項)その他一般の優先権(企業担保法2条)を持つ債権は,他の破産債権に優先する(39条)。抵当権や質権など,破産財団に属する特定財産上に優先権を持つ債権者は破産手続外でその優先権を行使できる(別除権,第8章3参照)が,上記の優先権は,債務者の一般財産に対する優先権を持つにすぎないので,別除権は認められない。しかし,実体法上の優先権があることには変わりがないので,この点を配慮し,破産法上も一般の破産債権より先に弁済が受けられる優先的破産債権としたのである。民法上の先取特権のように,一定の期間内の債権についてのみ優先権が与えられている場合(民308条・310条参照),その期間は破産宣告の時から遡って計算される(41条)。なお,一般の先取特権には,その間に順位の定めがあるので(民329条等),破産法上の優先的破産債権も,この順位に従った配当がなされる。

* 賃金債権　民法は,未払賃金について,最後の6カ月分に限って一般の先取特権を認めているので(民308条),破産法上,破産宣告前6カ月分の未払賃金が優先的破産債権となり,それ以前のものは一般の破産債権として取り扱われる。一方,株式会社,有限会社および相互会社の,会社と使用人との間の雇用関係にもとづいて生じた債権(賃金に限らない)は,その全額が一般の先取特権となるので(商295条,有46条2項,保険業法67条),全額が優先的破産債権となる。このように使用者の形態によって,従業員の保護に差異が生じることについては,立法論的批判が強い。

  なお,破産宣告後に生じた賃金債権は財団債権となる(なお,破産と雇用関係に関する諸問題について第6章参照)。

* 退職金債権　退職金債権については,その法的性質などをめぐって見解が対立しているが,あらかじめ労働協約等によってその支給条件が定められているときは,給与の後払いとしての性格を持つので賃金債権と同一に扱うのが判例・通説である。すなわち,破産宣告前の労務の提供に関する対する賃金相当部分(民法上の雇用関係については,破産宣告前の賃金6カ月分相当額に限る。最判昭和44年9月2日民集22巻9号1641頁[新百選107事件])が優先的破産債権となり,破産宣告後の労務の提供に相当する退職金は財団債権となる(大阪地判昭和58年4月12日労民34巻2号237頁[新百選108事件])。

* 役員報酬　取締役や監査役に支払われる役員報酬や退職慰労金などは,雇用関係に基づく債権とはいえず,先取特権は認められないので,優先的破産債権にならない。

(b) **劣後的破産債権**　一般の破産債権に後れるものを劣後的破産債権という（46条）。後れるとは，他の破産債権者に対する弁済がされて，なお残余財産があるときに限って配当が受けられるということである。実際には，このような事態が生じることはあり得ない（そもそも，一般の破産債権者すべてに完全な弁済ができるのなら破産の必要がない）。すなわち，劣後的破産債権は，配当を目的とするものではなく，むしろ，昭和27年の破産法改正により免責制度が導入されたことに伴い，免責の効力を及ぼすことを目的として定められたものであるといえる。すなわち，破産法46条は，①破産宣告後の利息（1号），②破産宣告後の不履行による損害金および違約金（2号），③破産手続参加の費用（3号），④罰金，科料，刑事訴訟費用，追徴金および過料（4号），⑤無利息の確定期限付債権の期限までの中間利息（5号），⑥無利息の不確定期限付債権の券面額と評価額との差額（6号），⑦金額および存続期間が確定している定期金債権の中間利息相当額（7号）について，他の債権者との衡平等の要請から，破産財団による満足を受ける可能性がなく，免責の効果は受ける劣後的破産債権として列挙したものである（ただし，④の債権は免責されない。第10章1参照）。

3　一つの債権について複数の債務者がいるとき破産法ではどのように処理されるのか——多数債務者関係と破産債権——

実体法上，同一の給付を目的として複数の債務者が存在する場合がある。これを多数債務者関係というが，このとき，債務者の全部または一部が破産したら，債権者はどのように自己の権利を行使したらよいのだろうか。多数債務者関係にはさまざまな形態があるので，以下類型ごとに述べる。

(1) 分割債務関係と共同債務関係

多数債務者関係には，各債務者が分割してそれぞれの負担部分だけの給付義務を負う分割債務関係（民427条）と，各債務者がそれぞれ全部の給付義務を負う共同債務関係とがある。分割債務関係については，分割されたそれぞれの給付ごとに一人ずつ債務者がいるのと同じことなので，破産した債務者の負担部分についてのみ，債権者が破産債権として権利行使すればよく，他の部分に

ついて特別の配慮は必要ない。

一方，共同債務関係については，ある給付の全部について，複数の債務者全員の責任財産を引き当てとすることにより，単独債務や分割債務に比べて満足の可能性が高くなる。すなわち，共同債務には人的担保としての側面があるのである。そこで，抵当権や質権といった物的担保について優先的な地位を認めるのと同様，共同債務関係についても債務者の一部，または全部の破産に際して，以下のような特別の配慮がなされている。

（2） 全部義務者の破産

連帯債務，不可分債務のように，数人が各自全部の給付義務を負う場合に，それらの者の全員または一部の者が同時または順次破産宣告を受けたとき，民法は「債権者はその債権の全額につき各財団の配当に加入することができる」としている（民441条・430条）。破産法24条は，これを他の共同債務関係（連帯保証債務，不真正連帯債務など）にも拡張するとともに，破産宣告時の現存債権額をもって破産債権とすることを明らかにしている（宣告時現存額主義）。すなわち，破産宣告前に一部弁済または配当を受けているときは，その金額を控除した残額が破産債権額となり，一方，破産宣告後に他の債務者から任意弁済または破産配当を受けても，破産債権額には反映されない。

（3） 保証人の破産

保証人は，主たる債務者が債務を履行しない場合に，その履行をする義務を負うものであり，その限りでは全部義務者と異ならない。他の全部義務者と異なるのは，保証債務があくまで主たる債務者が履行しないときのみ履行されるべきものであり（保証債務の補充性），そのため保証人には，民法上，催告および検索の抗弁権が認められている（民452条・453条）点にある。しかし，保証人が破産した場合にもこれらの抗弁権を認めると，債権者が主債務者に催告・検索を行っている間に，保証人についての破産手続に参加する機会が失われる危険がある。そこで，破産法25条は，保証人が破産したときは，保証人の催告・検索の抗弁権は喪失するとし，債権者の権利行使の機会を認めた。

なお，主債務者も破産宣告を受けたときは，25条を待つまでもなくこれらの抗弁権は失われるので（民452条但書・453条），債権者は24条にもとづき，宣告時の債権全額を，双方の破産財団に対して，破産債権としてそれぞれ行使でき

(4) 求償義務者の破産

民法上，連帯債務者や保証人といった全部義務者が債権者に対してその義務を履行したときは，他の全部義務者や主債務者に対して求償権をもつことになる（民442条・430条・459条・460条・462条・465条）。しかし，これは義務を履行して初めて権利行使が可能となる事後求償が原則であり，求償義務者の一部または全部が破産宣告後に，他の全部義務者が義務を履行して求償権を取得した場合，求償義務者の破産手続における債権届出期間が経過してしまっていて，求償権者がその権利行使の機会を失ってしまうことが考えられる。そこで破産法は，主たる債務者が破産宣告を受けたときの委託を受けた保証人の事前求償権（民460条1号）をその他の全部義務者に拡張し，将来の求償権を破産債権として行使することを認めた（26条1項本文）。ただし，債権者が債権全額につき破産債権者として権利行使しているときに，将来の求償権者にも破産債権者としての権利行使を認めると，一つの債務につき二重の権利行使を許すことになるので，この場合は事前求償権を破産債権として行使することはできない（26条1項但書）。

債権者が債権全額について破産債権者として権利行使しているときに，将来の求償権者がそれについて弁済したときは，弁済の割合に応じて債権者が有する破産債権者としての権利を取得する（26条2項）。宣告時現存額主義（24条）により，破産宣告後に弁済等があっても破産債権額には変動がないとされており，求償権者が弁済額について独立の破産債権として行使できるとすると，その部分で二重の権利行使の問題が生じるため，債権者に代位するという形にしたのである。

なお，求償権者が債務の一部のみを弁済した場合については問題がある。当初は，破産法26条2項が「弁済の割合に応じて」権利を取得するとしているため，一部弁済の場合にもこれは適用されるとする学説があった。しかし，このように考えると，破産債権額は破産宣告時に現存する額に固定されるとする24条の現存額主義と矛盾する。そこで，通説・判例は，本項をそれぞれの求償権者が一部ずつを弁済し，全体として債権者に対する債務全額の弁済を行ったときに，各求償権者がその弁済の割合に応じて権利を取得する場合に限り適用さ

れるとしている（最判昭和62年7月2日金法1178号37頁）。

（5） 一部保証人の破産

たとえば，1000万円のうちの500万円というように，主たる債務の一部についてのみ保証がなされている場合，その負担部分について全部義務を負っているのと同じ処理がなされる（数人の保証人が各自債務の一部を負担すべき場合について，27条参照。24条ないし26条1項2項が準用されている）。

（6） 無限責任社員の破産

合名会社の社員（商80条）のように，法人の債務について無限責任を負う者が破産した場合，法人の債権者は，破産宣告の時に有する法人に対する債権の全額について，無限責任社員の破産財団に対して，破産債権者としてその権利を行使することができる（28条）。

無限責任社員がいるような人的会社については，無限責任社員の信用（財産）が法人の債権者にとって保証人と同様の人的担保として機能しているので，保証人の破産と同様に取り扱うこととしたものである（よって，無限責任社員の補充性（商80条2項・3項）は否定される）。

（7） 有限責任社員またはその法人の破産

合資会社における有限責任社員は，未払出資額の限度において法人の債権者に対して直接責任を負う（商157条1項）が，有限責任社員またはその法人が破産したときは，手続を簡素化するために，会社の債権者が有限責任社員に対して直接この権利を行使することを禁じ（29条本文），未払出資額については会社にのみ破産債権者としての権利行使を認めた（29条但書）。

株式会社の株主や有限会社の社員も有限責任社員であるが，これら物的会社においては，会社財産と社員の財産が完全に分離されており，いずれかが破産しても，一方の債権者が他方に対して権利を行使するという問題は生じない。

4 破産債権の確定

破産手続は，多数の破産債権者に対し，それぞれの額と順位に応じて公平な満足を図ることを目的とする。そこで破産法は，破産債権について破産手続によらなければこれを行使できない旨規定し（16条），抜け駆け的な権利行使を

禁じている（個別的権利行使禁止の原則）。

破産手続における行使とは，自己の債権を破産債権として破産裁判所に届け出て，債権調査期日における調査・確定，異議があったときは債権確定訴訟による確定の手続を経て，破産財団から配当を受けるというものである。

（1） 破産債権の届出

破産債権の届出とは，破産債権を提示してする，破産裁判所に対する破産手続参加の申立である。破産者に債権を有していても，届出をしなければ，破産債権者として取り扱われ，債権者集会で議決権を行使し，債権調査期日において異議を述べ，破産手続において配当を受けることはできない。届出は，破産宣告と同時に破産裁判所が定める届出期間（142条）中に，破産裁判所に書面または口頭で（114条，実務上は所定の様式の書面を用いる），債権の額，原因等その内容を明らかにすることによって行う（228条）。破産債権の届出がなされると，裁判所書記官が債権表を作成し，届け出られた債権の内容および関連項目を記載する（229条）。債権表は，その謄本が破産管財人に交付される（229条3項）ほか，利害関係人の閲覧に供するため債権届出書類と共に裁判所に備え置かれる（230条）。

（2） 破産債権の調査

破産債権に対して配当をするためには，その前提として，届出債権の存否，額，順位が確定されていなければならない。そのためになされる手続を債権調査という。債権調査は，債権調査期日において，破産管財人，破産債権者および破産者が意見を述べあう方法によって行われ，破産管財人および他の債権者から異議が出なければ，その債権は届出どおりに確定する（240条1項）。確定した債権についての債権表の記載は，破産債権者全員に対して確定判決と同一の効力を有するとされている（242条）。

（3） 破産債権確定訴訟

破産管財人または破産債権者が調査期日においてある債権について異議を述べたときは，その債権の確定は妨げられ，異議者と異議を受けた届出債権の債権者との間で，債権の確定をはかる訴訟を行うことで処理される。この訴訟を破産債権確定訴訟という。

原則として，異議を申し立てられた債権者が，異議者を相手として，債権確

定の訴えを提起することになる（244条1項）。異議者が数人あるときは，これを共同被告として訴えを提起しなければならない（244条2項）。この訴訟は破産裁判所の専属管轄に属する（245条）。

異議のある債権について破産宣告時に破産者との間で訴訟が係属していた場合，債権者は異議者を相手方として，この訴訟について手続の受継を申し立てなければならない（246条1項）。すでにある訴訟が継続することになるので，管轄についても245条の適用はなく，宣告時に係属していた裁判所が受継後もこれを担当する。

異議のある債権について，すでに執行力のある債務名義または終局判決がある場合（有名義債権の場合），異議者は，債権者に対して破産者が行うことのできる訴訟手続によってのみ，その異議を主張することができる（248条1項）。債権者が破産宣告までに取得していた有利な地位を尊重する趣旨である。無名義の場合と異なり，異議者の側から訴訟に持ち込まなくてはならない点，破産者が利用できる訴訟手続に限定した点が，無名義債権についての債権確定訴訟と異なる。

破産債権確定訴訟は，破産債権者全員に対して効力を有する（250条）。破産管財人に対してもその効力が及ぶ。破産裁判所は，破産管財人または破産債権者の申立により，訴訟の結果を債権表に記載する（249条）。

第5章 ■ 破産財団

1 破産財団

(1) 破産財団の意義

　破産財団とは，破産手続において，破産債権者の共同の満足にあてられる破産者の総財産をいう。破産宣告がなされると，破産者の総財産は，破産者の手もとを離れ，もっぱら破産管財人の管理のもとで換価され，破産債権者への配当にあてられるということになる。このような状態におかれる破産者の総財産を破産財団と呼ぶ。

　破産財団は，さらに，法定財団，現有財団，配当財団と称される三つの意義に区別される。

　(a) 法定財団　　法定財団とは，破産法（6条）が想定している破産財団のことをいう。いわば法律上あるべき姿の破産財団である。

　なお，破産者の財産のうち，法定財団に属しないものは，破産者が破産手続中でも自由に管理・処分できるため，自由財産と呼ばれる（本章3参照）。

　(b) 現有財団　　現有財団とは，破産管財人が現に管理している破産財団のことをいう。いわば現にある姿の破産財団である。

　ところで，現有財団の範囲は法定財団の範囲に一致すべきである。しかし，現実問題として，一致していない場合もある。すなわち，現有財団には，本来入るべきでない第三者の財産が入っている場合もあるし，逆に，本来入るべき破産者の財産が入っていない場合もある。現有財団の範囲を法定財団の範囲に一致させるのは，破産管財人の重要な任務であるが，第三者の方からも取戻権を行使して，現有財団に入っている自己の財産を取り戻すことができる（87条以下。第8章2参照）。また，破産宣告前に破産者の詐害行為によって逸出していた財産は，破産管財人による否認権の行使によって，破産財団のために回復

される（72条以下。第7章参照）。現有財団は，その後も，抵当権者などの担保権者による別除権の行使（92条以下。第8章3参照），破産債権者による相殺権の行使（98条以下。第8章4参照）などによって，さらに変動を重ねる。

(c) 配当財団　配当財団とは，破産債権者への配当の原資となる財団をいう。現有財団に属する財産は，破産管財人によって換価されるが，その換価金は，まず，財団債権への弁済にあてられる（47条以下。第8章5参照）。その残余の換価金が，破産債権者への配当の原資，つまり配当財団となる。

なお，法文に破産財団という場合，その多くは法定財団の意味であるが（6条・7条・53条・54条・92条・185条など），まれに現有財団を意味することがある（87条など）。また，256条にいう「配当スルニ適当ナル金銭」，258条1項3号にいう「配当スルコトヲ得ヘキ金額」とは，配当財団の意味である。

(2) 破産財団の法的性格

破産財団は，破産債権者の債権実現の引当てとなる責任財産である。また，破産者の他の財産（自由財産）から分離され，もっぱら破産管財人によって管理されるという点で，一種の特別財産である。さらに，破産債権者の共同の満足にあてられるという点で，1個の目的財産である。

このような破産財団の法的性格をどう解すべきかという問題は，破産手続を主宰する破産管財人の法的地位をどう解すべきかという問題（第2章3参照）とともに，ときには表裏一体をなし，伝統的に破産法学を貫く最も重要な理論的問題とされてきた。以下がその代表的な学説であるが，(a), (b), (d)の説は，破産管財人の法的地位の問題の側から説くものであり，(c)の説は，破産財団の法的性格の問題の側から説くものである。

(a) 代理説　代理説は，破産管財人を，何者かの代理人，すなわち他人の名において行為する者とみる説である。それはさらに，その何者を破産者とみる破産者代理説，破産債権者とみる債権者代理説，破産者および破産債権者の双方とみる破産者および債権者代理説に分かれる。現在これらを支持する者は見当たらない。いずれにせよ代理説のもとでは，破産財団は単なる権利の客体であって，その主体は破産者であるということになる。

(b) 職務説　職務説は，破産管財人を，裁判所（国家）の選任にもとづき，その職務として自己の名において破産財団の管理処分権を行使する者とみる説

である。それはさらに、その職務を公法上のものとみる国家機関説と、私法上のものとみる私法上の職務説に分かれる。前者は立法者の見解でもある。後者は、現在でも根強く支持されている。いずれにせよ職務説のもとでも、破産財団は単なる権利の客体であって、その主体は破産者であるということになる。

(c) 破産財団法主体説　破産財団法主体説は、破産財団に法人格を認める説である。実定法上法人格を認める明文の規定がなくても、実定法上種々の法律効果の帰属する主体として認めることが暗黙のうちに予定されていると考えられる場合には、「暗黙的法人」なるものを想定することができ、破産財団はまさにそのような法人であると説くのである（兼子一「破産財団の主体性」民事法研究1巻469頁。なお、47条9号・72条・8条・9条・47条5号・6号・56条2項・70条1項など参照）。この説によれば、破産管財人は、破産財団の代理人または代表者（代表機関）ということになる。一時は通説的地位を占めた。しかし、法人格は実定法によってのみ認められるものであって（民33条・951条参照）、破産財団に法人格を認める明文の規定が存在しない以上、それに法人格を認めることはできないという根強い批判に打ち勝てなかった。

(d) 管理機構人格説　管理機構人格説は、破産管財人の意義を、破産財団の管理機構としての破産管財人とその担任者としての破産管財人に分け、管理機構としての破産管財人に法人格を認める説である（山木戸克己・破産法（現代法律学全集24）80頁）。この説によれば、破産財団は、管理機構としての破産管財人に帰属する管理処分権の客体ということになる。現在の多数説である。

(e) 法定信託説　法定信託説は、破産宣告と同時に破産者の財産が破産管財人に信託的に譲渡されたものと擬制して、一種の法定信託が設定されたものと考える説である。この説によれば、破産管財人は受託者ということになり、信託財産とされる破産財団は法人格なき財団ということになる。近時の有力説である。

2　破産財団の範囲

破産財団（法定財団）は、破産者が破産宣告の時において有する差押可能な一切の財産によって構成される（6条。なお、外国にある財産については、第5

第5章 破産財団

編参照)。

(1) 財産であること

　破産財団は、破産債権者に金銭的満足を与えるための財源であるから、ここにいう財産とは、金銭的価値のある積極財産（資産）を意味し、消極財産（負債）を含まない。この財産には、金銭的価値のある物、権利および事実関係が含まれる。物には動産、不動産およびそれらの集合が含まれる。権利には制限物権、債権、無体財産権、株式その他の出資持分、電話加入権などが含まれる。事実関係には得意先関係、顧客リスト、仕入先関係、営業の信用、営業上・製品上の秘訣、あるいはこれらの有機的結合である暖簾（商285条ノ7参照）やノウ・ハウなどが含まれる。営業（197条3号、商25条参照）も一個の財産である。これに対して、破産者の身体または労働力、氏、名、プライバシーなどの人格権、扶養を受ける権利などの身分上の権利は、破産財団を構成しない。

(2) 破産者に属する財産であること

　ある財産が破産者に属するか否かは、民法など私法の一般原則によって定まる。破産者が取得した権利については、必ずしも登記などの対抗要件を具備していることを要しない。譲渡人と破産者との間では、当該財産は破産者に属する財産といえるからである。しかし、たとえば、それが二重譲渡であって、他方の譲受人が先に対抗要件を具備した場合には、譲渡人に対する損害賠償請求権が破産財団に帰属することになる（民177条参照）。これに対して、破産者から財産を譲り受けた者がその取得について対抗要件を具備していない場合には、譲受人は第三者たる破産管財人に対してその取得を対抗できないから（第2章3参照）、その財産は、破産手続との関係では、なお破産者の財産として取り扱われる。

　破産者自身が権利を主張できない財産は、原則として、破産財団を構成しない。たとえば、不法原因給付の不当利得返還請求権（民708条）である（ただし、大阪地判昭和62年4月30日判時1246号36頁［新百選110事件］は、破産会社の社員に対する歩合報酬の返還請求権につき、破産管財人によるその権利行使を認める）。法律行為の無効・取消を善意の第三者に対抗できない場合（民94条2項・96条3項など）には、破産管財人を善意の第三者とみるか否かで、結論を異にする（第2章3参照）。

共有物については，破産者の持分のみが破産財団を構成するが，共有者の一人が破産すると，不分割の特約があっても分割ができるので（67条），その分割によって破産者に帰属する部分，または分割を避けるために他の共有者が破産者に支払う償金が，破産財団を構成することになる。

（3） 破産宣告の時に破産者に属する財産であること

(a) 固定主義　　破産宣告の当時に破産者に属している財産のみが破産財団を構成する。このように破産宣告の時を基準にして破産財団の範囲を確定する立法主義を固定主義という。これに対して，破産宣告後に破産者が取得する財産（新得財産）をも順次破産財団に取り込んでいく立法主義を膨張主義という。

(b) 固定主義の長所と短所　　固定主義には膨張主義と比べて次のような長所と短所がある。①固定主義によると，破産債権を宣告前に生じたものに限定していること（15条）と調和がとれる。また，宣告後に破産者に対して債権を取得した者（新債権者）は，破産者の新得財産を引当てとすることになるため，破産債権者と新債権者を公平に処遇することができる。これに対して，膨張主義によると，破産債権者に対する引当財産は増えるが，新債権者に対する引当財産が失われることになる。②固定主義によると，新得財産は自由財産となるから，破産者は破産手続中でもそれを基礎として経済的更生をはかることができる。これに対して，膨張主義によると，破産者が努力して新得財産を得ても，それは破産財団に取り込まれてしまうため，破産者が自暴自棄になるおそれがある。③固定主義によると，破産財団の範囲は破産宣告の時に確定されるから，破産管財人によるその管理・換価は迅速に終了し，破産債権者に迅速な満足（配当）を与えることができる。これに対して，膨張主義によると，新得財産の管理・換価に時間がかかってしまう。④固定主義によると，破産者は破産手続中でも新得財産を基礎として新たな経済活動を開始することができるが，もしこれに失敗すれば，破産手続中にさらに破産するという事態も生じうる（第二破産。97条参照）。これに対して，膨張主義によると，そのような事態は生じない。

(c) 固定主義の内容　　固定主義のもとでは，破産宣告後の新得財産は，破産財団に取り込まれず，それは破産者の自由財産となる。その例としては，破産者が宣告後の労働の対価として得た賃金その他の収益（給与など），宣告後

に破産者が贈与を受けた財産，宣告後に開始した相続や発効した遺贈によって破産者が取得した財産などが挙げられる。もっとも，破産宣告前に取得原因のある財産は，現実の取得が宣告後であっても，破産財団に組み込まれることに注意しなければならない（破産債権の成立要件に関する15条参照）。たとえば，停止条件付債権や期限付債権は，その条件の成就や期限の到来が宣告後であっても，その取得原因が宣告前にあるときは，破産財団に組み込まれる。また，破産者が破産宣告前に生じた原因にもとづいて将来行うことあるべき請求権（将来の請求権）も，破産財団に属するものとされている（6条2項）。その例としては，連帯債務者や保証人の求償権（民442条・459条～465条），物上保証人の求償権（民351条・372条），手形小切手法上の遡求権（手43条・77条，小39条）などが挙げられる。そのほか，財団財産から生じる果実，財団財産に加えられた侵害による損害賠償請求権，営業の継続（192条参照）による収入金などは，宣告後に生じるものであるが，破産財団に属する財産を基礎として生じる財産として，当然に破産財団に組み込まれるものと考えられている。

　破産宣告前にすでに破産者の帰属を離れている財産は，破産財団を構成しない。もっとも，清算中の法人が破産した場合には例外が認められている（民81条3項）。また，宣告前に破産者の詐害行為によって逸出していた財産は，破産管財人による否認権の行使によって，破産財団のために回復される（72条以下）。

　(d)　法人破産の場合　　固定主義のもとでも，破産によって解散する法人については，破産宣告後の収入も破産財団に組み入れる必要があるので，むしろ膨張主義的に取り扱わざるを得ない。

　(e)　将来の退職金債権　　破産者の有する将来の退職金債権は，破産財団を構成するのだろうか（石川明＝西澤宗英「破産財団の範囲(2)」裁判実務体系(6)破産訴訟法318頁参照）。労働法上の通説・判例によれば，退職金の支給条件が労働協約等で明確にされている場合には，退職金は，賃金後払いの性格を有し，退職前の退職金債権は，将来の退職という不確定期限付または停止条件付の債権であるという。そうであれば，破産者の有する将来の退職金債権は，宣告時までの勤務期間に相当する部分のうち，差押可能な範囲すなわちその4分の1に相当する部分（6条3項，民執152条2項参照）については，破産財団を構成す

るものと解される（福岡高決昭和37年10月25日下民集13巻10号2153頁［百選29事件］参照）。もっとも，破産者が退職するか否かは破産者の自由であるから，破産手続中に破産者が任意に退職しないときは，破産手続終結後の退職を待って追加配当が行われることになる。退職が遠い将来のことであれば，それはかなり迂遠なことである。そこで，将来の退職金債権が破産財団に組み込まれるのは，破産手続との関係で合理的な期間内に退職（定年退職など）が見込まれる場合に限るべきであると主張する見解もある。なお，実務では，破産者が任意に退職しない場合，宣告時までの勤務期間に相当する部分の4分の1（東京地裁では将来の現実化の可能性を考慮して8分の1）に相当する自由財産を破産財団に組み入れさせることを条件に，破産管財人が破産裁判所の許可を得て，将来の退職金債権を破産者のために放棄する（197条12号参照）という運用がなされている。

　なお，類似の問題は，生命保険契約にもとづく解約返戻金や，賃貸借契約にもとづく敷金返還請求権についても生じるので，検討されたい。

（4）　差押可能な財産であること

　(a)　概説　　民事執行法その他の法律で差押えが禁止されている財産（民執131条・152条，労基83条2項など参照）は，原則として，破産財団を構成しない（6条3項本文）。債務者の破産においてもその最低限度の生活は保障されなければならないからである。ただ，破産手続は包括的かつ継続的であることから，例外的に破産財団に組み込まれるものもある（6条3項但書）。すなわち，①民事執行法131条4号・5号に掲げられている，農業者・漁業者の農業・漁業に必要な動産（192条1項参照），②民事執行法132条1項により執行裁判所が差押えを許した動産，③宣告後に差し押さえることが可能になった財産（たとえば，宣告時には未公表であったが，宣告後に発行されるにいたった著作物（民執131条12号参照））である。

　(b)　法人破産の場合　　最高裁は，簡易生命保険法旧50条により差押えが禁止されていた簡易生命保険の還付請求権につき，破産によって解散する法人の場合には，その最低限度の生活を保障する必要がないとして，形式上差押えが禁止されている財産であっても，それは破産財団に属するほかないとしている（最判昭和60年11月15日民集39巻7号1487頁［新百選30事件］）。

(c) 慰謝料請求権　破産者の有する慰謝料請求権は，破産財団を構成するのだろうか（栂善夫「破産財団の範囲(1)」裁判実務体系(6)破産訴訟法310頁参照）。一般に，帰属上または行使上の一身専属権は，その性質上，差押えが許されないから，破産財団を構成しないと解されている。そこで，慰謝料請求権は，一身専属権であるか，また一身専属権であるとしても，一身専属性を喪失して破産財団を構成することがあるかが問題となる。最高裁は，名誉毀損を理由とする慰謝料請求権につき，これを行使上の一身専属権としたうえで，被害者がこれを行使する意思を表示しただけにとどまる場合には，慰謝料請求権は一身専属性を喪失することなく，被害者が破産宣告を受けても，それは破産財団を構成することはないとしながら，破産宣告後に，当事者間で合意（示談）または債務名義が成立して具体的な金額が確定し履行を残すだけとなった場合や，被害者が死亡した場合には，一身専属性を喪失して破産財団に帰属することになるとしている（最判昭和58年10月6日民集37巻8号1041頁［新百選31事件］。なお，名古屋高判平成元年2月21日判タ702号260頁は，生命侵害を理由とする慰謝料請求権につき，同旨）。学説は，むしろこれに批判的でさえある。すなわち，慰謝料請求権は，元来，毀損された人格価値の回復をはかるための代替物であるから，破産宣告の当時においてすでに金銭として破産者の手もとにある場合でなければ，もはや破産財団を構成しないと主張するのである。

（5）　相続財産の破産における破産財団の範囲

相続財産の破産においては，相続財産に属する一切の財産が破産財団を構成する（12条1項）。この場合，被相続人が相続人に対して有する権利および相続人が被相続人に対して有する権利は消滅しなかったものとみなされる（12条2項）。また，相続人が相続財産の全部または一部を処分した後に相続財産に対して破産宣告がなされたときは，相続人が取得した反対給付を受ける権利は破産財団に帰属するものとされる（14条1項）。この場合，相続人がすでに反対給付を受けているときは，相続人はこれを破産財団に返還しなければならないが，その当時において相続人が破産の原因たる事実または破産の申立てがあったことを知らなかったときは，反対給付によって現に受けている利益を返還すれば足りる（14条2項）。

3　自由財産

（1）　意義・範囲

　自由財産とは，破産者の財産のうち破産財団（法定財団）に属しないもの，つまり破産者が破産手続中でも自由に管理・処分できる財産をいう。破産宣告後に破産者が取得した新得財産，差押えが禁止されている財産が，それである。そのほか，法定財団に属する財産であっても，管理や換価に費用が嵩むだけで財団の利益にならないため，破産管財人の判断によって破産財団から放棄されたものは，放棄の時から自由財産となる（197条12号・121条参照）。別除権が行使されれば余剰の見込みのない動産や不動産，取立ての見込みのない債権などが，その例となる。

　なお，法人は破産によって解散するから，破産法人には自由財産を認める必要はないとの見解が近時有力である。

（2）　自由財産と破産債権

　自由財産（とくに新得財産）は，破産者とその家族の生活を保障し，その経済的更生をはかる基礎となるばかりか，破産宣告後の新債権者のための責任財産としても重要である。そうした自由財産であっても，破産者が自由に処分できることに変わりはない。そこで，破産者が，自由財産を破産財団に組み入れて破産債権者の共同の満足に供することや，自由財産をもって個々の破産債権者に任意弁済することについては，これらを肯定的に考えるのが通説的である。これに対して，破産債権者の方から自由財産に対してその権利を行使することは許されない（16条参照）。自由財産に対する強制執行はもとより，宣告後に破産者に対して負担した債務との相殺も許されない。もっとも，破産終結後であれば，免責決定がない限り，自由財産に対する権利行使も可能である。

第6章 ■ 破産者をめぐる法律関係

1 破産宣告は破産者をめぐる法律関係にどのような影響を与えるのか

本章では，破産者をめぐる法律関係として，次の3つの事柄について述べる。

まず，破産宣告後に破産者がなした法律行為の取扱いについて。破産宣告を受けると破産者は破産宣告時に有していた自己の財産（破産財団）に対する管理処分権を失う（6条・7条）が，それにもかかわらず，破産者がこの財産について，なんらかの処分行為を行ったときこれをどうするか，という問題である。

次に，破産宣告前からの法律関係の調整について。破産宣告前から存在している法律関係，特に契約関係について，破産宣告によってどのような影響が生じるのか，破産手続ではどのように処理されるのか，という問題である。

最後に係属中の訴訟関係・執行関係について。破産者に関わる法律関係について破産宣告前から実施されていた裁判手続について，破産宣告がどのような影響を与えるか，という問題である。

2 破産宣告後の破産者の行為

（1） 対抗不能（原則）

(a) **破産者の法律行為** 破産者が破産宣告の時に有していた一切の財産は，破産債権者の共同的満足にあてる責任財産として破産財団を構成し（6条），その管理処分権は破産管財人に専属する（7条）。すなわち破産者は，この範囲で自己の財産に対する管理処分権を失う。それゆえ，破産宣告後に破産者が破産財団に属する財産についてなした法律行為は，破産債権者に対抗することができない（53条1項）。

破産債権者に対抗できないということは，行為の相手方は破産財団（破産管財人）に対してその効果を主張できないということを意味する。破産管財人が破産者の法律行為の効力を否定すると，その行為はなかったものとして処理されることになる。すなわち，相手方は，破産管財人に対して履行を求めることはできず，すでに引き渡された目的物があるときはそれを返還し，返還できないときはその価額を償還しなければならない。相手方が破産宣告を知っていたか否かは問わず，また民法の即時取得（民192条）の適用もない。

　対抗できないとしたのは破産財団の減少を防止するためなので，破産者の法律行為が破産財団にとって有利に働く場合には，破産管財人がその効力を認めることができる。なお，破産管財人が破産者の法律行為の効力を否定したとしても，破産財団との関係で無効とされるだけで，破産者と相手方との間ではその法律行為は有効である（相対的無効）。

　破産財団に対抗できないのは，破産宣告後の破産者の行為に限られる。破産宣告前の行為は否認の対象となることがあるが，ここにいう対抗問題にはならない。なお，破産宣告の日になされた行為は破産宣告後になされたものと推定される（53条2項）。

　破産者の法律行為とは，破産財団に属する財産についてなされた一切の意思行為を意味する。すなわち，契約，債務の免除といった，狭義の法律行為にとどまらず，物の引渡し，弁済の受領，登記・登録，債権譲渡の通知・承諾，債務の承認といったことも含まれる。

　一方，破産財団に属さない財産（自由財産）に関する行為や，株式名義書換のように破産財団を変動させない行為，ならびに婚姻や認知といった身分法上の行為は破産者が（有効に）行うことができる。

　(b)　破産者の法律行為によらない場合　　破産宣告後，第三者が破産者の法律行為によらずに権利を取得したときも，これをもって破産債権者（破産財団）に対抗できない（54条1項）。たとえば，破産者が死亡しても，相続人は相続による権利取得を主張できない。ただし，この規定は53条同様，破産者が当該財産への管理処分権を失うことを前提とするものなので，取得時効や破産者以外の者からの動産の即時取得など，破産者の管理処分権を前提としない権利取得は有効であるとされている（通説）。また，判例によれば，第三者の破産

宣告後の権利取得が破産財団の不利益にならなければ，54条の適用を受けないとされている（破産宣告後の不動産転借権の取得につき，最判昭和54年1月25日民集33巻1号1頁［新百選75事件］）。もちろん，破産管財人の行為による第三者の権利取得は有効である。

（2） 善意取引の保護（例外）

破産宣告後の破産者の法律行為はすべて無効であるとすると，相手方または第三者に不測の損害を与え，取引の安全を著しく害することがある。そこで，破産法は以下のようにいくつかの例外を設け，相手方が破産宣告のあったことを知らないでした取引（善意取引）を保護することにしている。なお，破産宣告の公告前に取引がなされた場合には相手方の善意が，公告後であれば相手方の悪意が推定される（58条）。

(a) 破産宣告後の登記・登録　53条の原則に従うと，破産宣告後に破産財団に属する不動産または船舶に関して登記がなされた場合，たとえ登記原因が破産宣告前に生じていたとしても，この登記をもって破産財団に対抗することはできない（55条1項本文）。しかし，破産法は，登記原因が破産宣告前に生じており，登記は公示方法に過ぎないということを考慮し，登記権者が破産宣告の事実を知らずに登記をした場合には，これを保護するため，破産宣告後の登記をもって破産財団に対抗できることとした（55条1項但書）。

この規定は，物権変動の実体的要件は具備しながら，本登記申請に必要な手続上の要件が具備しないときになされる不動産登記法2条1号の仮登記にも適用されるが，請求権保全のためになされる同法2条2号の仮登記には適用がない（55条1項本文参照）。また，破産宣告前に不動産登記法2条1号の仮登記をしていた者については，破産宣告後にもその善意悪意を問わず本登記請求ができるとされている。一方，破産宣告前の仮登記が同法2条2号のものであった場合については，その本登記の可否については，宣告前に物権変動が生じていても本登記を認めない消極説，宣告後に物権変動が生じても本登記を認める積極説，宣告前に物権変動が生じて実体上の要件を具備した場合に限って本登記を認める折衷説など見解が分かれている。

登記に関する特則は，権利の設定，移転，変更に関する登録または仮登録および企業担保権に関する登記にも準用される（55条2項・3項）。

(b) 破産者への弁済　　53条によると，破産宣告後に破産者の債務者が破産者になした弁済は破産財団に対抗できない。しかし，通常，弁済にあたって債務者が債権者の財産状態を調査することはなく，この場合に弁済を無効として二重払を強いるのは酷である。そこで破産法は，債務者が破産宣告後に宣告があったことを知らずに破産者になした弁済は，破産財団に対抗できるとした（56条1項）。

債務者が破産宣告があったことを知っていた場合は，このような保護を与える必要がないので，破産者への弁済をもって破産財団に対抗できない。これも他の場合と同じく破産財団の減少を防止するためであり，実際に破産者が受領したものが破産管財人に渡った場合など，破産財団が減少しないときは無効にする必要がない。そこで，破産宣告の事実を知っていながら破産者になした弁済は，破産財団が受けた利益の限度においてのみ破産財団に対抗できるとされている（56条2項）。

(c) 手形の引受・支払　　為替手形の支払人または予備支払人が，手形の所持人に対して支払または引受をした場合，手形の振出人または裏書人に対する求償権が生じることがある。ところが，振出人または裏書人が破産宣告を受けた後に支払または引受がなされた場合，求償権は破産宣告後の原因によって生じたことになり，破産法15条の原則に従えば，支払人等は破産財団に対して当該求償権を行使することができなくなる。そうすると，支払人等は，支払等をするにあたって，求償義務者が破産宣告を受けていないかどうかも調査することになるが，これでは手形取引の信用性に影響が出る。そこで，破産法57条1項は，支払人等が支払または引受をするにあたって求償義務者に破産宣告がなされたことにつき善意であった場合に限り，破産宣告後の原因によって生じた求償権を破産債権として行使することを認めたのである。

小切手その他の有価証券も同様の取扱いがなされる（57条2項）。

* 上記のように，本来これは対抗不能（53条）の問題ではなく，破産債権（15条）についての例外であるが，善意取引の保護という共通点があるため，57条で規定されている。それゆえ，本書でも通例にしたがい，破産債権の章（第4章）ではなく本章で記述した。

(d) 相続の承認・放棄　　破産者の相続は，純然たる財産上の問題とはいえ

ないが，破産財団の増減に大きく影響する。そこで，破産宣告前に開始した相続について，破産宣告後に破産者がなした相続の承認・放棄（民915条）は，破産財団との関係ではこれを限定承認（民922条）として扱うとの特則がある（8条・9条。遺贈について10条・11条参照）。なお，破産宣告前に承認・放棄がなされていた場合は，相続人たる破産者の意思が尊重され，たとえ破産財団を害することになっても，これを否認できない。

3　破産宣告前からの法律関係の調整

　ここでは，破産宣告前から存在している法律関係，とくに双務契約関係について，破産宣告によってどのような影響が生じるのか，破産手続ではどのように処理されるのかについて述べる。破産法では，一般の双務契約が双方未履行の場合について原則規定をおき（59条），いくつかの特殊な契約について特別の規定をおいている（61条以下など）。そこで以下では，まず一般の双務契約関係について一方が履行済みである場合と双方ともに不履行の場合に分けて説明し，次に特殊なケースについて順次述べていく。

（1）一般の双務契約（原則）

　(a)　一方のみ不履行の場合　売買契約などの双務契約について，破産宣告時に契約当事者の一方のみが債務の履行を完了している場合については，特別の規定はなく，破産法の一般原則に従って処理されることになる。すなわち，相手方は履行済みで破産者が未履行の場合，相手方はその債権を破産債権として行使することになり（15条），逆に破産者が履行済みで相手方が未履行の場合は，破産者が有していた債権は破産財団に帰属し（6条参照），破産管財人が相手方に履行を求めることになる（7条参照）。このことは，未履行の片務契約でも同様である。

　なお，破産宣告時に双務契約の履行が双方共に完了していた場合は，それが否認されない限り，破産法上の問題にはならない。

　(b)　双方ともに不履行の場合　双務契約の当事者双方がその債務を未履行の間に一方が破産宣告を受けた場合に，上記のような取扱いをすると不都合が生じる。なぜなら，相手方は，自己の債権は破産債権となり，他の債権者との間

の比例的満足（有する債権の額に応じた配当）しか受けられないのに（配当につき第9章参照），自己の債務は完全に履行しなければならないからである。また，破産者が売主で相手方が買主である売買契約を考えてみると，相手方は，売買代金を全額支払う義務がある一方で，自己の債権については，破産債権として，その評価額に応じた（通常極めて低い率の）配当（金銭）しか受けられないということになる。相手方が，すでに自己の債務を履行済みの場合はしかたがないとしても，まだ未履行の場合にまで，自己の債権が完全に満足することが（原則として）あり得ないということがわかっているにもかかわらず，相手方に完全な履行を強いるのは酷であり，双務契約の対価性に反し，公平を欠くことになる。そこで破産法は，破産者と相手方の双方が履行を完了していない場合について59条をおき，その合理的な処理をはかっている（本条の趣旨について同時履行の抗弁権（民533条）の担保的機能から説明するものもある）。

　すなわち，双務契約につき，破産者およびその相手方が，破産宣告の当時未だ共にその履行を完了していない場合は，破産管財人に，契約を解除するか，破産者の債務を履行して相手方の債務の履行を求めるかの選択権が与えられる（59条1項）。履行が完了していない場合には，双方が一部未履行の場合や給付した目的物に瑕疵（民560条）がある場合を含み，履行の程度は問わないとされている。

　破産管財人が履行を選択したときは，相手方の債権は財団債権として保護される（47条7号，第8章5参照）。一方，解除を選択した場合は，契約関係は消滅するが，解除によって生じた相手方の損害に関する損害賠償請求権は，（破産宣告後の原因によるものであるが）破産債権として行使できる（60条1項）。相手方がすでにその債務の一部を履行していたときは，破産財団中にその目的物が現存していればその返還を請求でき，現存しないときはその価額を財団債権として請求できる（60条2項）。

　破産管財人が履行を選択するには，原則として監査委員の同意またはこれに代わる裁判所の許可を要する（197条9号・198条）。相手方は破産を理由とする解除はできないが，長く不安定な地位に立たされることのないよう，破産管財人に対して相当の期間を定めて，履行と解除のいずれを選択するかを確答する旨の催告ができる。期間内に確答がないときは契約を解除したものとみなされ

る（59条2項）。履行を選択する場合にのみ同意が必要とされたり，確答がないときに解除を選択したものとみなされたりするのは，財産関係の清算を目的とする破産の性質による。

（2） 特殊の双務契約

(a) 継続的供給契約　電気，水道，ガス，電話などの供給契約を典型とする継続的契約関係については，（特に受給者側の破産のケースで）59条の適用をめぐって議論がある。使用のたびごとに（あるいは一定期間ごとに）その使用量について新たな契約が成立するので双方未履行契約とはいえず，59条の適用はないとする見解もあるが，これらの契約に対する社会通念から乖離しているといわざるを得ない。これらは一般に，個別の使用量に応じた代金支払義務が発生することを内容とする契約であり，全体が一体のものであると考えるべきであるとされている。そうすると，破産宣告時に継続していた継続的供給契約は59条の適用を受け，破産管財人が履行か解除かの選択権を持つことになる。破産管財人が履行を選択した場合には，破産宣告前に供給した部分についての対価請求権（代金債権）についても全額財団債権になるが，これについては会社更生法104条の2を類推して，破産宣告前の供給分に対する代金債権は破産債権とすべきとする見解もある（この見解も，宣告後の供給分については財団債権とする）。

(b) 賃貸借契約　賃貸借契約は，いわゆる継続的契約であり，賃貸借期間中に一方が破産宣告を受けた場合は，常に双方未履行の状態にあるといえる。この場合の処理に関して，民法が賃借人の破産による賃貸借契約の解約について特別の規定をおく一方，賃貸人の破産については特別の規定を置かなかったことから，賃貸借契約が借地借家法の適用を受ける場合を中心として，破産における賃貸借契約の取扱いについて見解が分かれている。

① 賃借人の破産　民法によれば，賃借人が破産宣告を受けた場合は，賃貸借に期間の定めがあるときも，賃貸人または破産管財人のいずれからでも解約の申し入れができ（民621条），解約の申し入れがあると，法定期間の経過とともに賃貸借は終了する（民617条）。賃貸人と破産管財人はいずれも，相手方に解約するか否かにつき期間を定めて催告することができ，期間内に確答がないと解約したものとみなされる（62条）。解約によって生じた損害の賠償は請

求できない（民621条後段）。破産宣告前に生じていた賃料債権等は破産債権となり（15条），破産宣告後の賃料債権は財団債権となる（解約の場合につき47条8号，解約しない場合につき47条7号類推。なお，継続的供給契約の場合と同様，解約しないときは破産宣告前の賃料債権も財団債権となるとする見解もある。）。

　これらの取扱いは，賃借人の破産を機に，賃貸借関係を早急に解消させるのが妥当であるとの判断にもとづくと考えられているが，立法論としての批判が強い。特に不動産賃貸借契約については，その帰趨が賃借人すなわち破産者の生活に重大な影響を及ぼす場合が多く，また一般的に，賃貸人には，賃料が確保できるのであれば，あえて賃貸借契約を解約する必要が認められないことから，賃貸人の解約権を制限する見解が一般的である。

　通説は，借地借家法の適用のある不動産賃貸借については，賃貸人からの解約につき借地借家法が正当事由を要求している（借地借家6条，28条）ことから，破産だけでは同法のいう正当事由にはあたらず，他の事情とあわせて正当事由があると認められなければ賃貸人は解約できないとする。判例は，借地について正当事由を求めるものがある（最判昭和48年10月30日民集27巻9号1289頁［新百選78事件］）一方で，借家については財産的価値や投下資本の額が借地に比べて低く，存続期間にも差があることを理由に，正当事由の存在を必要としないとするものがある（東京高判昭和63年2月10日高民集41巻1号1頁［新百選79事件］）。また，民法621条の適用そのものを否定し，すべての賃貸借契約について賃貸人からの解約を認めない見解もあるが，これに対しては解釈論としての限界を超えているとの批判がある。

　いずれの見解によっても，破産管財人による解約は当然には制約できない（民法621条の適用を否定する見解も，破産法59条の適用は認める）。破産管財人は，破産財団の増殖のために有利な選択はどちらかという観点から，賃貸借契約を解約するか否かを判断することになる。

　②　賃貸人の破産　　賃貸人の破産については民法に規定がないので，本来ならば原則である破産法59条によって処理することになる。すなわち，破産管財人のみが解除を選択できるということになるはずである（かつての通説）。しかし，これでは賃借人は自己に原因がないにもかかわらず，ただちに契約が解除されることになり，借地借家法の適用がある不動産賃貸借であっても正当事

由による保護が受けられないなど，自己が破産したとき以上に不利な立場におかれてしまう。

そこで，現在の学説の多くは，民法が賃借人の破産につき特別の規定を置きながら，賃貸人の破産につき規定を置かなかったのは，それ自体が特別規定であり，賃貸人の破産が賃貸借契約の存続に影響しないことを意味するものであると解している（判例にもそのように解するものがある。東京高判昭和36年5月31日下民集12巻5号1246頁［新百選80事件］）。さらに，破産管財人の解除権を排除するのは対抗要件を備えた不動産賃貸借の場合のみである，とする見解も有力である。

(c) 雇用契約　① 使用者の破産　使用者の破産は，事業の廃止を意味する。この場合は，期間の定めにかかわらず，被用者または破産管財人のいずれからでも解約の申し入れをすることができる（民631条・627条）。被用者にも解約権が認められるのは，事業の見込みがないにもかかわらず，いつまでも拘束されるのは不合理だからである。この場合，相手方は解約による損害賠償を請求できない（民631条後段）。ただし，破産管財人が解約する場合には，労働基準法等の制約（たとえば労基19条ないし21条）を受けることがある。

破産宣告前の賃金は破産債権であるが，一般の先取特権が認められる限度で優先的破産債権となり（39条，第4章参照），また免責されることもない（366条の12第3号，第10章参照）。破産宣告後の賃金は財団債権となる（解約の場合につき47条8号，雇用継続の場合につき47条7号）。

② 被用者の破産　被用者が破産しても労務の提供はできるので，雇用契約には影響しない。破産宣告後の賃金は破産者の自由財産（新得財産）となる（固定主義，6条）。

(d) 請負契約　① 注文者の破産　注文者が破産したときは，請負人または破産管財人のいずれからでも契約を解除できる（民642条）。解除は将来に向かってのみその効力を生じる。すでになされた仕事に対する請負人の報酬請求権等は破産債権となり（民642条），その成果は破産財団に属する（最判昭和53年6月23日金法875号29頁［新百選82事件］）。解除によって生じた損害の賠償は請求できない（民642条2項）。解約されなかったときは，完成物は破産財団に帰属し，請負人の報酬請求権は，仕事の不可分性により全額財団債権となる

(47条4号)。

② 請負人の破産　請負人が破産しても，仕事の完成自体は労務の提供であるから，破産財団とは無関係であり，請負契約は破産の影響を受けない。破産宣告前の仕事に対する報酬請求権は破産財団に帰属するが，宣告後の仕事による破産者の報酬は自由財産（新得財産）となる（6条）。なお，破産管財人は，破産財団の充実をはかるために，必要な材料を提供して破産者に仕事を完成させ，あるいは第三者にこれをおこなわせ，破産者の報酬請求権を破産財団に帰属させることができる（64条）。近年，請負人の破産について59条の適用を認め，破産管財人による解約を認める見解がある。個人的労務の提供を内容としないものについては59条の適用があるとするもの，常に59条が適用されるとするものなどがある（この見解によれば，64条は履行を選択した場合の履行方法を定めたものということになる。）。判例は，請け負った仕事の代替性に着目し，破産者以外の者では完成することができないものでない限り，59条の適用を認めるとしている（最判昭和62年11月26日民集41巻8号1585頁［新百選83事件］）。

(e)　保険契約　① 保険者の破産　保険者（通常は保険会社）が破産したときは，保険契約者は契約を解除することができるが，この解除は将来に向かってのみ効力を生じる（商651条1項・683条）。保険契約者が解除しないときも，破産宣告後3カ月を経過すると保険契約は当然に効力を失う（商651条2項・683条）。破産管財人は保険契約を解除できない。

② 保険契約者の破産　保険契約者が破産したときは59条が適用される。すなわち，破産管財人のみが解除権を持ち，破産管財人が解除を選択したときは，それによって発生する解約返戻金は破産財団に帰属する。保険契約が，被保険者または保険受取人が保険契約者と異なるいわゆる他人のための保険契約であった場合は，これらの者が保険契約上の自己の権利を放棄しない限り，保険者はこれらの者に保険料を請求できる（商652条・683条）。

(f)　交互計算　交互計算（商529条以下）は，一定の期間内の取引から生じる総債権同士を相殺し，その残額を支払うというものであるが，これは相互の信頼を基礎としているので，当事者の一方の破産により（解約をまたずに）当然に終了し，当事者は計算を閉鎖して残額の支払を請求することになる（66条1項）。残額請求権を破産者が有するときは破産財団に帰属し，これを相手方

が有するときは破産債権となる（66条2項）。

(g) 組合員・会社の社員の破産　民法上の組合の組合員が破産したときは，当然に組合から脱退し（民679条2号），その持分の払戻し（民681条）は破産管財人が請求する。

合名会社，合資会社の社員が破産した場合も同様である（商85条4号・89条・147条）。これに対し，有限会社の社員には脱退による払戻しという制度がないので，有限会社の社員の破産にあたっては，破産管財人が持分を第三者に譲渡することによって，その換価をおこなう。

(h) 取引所の相場のある商品の売買　証券取引所で扱われる有価証券，商品取引所で扱われる小豆，小麦など，取引所の相場のある商品の売買で，一定の日時または期間内に履行がないと契約の目的が達成できない，いわゆる定期取引契約については，その時期が到来する前に当事者の一方が破産したときは，当然に契約が解除されたものとみなされ，取引所に別段の定めがなければその時点での相場価格と売買代金との差額取引の形で決済される（61条1項後段・3項）。差額が破産者にあれば（相場が破産者に有利な状態なら），相手方はこれを破産財団に支払い，差額が相手方にあれば，相手方はこれを破産債権として行使することになる（61条2項・60条1項）。

(3) 双務契約以外の法律関係

(a) 委任　委任契約は，当事者の一方の破産によって当然に終了すると定められている（民658条）。委任者が破産したにもかかわらずその旨の通知がなく，受任者が破産宣告の事実を知らずに委任事務を処理したときは，これによって生じた報酬請求権等は（破産宣告後に生じたものであるにもかかわらず）破産債権となる（65条，なお民655条参照）。なお，受任者による委任事務が，破産宣告の事実は知っていたものの，急迫の必要があってなされた場合（47条6号）や，破産財団に対する事務管理にあたる場合（47条5号）には，これに関して生じた受任者の債権は財団債権となる。

株式会社とその取締役との関係も一種の委任であるので（商254条3項），株式会社または取締役の破産によって，取締役は当然にその地位を失う（会社の破産につき，最判昭和43年3月15日民集22巻3号625頁［新百選102事件］）。また，破産宣告を受けた者は，復権するまでは取締役になれない（商254条の2第2項）。

委任が破産によって当然に終了するのは，委任が相互の信頼関係に基づくものであるからであると説明されているが，これに疑問を呈する立場もある。委任には，当事者の経済状態とは無関係のものもあるので，当事者の破産が一律に委任の終了原因となるのはおかしいというのである。この立場によれば，受任者の経済状態が委任の重要な要素となっていないときは，受任者の破産は委任関係に影響しないと解する余地がある。また，委任者が破産したときも，委任事務が破産管財人の業務と競合しない限り，委任を終了させる必然性は薄い。

株式会社が破産したときの取締役についても，業務執行権は失う（破産管財人に専属する，7条）ものの，組織運営上の事務処理をおこなわせるため，その限りでその地位にとどまらせる余地があるとする見解が有力である。

(b) 共有関係　ある財産を数人で共有しているときに，共有者の一人または数人が破産したときは，その共有持分は破産財団に帰属する。換価を容易にするため，不分割の定め（民256条1項但書・264条，908条）があるときでも，その分割をすることができる（67条1項）。分割するのは換価のためなので，他の共有者は相当の償金を支払って破産者の持分を取得することができる（67条2項）。

(c) 配偶者・親権者　配偶者の一方が，他方の財産について管理権を持つことがある（民755条）が，この者が破産したときは，他方の配偶者は自己の財産の管理権を回復し，さらに共有財産を分割するよう家庭裁判所に請求することができる（68条1項前段，民758条，民759条）。また，親権者は子の財産を管理する（民824条）が，親権者が破産したときは，子の親族または検察官が，親権者の財産管理権の喪失を宣告するよう家庭裁判所に請求することができる（68条1項後段，民835条）。

(d) その他（代理・消費貸借の予約）　代理関係は，代理人の破産によって消滅する（民111条1項）。消費貸借の予約も，当事者の一方の破産によってその効力を失う（民589条）。

4　係属中の訴訟関係・執行関係

破産宣告があると，破産者は破産宣告時に有していた自己の財産（破産財

団）の管理処分権を失い，破産管財人がこれを行使することになり（6条・7条），また，破産債権者は個別の権利行使を禁じられるので（16条），破産宣告前から係属している破産者を当事者とする訴訟や執行手続に影響が及ぶことがある。以下，破産宣告が係属中の訴訟や民事執行にどのような影響を与えるかを述べる。

（1） 係属中の訴訟関係

民事訴訟の係属中に当事者が破産宣告を受けると，破産財団に関する訴訟は中断する（民訴125条1項）。破産財団に関する訴訟には，破産財団に属する財産（積極財産）に関する訴訟のみならず，破産債権（消極財産）に関する訴訟をも含む。財団債権に関する訴訟も，破産財団から弁済を受ける権利に関する訴訟であるので中断する。一方，破産財団とは無関係な訴訟，たとえば，婚姻や親子関係といった身分関係の訴訟や，自由財産に関する訴訟などは，破産宣告があっても中断しない。

(a) 破産財団に属する財産に関する訴訟　破産財団に属する財産に関する訴訟については，上記のように，破産者はその管理処分権を失うので，当事者適格がない。当事者適格がない者に訴訟を追行させることはできないので訴訟を中断する。

中断した訴訟は，新たな当事者適格者である破産管財人によって受継されるが，受継の申立ては破産管財人と相手方のいずれからでもなすことができる（69条1項前段）。破産管財人は，相手方から受継申立てがなされたときに，訴訟が破産財団にとって不利な状況にあったとしても，これを拒絶できない。

財団債権に関する訴訟も同様である（47条7号の財団債権につき69条1項後段）。

(b) 破産債権に関する訴訟　破産債権に関する訴訟については，破産債権者は破産手続によらなければ権利行使できない（16条）のであるから，破産者に対する個別の権利行使である民事訴訟は中断する。

この場合は，破産財団に属する財産に関する訴訟とは異なり，当然には受継されない。債権者が破産債権を届け出，債権調査期日を経て異議なく確定すれば，中断した訴訟を続行する必要がなくなり，訴訟はそのまま終了する（228条以下）。中断した訴訟で争われていた破産債権について，債権調査期日に異議が出たときは，異議者が中断した訴訟を受継する形で，債権確定訴訟をおこ

なう（246条，なお債権確定手続については第4章参照）。

(c) 破産手続の解止　破産手続が破産取消，破産廃止などの事由で終了（破産手続の解止）すると，破産者は破産財団に関する管理処分権を回復する。それゆえ，中断中の訴訟について破産管財人が受継する前に破産手続が解止すると，破産者が当然に訴訟を受継することになる（民訴125条1項後段）。また，いったん破産管財人が訴訟を受継した後に破産手続が解止すると，再び訴訟が中断し，破産者が受継することになる（民訴125条2項）。

(2) 係属中の執行関係

(a) 失効する手続　破産宣告がなされると，破産債権者は破産手続によらない個別の権利行使ができなくなるので（16条），すでに開始していた執行も，破産財団に対してはその効力を失う（70条1項本文）。破産管財人は，執行が完了していなければ，その執行がなかったものとして目的物を自由に管理処分でき，債権者に交付された金銭等の返還を求めることもできる（執行が完了していたときは，否認の問題が残るだけである）。

もっとも，破産管財人もいずれは破産財団を換価することになるので，すでにおこなわれている執行手続を破産財団のために利用する（続行させる）ことができる（70条1項但書）。なお，換価を予定しない仮差押えや仮処分手続の続行は認められない。

(b) 失効しない手続　取戻権者や別除権者は，破産手続によらずにその権利を行使することができる（取戻権につき87条，別除権につき95条）。それゆえ，これらの権利に関してすでになされている執行手続は破産宣告の影響を受けない。

国税徴収法などによって徴収できる租税などは，その原因が破産宣告前のものは財団債権とされているが，これについてすでに開始されている滞納処分は，破産宣告の影響を受けず，そのまま続行できる（71条1項）。なお，判例によれば，破産宣告後の滞納処分の開始は許されない（最判昭和45年7月16日民集24巻7号879頁［新百選98事件］）。

第7章 ■ 否認権

1 否認権の意義

（1） 否認権は破産財団の減少を防止し，債権者平等を確保する権利

破産財団（第5章参照）に帰属する財産の管理処分権は，破産宣告により，破産管財人に専属する（破産法7条：以下条文のみ）。すなわち，破産者は，破産宣告により，破産財団に属する財産についての管理処分権を失い，破産者が行ったこのような行為は破産債権者に対抗することができない。

およそ財産主体は，平常時においては原則として自由に自己の財産を使用収益し，処分することができる。しかし，破産宣告を受けるような状態にある債務者には，この原則はあてはまらない。すなわち，このような債務者は，破産宣告前においても実質的に支払能力の不足を来たし，支払手段に窮しているのが一般であるから，そのような状態において債権者に対する責任財産を減少させたり（財産減少行為），または特定の債権者にのみ弁済をする（偏頗行為）ことを認めると，破産制度が無意味となり，または他の債権者との平等を害することになる。

否認権は，破産管財人が上記のような行為の効果を失わせ，財産を財団に回復するための破産法上の手段である。

破産法は，72条ないし86条において否認権の要件，行使方法，効果等を規定し，さらに123条において否認の登記を規定している。否認権に関する基本規定をまとめると以下のとおりとなる。

　　——否認権に関する基本規定——
　　72条　否認の類型（故意否認，危機否認，無償否認）
　　76条　否認権の行使方法（訴えまたは抗弁による）

77条　否認の効果（財産の財団への復帰）
85条　否認権の消滅
123条　否認の登記

(2)　否認権は民法上の詐害行為取消権と同様の制度

否認権は，破産宣告を前提として，破産者が破産状態に瀕した状況において将来破産財団に属すべき財産を減少させる行為を防止しようとする制度である。他方，民法の詐害行為取消権（民424条）は，破産宣告を前提としないで債務者の一般財産の減少を防止するために設けられた制度である。しかし，沿革的には，詐害行為取消権も，一種の私的破産手続において財産を債権者に平等に分配するための制度であったといわれている。この点について，民法の詐害行為取消権の規定は，簡易の執行や清算的処理の規定を欠いており，不備であると指摘されている。

また，否認権は，破産手続に関係する総債権者のために行使されるが，詐害行為取消権は，当該の債権者の債権回収の目的のために行使されるという点に違いがある。さらに否認権は，破産者が破産状態に瀕した状況における財産減少行為を防止するものであるために，民法の詐害行為取消権に比べてより行使しやすいようにその要件を緩和されている。

(3)　否認権は会社更生法においても認められている

会社更生法上の否認権（会更78条—93条）も，破産法上の否認権と同趣旨の規定である。会社更生法は，債務者の経済的再建を目的とするが，会社の財産の減少を防止する必要性があることは，破産法の場合と同様である。会社更生法との否認権は，破産法上の否認権をモデルとしても設られた制度である。

(4)　否認権は清算会社の破産手続には適用されない

民法および商法には，清算中の法人に対して破産宣告をすることができる旨の規定がある（民81条，商124条3項・147条・403条，有75条）。法人は解散後も，清算の目的の範囲内で存続する（民73条）が，清算手続の途中で債務超過が判明し，申立にもとづき破産宣告がなされることがある。この場合には，民法81条3項の規定が破産法上の否認権に優先して適用され，破産管財人は，清算人が清算手続中に債権者に支払または帰属権利者に引き渡されたものを取り戻すことができる。

(5) 否認権は破産法により認められた特別の権利

否認権の法的根拠については、これまで、詐害行為取消権の法的根拠と同様の議論が展開されてきた。すなわち、不法行為説、準不法行為説、不当利得説、受益者他人債務負担説、責任説、衡平説などがそれである。しかし、このような見解は、いずれも否認権の根拠として十分ではないといわれている。今日では、否認権は、破産財団の回復のために破産法が特別に認めた権利であるとする見解が有力である。

(6) 否認権は請求権か形成権か

否認権の法的性質の理解については、以下の二つの見解がある。

① 請求権説　否認の効果は、否認権行使の要件が具備することによって当然に発生するとする見解である。

② 形成権説　破産管財人が否認権を行使することによって効果が生じるとする見解である。

77条1項は、「否認権の行使は、破産財団を原状に復せしむ」と規定し、否認の効果を破産管財人の否認権の行使にかからしめていることから、形成権説が通説である。破産管財人は、訴えまたは抗弁の形式で否認権を行使するが、当該の訴えの形式は、給付訴訟・確認訴訟であると解されている（後出7-(4)参照）。

2　否認権の類型

(1) 否認権には三つの基本類型がある

破産法は、否認の基本類型として、故意否認（72条1号）、危機否認（72条2号―4号）、無償否認（72条5号）の三つ規定をし、さらに対抗要件の否認（74条）および執行行為の否認（75条）について特則を設けている。

具体的な行為が、故意否認ないし無償否認のいずれにあたるかは、それぞれの要件が異なることから重要な問題である。また、かつて、故意否認は、一般財産減少行為を、危機否認は偏頗行為を対象とすると考えられていたが、現在では偏頗行為も故意否認の対象となると解されている。したがって、具体的な行為がどの否認類型にあたるかは、必ずしも一義的にでなく、破産管財人によ

る否認権行使の状況によって決定されることになる。

(2) 否認には個別要件のほかに一般要件がある

　破産法は，三つの否認類型について個別的に要件を規定している。しかし，否認類型の区分が絶対的ではないことから，否認の成否を適切に判断するために，通説・判例は，個別要件に加えて一般的な要件を掲げるに至っている。

　一般的な要件としては①行為の有害性，②行為の不当性，③破産者の行為の必要性が掲げられるのが通常である。しかし，行為の不当性が独立の要件か否か，破産者の行為が必要か否かについては，なお見解が分かれている。

　(a) 有害性が必要　　行為の有害性とは，否認の対象となる行為が破産債権者にとって有害であるという意味であり，破産者の一般財産を減少させる行為と特定の債権者にのみ弁済し，他の債権者への平等満足を低下させる行為を含む。

　有害か否かは，もっぱら計数上の観点から客観的に判断される。有害性のない行為は，故意否認，危機否認いずれの対象にもならない。

　したがって，たとえば，破産者が実質的な危機時期以後において担保権者に対して弁済する行為は，担保権者に別除権（92条）が認められている以上，有害性がないし，また担保権者に代物弁済（民482条）をする行為も，被担保債権額と目的物の価格との間にバランスがとれている場合には，有害性はないといえよう。ただし，目的物の価値が被担保債権額を超過している場合には，その超過部分については有害であり，否認権が成立する。たとえば，判例上も「債権額を超える価格のある物を代物弁済として譲渡した行為は，本条1号により否認することができる。」（東京地判昭和44年6月17日判時572号51頁）と解されている。

　有害性の要件は，故意否認においては，破産管財人により破産者の詐害意思を証明することにより，充足される（後出2(2)(a)参照）。

　しかし，危機否認においては，詐害意思は要件ではない。したがって，たとえば，詐害意思なしになされた代物弁済は，原則として危機否認の対象となる。それゆえ，否認権行使の相手方において有害性がないことについて証明責任を負担する（後出2(3)(a)参照）。

(b) 不当性は独立の要件　　否認の対象となる行為は，不当性を有するものでなければならない。しかし，不当性の意味内容ないしその体系的位置づけについては，見解が分かれている。

　(イ) 一般要件説　　不当性を独立の一般要件として位置づける見解である。この見解によると，不当性とは，破産債権者の利益と受益者の利益を比較衡量したうえで，破産者の行為を是認することができないことを意味する。さらに，この衡量に際しては，破産者の行為の内容，目的，動機，破産者や受益者の主観的状態およびその他行為のなされた諸般の事情が考慮され，信義則ないし公平の理念に照らして否認の成否が判断される。

　(ロ) 有害性阻却事由説　　行為の不当性は独立の要件ではなく，行為の相当性が有害性の阻却事由となるとする見解である。この見解によると，行為に有害性があっても，社会的に必要かつ正当なものと認められ，一般債権者においてこれによる財産の減少や不公平を受忍しなければならないと考えられる場合には，有害性は阻却される。

　否認権の要件として，すでに有害性と詐害意思が掲げられており，さらに不当性を独立の要件として要求しても，その内容が必ずしも明確でないことから，阻却事由説が妥当である。

　不当性の有無に関連して問題となった例には，以下のように無資力の債務者が生計費等を得るために借財をし，または事業継続のために借財をし，さらに担保を提供する等がある。

〔例1〕　　不当性が否定された事案（債権者取消権）　「無資力の債務者が，生計費，子女の教育費にあてるために借金し，その担保として家財などを譲渡担保（清算型）に入れても，特別の事情のない限り，詐害行為とはならない。」（最判昭和42年11月9日民集21巻9号2323頁）

〔例2〕　　不当性が否定された事案（故意否認）　「債務者が事業の継続を図り，これを前提として緊急の支払資金を得べく他から借入れをし，これに担保を提供する行為は，借入額と担保物件の価格との間に合理的均衡が保たれているかぎり，否認権行使の対象とならない。」（仙台高判昭和53年8月8日下級民集29巻5＝8号516頁〔新百選37事件〕）

(c) 否認の対象は破産者の行為に限られるか　次に否認権の対象は，破産者の行為に限られるのか，という点が問題とされている。

(イ) 学説の状況　72条1項の故意否認においては，詐害意思および破産者の行為が要件として規定されているが，72条2号の危機否認においては，破産者の行為は要件として規定されているものの詐害意思は規定されていない。したがって，危機否認においては，第三者の行為であっても，その効果において破産者の行為と同視することができるものについては，否認が成立すると解する余地がある。また，74条の執行行為の否認については，破産者の行為を観念することは困難である。他方で，否認の対象を破産者の行為に限定すると相手方の保護には役立つが，それだけ否認の実効性が減殺されることになる。そこで，相手方保護と否認の実効性のバランスを図りながら，破産者の行為の要否を考えることが必要となる。この問題については，現在次のような3つの見解が主張されている。

故意否認および危機否認を通じて，①破産者の行為に限定する説，②破産者の行為に限らないとする見解，③破産者の行為は，故意否認においては必要であるが，危機否認においては不要であるとする見解（折衷説）である。

(ロ) 通説・判例　通説は，折衷説である。ただし，危機否認において破産者の行為を全く不要というのは行き過ぎであるとして，第三者の行為は，その効果において破産者の行為と同視することができる場合には否認の対象となるという見解がある。

判例は，75条の執行行為の否認について折衷説によっているが，破産者の行った債権譲渡についてなされた第三債務者の承諾（民467条1項），債権者からの相殺（民505条1項）や代物弁済予約の完結の意思表示が危機否認の対象となるかという問題については，破産者の行為がないから否認は成立しないという立場をとっている（後出5(3)(a)(イ)参照）。具体的には，以下のとおりである。

〔例3〕　執行行為の危機否認について破産者の行為が不要とされた事案
「破産法72条2号にいう『債務ノ消滅ニ関スル行為』には，執行行為に基づくものを含むが，右行為については破産者が強制執行を受けるにつき害意ある加功をしたことを必要としない。」（最判昭和57年3月30日判時1038号286頁〔新百選

〔例4〕 **破産者の行為がないとして危機否認が否定された事案**　「本条により否認しうる対抗要件充足行為は破産者の行為またはこれと同視すべきものにかぎり，破産者が債権を譲渡した場合における債務者の承諾は，否認の対象とならない。」（最判昭和40年3月9日民集19巻2号352頁［百選51事件］）

（2）　故意否認（72条1号）——実質的危機時期において詐害意思をもってなされる財産減少行為・偏頗行為について成立する。

(a) **故意否認の個別要件——詐害意思，詐害行為**　故意否認は，「破産債権者を害することを知りてなしたる行為」について成立する。対象となる破産者の行為は，実質的危機の後になされたものということになる。

破産管財人は，否認権を行使するに際して，破産者の詐害行為および詐害意思の存在について証明責任を負担する。

規定のただし書において，相手方が破産債権者を害することについて善意であれば，否認は成立しない。したがって，受益者は，当該の事実について善意であったことについて証明責任を負担する。当該の事実を知らなかったことについて受益者の過失の有無は問われない（最判昭和47年6月15日民集26巻5号1036頁）。

(b) **詐害意思の内容**　(ｲ) 学説・判例の状況　詐害意思については，積極的に債権者を害する意思を必要とする①加害意思説と，加害の認識で足りるとする②認識説が主張されている。

大審院判例は，かつて本旨弁済の故意否認について，加害意思説によっていた。また，大審院は，行為がなされた状況からみて特別な事情につき反証がなされない限り，破産者が加害の結果を認識していれば加害意思を推定されるという理解によっていた。これは，本旨弁済について故意否認を認める立場から，詐害意思の要件を厳格に要求したものである。

学説は両説に分かれていたが，本旨弁済については故意否認を認めない見解が有力であった。しかし，現在，最高裁判例および学説は，認識説の立場により，また本旨弁済について故意否認が成立することを認めている。

したがって，認識の内容は，詐害行為の故意否認の場合には，弁済資力が不足していることであり，偏頗行為（本旨弁済）の故意否認の場合には，弁済資

力の不足に加えて，債権者平等の原則に違反して特定の債権者に弁済するというものとなる。

　判例上，争われた事案には，以下の例がある。
　〔例5〕　　加害意思が必要とされた事案　　「破産者のした既存債務の弁済を，破産法72条1号によつて否認するには，破産者が他の債権者を犠牲として当該債権者にのみ利益を与えんとする悪意をもつて弁済をし受益者もまたこの事実を知つていることを必要とし，単に破産者がかかる悪意がなく誠意をもつて弁済をしたにすぎないときには，同号によつて否認することはできない。」（大判昭和15年9月28日民集19巻21号1897頁［百選7事件］）
　〔例6〕　　加害の認識によって加害意思が推定されるとされた事案　　「破産者が支払停止後，一債権者に弁済をし，その債権者も支払停止の事実を知って受領した場合には，破産者および債権者において他の債権者を犠牲として当該債権者にだけ利益を与えんとする悪意があるものと推定するのが相当である。」（例3と同一判例）
　〔例7〕　　本旨弁済の故意否認について他の債権者を害する事実を認識することで足りるとされた事案　　「右のような本旨弁済でも，その弁済が他の債権者を害することを知ってされたものであり，これを受領した債権者が他の債権者を害する事実を知っていたときは，同条項の規定により否認することができるものと解するのが相当である。」（最判昭和42年5月2日民集21巻859頁［新百選33事件］）
　　(ロ)　適正価格による売却　　破産者が財産を適正価格で売却した場合，故意否認が成立するか否かについては，詐害性の有無に関し議論がある。通説・判例は，不動産が適正価格で売却された場合について故意否認の成立を認める。しかし，適正価格による売却は，対価を得ている以上一律に否認の対象とされるべきではなく，財産費消，隠匿の目的など責任財産を減少させる特別の事情が認められる場合に否認の対象となるという見解が有力である。具体的には，以下の例がある。

　〔例8〕　　動産の適正価格による売却について否認が否定された事案

「債務者がその所有の動産を売却する行為は，代価が不当に低廉で，債務者の資産を減少させるものでないかぎり，破産債権者を害することにならない。」（大判昭和7年12月23日法学2巻845頁）

〔例9〕　不動産の適正価格による売却について否認が認められた事案

「債務超過のため殆んど支払停止の状態に陷つた債務者が，不動産を換価して金員に換える行為は，その換価によつて得た金員がそのまま保管されているか，あるいは他の財産に変えられて残存していることを立証しないかぎり，債権者の共同担保を害するものである。」（大判昭和8年4月15日民集12巻637頁）

(c)　履行期の到来した債務の弁済（本旨弁済）は故意否認の対象となるか

(2)(b)において詐害意思の要件に関連して触れたように，履行期の到来した債務を弁済する本旨弁済が故意否認の対象となるか否かについて議論があった。立法当初は，財産減少行為が故意否認の対象となり，偏頗行為は，危機否認の対象となると理解されていた。否定説によれば，このような本旨弁済は，債権者にとっては当然に可能なことであり，形式的危機時期においてこそ偏頗行為として否認の対象となるとしても，故意否認の対象ではないと考えられた。

しかし，現在の通説・判例は，形式的危機時期以前であっても破産者の財産状態が悪化している実質的危機時期においてなされた本旨弁済は，債権者の平等に反し，結果的に債権者の満足を低下させるものであるから，やはり故意否認の対象となるという立場をとっており，妥当である。

(d)　実質的危機時期における相殺は故意否認の対象となるか　104条は，破産債権者が破産宣告後に財団に対して債務を負担した場合などについて相殺を禁止している。しかし，104条の制限が及ばない場合，すなわち，支払停止または破産申立前に債権者が取得した債権，負担した債務，破産宣告から1年以上前に取得した債権，債務にもとづく相殺については，通説・判例は，104条の解釈として故意否認の成立を認めない。相殺権の行使について故意否認が否定された事案としては，「破産債権者の相殺権の行使は，否認権の対象とならない。」とした最判昭和41年4月8日民集20巻4号529頁〔百選51事件〕がある。

上記の見解に対しては，反対に相殺を認める見解も主張されている。しかし，相殺の基礎にある債権，債務自体について否認が成立しない場合に相殺のみに

ついて否認を認めることは，104条の趣旨に反する。したがって，かような相殺については，否認は成立しないと考える。

(3) 危機否認（72条2号—4号）——支払停止・破産申立後の一定の行為は，詐害意思がなくても否認の対象となる。

(a) **危機否認の個別要件** 危機否認は，支払停止または破産申立後の担保の供与，債務の消滅に関する行為，その他債権者を害する行為について，破産者の主観的認識を問わずに否認を認めるものである。基本規定は，72条2号である。

2号による否認の場合には，破産管財人において受益者の支払停止または破産申立に関する事実につき悪意の証明責任を負担する。

危機否認には，さらに受益者が破産者の親族（民725条）または同居人である場合の否認（72条3号），破産者の義務にもとづかないものの否認（72条4号）の類型がある。これらの場合には，証明責任が転換され，上記の事実について善意であることについて受益者において証明責任を負担する。

(イ) **支払停止** 危機否認の要件として支払停止は，通説・判例によれば，一定時点において破産者が弁済能力の欠乏のために債務を弁済することができない旨を外部に表明することである（大判昭和15年9月28日民集19巻1897頁）。

争いはあるが，通説・判例によれば，支払停止の概念は，126条2項における破産原因を推定する「支払停止」および142条2号・4号の相殺禁止の要件としての「支払停止」にも見受けられるが，その意味内容は同一である。

他方，危機否認および相殺禁止の要件としての支払停止は，破産者の主観的行為では足りず，破産宣告まで継続する客観的状態であるとする見解も主張されている。

しかし，このように「支払停止」が，破産者の主観的行為に加えて客観的な状態の継続として捉えられると，相手方の保護に役立つ面はあるが，客観的な状態の継続につき破産管財人が証明責任を負担することになり，破産管財人の負担が過大になるという批判がある。通説を支持したい。

(ロ) **破産宣告** 危機否認は，その原因となった支払停止または破産申立に基づいて現実に破産宣告がなされた場合にのみ成立する。

(ハ) **破産者の行為** 通説は，危機否認においては，破産者の行為を不要

としている。判例は，債権者の強制執行行為について，破産者が強制執行を受けるについて害意のある加功をしていない場合でも，債務を消滅させる行為として否認の対象となるとしている（大判昭和10年3月8日民集14巻270頁，最判昭和48年12月21日判時733号52頁，最判昭和57年3月30日判時1038号286頁〔新百選41事件〕）。

危機否認においては，破産者の行為は不要であると考えるが，この点について，判例は，以下の例にように危機否認のすべての事案において不要説で一貫しているわけではない（前出2(2)(c)参照）。

〔例10〕　破産者の加功行為が必要とされた事案　「債務の弁済期が未到来のため，債権者が代物弁済一方の予約に基づく予約完結権を行使できない間に，債権者および債務者が債務者に対し破産の申立がされたことを知つて，両者が相通じ，債務者は期限の利益を放棄して予約完結権の行使を誘致し，債権者は予約完結の意思表示をした場合には，債権者の右予約完結の行為は，本条2号により否認することができる。」（最判昭和43年11月15日民集22巻12号2629頁）

〔例11〕　債権者からの相殺について否認が否定された事案　「債権者がした相殺権の行使は，破産者の行為ではなく，危機否認の対象とならない。」（最判昭和41年4月8日民集20巻4号529頁〔百選51事件〕）

〔例12〕　債権譲渡において債務者の承諾について否認が否定された事案　「破産者が債権を譲渡した場合における債務者の承諾は，否認の対象とならない」（最判昭和40年3月9日民集19巻2号352頁）。

〔例13〕　給与支払機関の払込が破産者の弁済とみなされた事案　「公務員共済組合から貸し付けを受けていた組合員が破産し，給与支払機関が組合の貸し付け未返済額を給与から控除して組合に払い込む行為は，組合員の弁済を代行するものにほかならず，否認の対象となる。」（最判平成2年7月19日民集44巻5号837頁）

　㈡　否認の制限　破産宣告から1年以上前になされた行為は，危機否認の対象とはならない（84条）。この場合には，一方において支払停止や破産申立と破産宣告との因果関係が希薄であり，また他方において取引の安全性を害するからである。

(b) 危機否認（2号否認）の内容　(イ) 担保の供与　既存の債務を担保するために，抵当権，質権，譲渡担保，仮登記担保を設定することである。

破産者が，あらかじめ特約により担保を供与する義務を負担しており，その履行として危機時期になされた設定された担保供与が対象となると解される。

他方，特約が存在しない場合または義務がない場合になされる担保供与は，4号否認の対象となり，否認の要件がより緩和されている。

(ロ) 債務の消滅に関する行為　破産者が，既存の債務を消滅させるために弁済，更改，代物弁済などを行うことである。

これらの行為は，いずれも破産者が義務として履行するものでなければならない。したがって，弁済は，履行期の到来した債務を弁済するものでなければならず，また更改や代物弁済は，あらかじめその旨の特約が存在していることが必要である。

無担保の借入資金で危機時期において特定の債権者へ弁済する行為は，原則として否認の対象となるが，新たな借入金が特定の債務の弁済にあてることが予定されており，かつ新債務が態様において従前の債務に比べて重くないという特別の事情がある場合には否認の対象とならないという見解が多数説である。最高裁は，故意否認について以下のようにこの問題を肯定しており，危機否認についても同様の結論をとるものと解される。

〔例14〕　無担保の借入金による弁済について故意否認が否定された事案
「破産者が特定の債務の弁済に充てる約定の下に借り入れた金員により当該債務を直ちに弁済した場合において，借入債務が弁済された債務より利息などその態様において重くなく，また破産者が，右約定をしなければ借入れができず，右約定に違反して借入金を他の使途に流用したり，借入金が差し押さえられるなどして右約定を履行できなくなる可能性も全くなかったなど判示の事実関係の下では，右弁済は，破産法72条1号による否認の対象とならない。」（最判平成5年1月25日民集47巻1号344頁）

(ハ) その他破産債権者を害する行為　72条2号は，さらに「その他破産債権者を害する行為」を危機否認の対象としている。

この「その他破産債権者を害する行為」の意味については，故意否認の対象と危機否認の対象の区別に関する議論と関連して，見解が分かれている。

① 偏頗行為説　担保の供与・債務消滅行為を例示とする債務者間の公平を害するような偏頗行為であるとする見解である。
② 減少行為説　担保の供与・債務消滅行為という偏頗行為以外の全債権者を害する行為（減少行為）であるとする見解である。
②の見解が現在の通説である。
(c) 親族または同居者が受益者である場合の危機否認（3号）　(イ) 証明責任の転換　72条2号の危機否認の対象となる行為が，破産者の親族または同居者を相手になされ，破産管財人が否認権を行使した場合には，受益者において支払停止・破産申立の事実を知らなかったことについて証明責任を負担する。受益者が親族または同居者である場合には，破産の財産状態を知っていることが通常であるから，悪意についての証明責任が転換されているのである。
(ロ) 法人への類推　親族または同居者という要件は，破産者が個人である場合について考えられるが，破産者が法人である場合に，理事または支配株主等を受益者としてなされた行為についても本条の類推適用を認め，または受益者の悪意を事実上推定すべきであるという見解が有力である。
(d) 破産者の義務に属さない担保の供与・債務の消滅に関する行為（4号）
(イ) 内容　破産者が支払停止・破産申立という形式的危機時期の後，またその前30日以内にした義務に属さない担保の供与・債務の消滅に関する行為が本号の否認の対象となる。
(ロ) 証明責任の転換　受益者は，形式的危機時期以後の行為については支払停止・破産申立があったことを知らなかったこと，またその前30日以内の行為については，破産債権者を害すべき事実を知らなかったことについて証明責任を負担する。
(ハ) 行為の態様　本号の否認の対象となる行為には，行為自体が破産者の義務に属さないものと，方法または時期が破産者の義務に属さないものがある。
義務に属さない行為としては，特約がないのに担保を設定する行為がある。また方法または時期が破産者の義務に属さない行為としては，特約がないのに代物弁済をする行為，期限前に弁済する行為がある。
(e) 倒産法改正と危機否認　1997年に法務省民事局参事官室より公表され

た「倒産法制に関する改正検討事項」において，危機否認に関し，要件の緩和，相殺の制限，親会社または内部者を相手方とする危機否認の訴訟における主観的要件の証明責任の転換の問題が検討課題として，とりあげられている。すなわち，①危機否認の要件緩和としては，危機否認の成立時期を支払停止または破産申立の前60日，90日または6カ月以前の行為に拡張すること（前出2(3)(a)参照），②危機否認の対象を債務者の行為に限らないものとすること（前出2(2)(c)参照），③破産手続および会社更生手続において，危機否認の対象となる行為に，破産債権者または更生債権者がした相殺を加えるものとすること（前出2(2)(d)参照），④破産手続および会社更生手続において，親会社または内部者（債務者の取締役その他の債務者との密接な関係を有する者）を受益者とする危機否認の場合には，受益者は支払停止または破産手続もしくは会社更生手続開始の申立があったことを知らなかったことの立証責任を負う（前出2(3)(c)参照）ものとするということである。

(4) 無償否認（72条5号）——破産者が無償でなした行為の否認

(a) **規定の趣旨** 破産者が支払停止・破産申立の後，またはその前6カ月以内にした無償行為またはこれと同視すべき有償行為は，破産者の詐害意思や受益者の認識を要件としないで否認の対象とされる。

本号の否認に主観的要件が必要とされないのは，①危機時期においては，無償で財産を処分する行為はきわめて有害性が強いこと，②受益者も無償で利益を得ているので，その認識を要件とせず広く否認を認めても公平に反しないことが理由とされている。

(b) **無償行為の意味** 本号の無償行為は，破産者が対価を得ないでその財産を減少させ，または債務を負担する行為である。また，無償行為と同視すべき有償行為は，対価としての出損がわずかな名目上のもので，経済的に対価としての意味を持たないものをいう。

(c) **無償行為の例** 無償行為の具体例としては，贈与，権利放棄，債務免除，時効完成後の債務承認，弁済，用役権の設定，時効中断の懈怠など私法上の行為のほか，請求の放棄・認諾（民訴266条1項），訴えの取下げ（民訴262条1項），裁判上の自白（民訴179条）などの訴訟上の行為がある。

(b) **債務保証の否認** 他人の債務を保証する行為について無償否認が成立

するか否かについて議論がある。たとえば，甲が，乙の丙への融資に際して保証人となりまたは担保を供与する。甲に対して破産宣告がなされた後に，破産管財人は，破産者の債務保証行為ないし担保供与行為を本号の無償行為として否認することができるであろうか。

　この問題については二つの見解が主張されている。すなわち，①の見解によれば，受益者乙は，甲の保証と引き替えに融資を行っているので，受益者からみれば，甲の債務保証は，無償行為ではないということになり，本号の否認は成立しない。②の見解によれば，無償性の判断は破産者と受益者双方について行われるが，行為の有害性という意味では破産者における無償性が基本となること，また破産者は，保証の際に求償権を取得するが，しかし，求償権は保証人が損害を被った場合の損害を填補するための償還請求権的請求権であることから保証の対価とはいえず，破産者の債務保証は無償否認の対象となる。判例（最判昭和62年7月3日民集41巻5号1068頁［新百選38事件］）および通説は，②の見解である。

　なお，破産者が同族会社の代表者であり，会社のために保証した場合にも当該保証は無償否認の対象となるかという問題について，上記の最高裁判決の多数意見は，無償否認の成立を認めた。しかし，少数意見は「実質的に破産者が会社に対する善管注意義務ないし忠実義務を履行するとともに自己の出資の維持ないし増殖を図るため保証等をしたものといえるときには，破産者自ら直接ないし間接に経済的利益を受け破産財団の保全に資したものとして，右行為は無償行為にはあたらない」と述べており，学説には中小企業の実態に即したものとしてこれを支持する見解も有力である。

3　手形支払の例外

(1)　手形支払は否認の対象とならない（73条1項）
(a)　規定の趣旨　　破産者が約束手形の振出人または為替手形の支払人であり，手形の所持人に対して手形金の支払をする場合には，原則通りであれば，72条の故意否認または危機否認が成立する余地がある。しかし，73条1項は，このような手形の支払を否認の対象から除外している。すなわち，手形の所持

人は，たとえ他の債権者を害し，あるいは破産者が危機時期にあることを知っていたとしても，前者（裏書人）に対する遡求権を確保するためには，支払呈示期間内に手形を呈示し，支払拒絶を受けたうえで支払拒絶証書を作成しなければならない（手44条・71条1項4号）。しかし，弁済の提供があると，拒絶証書を作成することができないし，また弁済を受領し，否認されると，支払拒絶証書の作成期間を経過しているために，やはり遡求権を行使することができない。したがって，手形の支払が否認の対象となるとする場合には，手形の所持人は，ほかの否認の場合と比べて不利な立場におかれる。それゆえ，手形の支払は，例外的に本項によって否認の対象から除外されるのである。また，本項はこのような例外的措置を規定するものであるから，手形所持人に手形法上ほかの救済手段が残されている場合には，適用がない。

(b) 本条項は，実践的意味をもたない　実務上は，統一手形・小切手用紙制度が採用され，いずれについても拒絶証書不要と記載されているので，拒絶証書不作成による遡求権の喪失は発生しないのが現実である。したがって，実際には本項の適用場面はほとんどないといってよい。

(c) 本条項の不適用　また，理論上の問題としても，以下の場合は，遡求権を保全するために支払を求めざるを得ないという事情が存在しないので，本条項の適用はない。

① 破産者以外に償還義務者がいない場合
② 満期前の支払
③ 拒絶証書作成期間経過後の支払
④ 拒絶証書作成後の支払

(d) 割引銀行による手形の買戻請求と本条項の類推　実務上，手形の買戻について本項の類推適用が可能か否かが議論されている。すなわち，甲が乙に約束手形を振り出し，乙が銀行に手形の割引を依頼する場合，乙と銀行との間に手形の買戻請求が約定されている。乙が破産し，銀行が当該手形を乙に買い戻させた場合，その買戻が否認の対象とされると，乙がすでに甲に手形を返還していたような場合には，銀行は手形上の権利を行使することができない状況を生じる。そこで，手形の買戻については，本条1項の類推適用により，否認は成立しないという見解がある。しかし，割引銀行は，手形の支払を受けた場

合と比べると，買戻を要求しなければ後の権利行使が不可能になるという事情がなく，通説・判例は，否認の成立を認めている。具体的には，次の判例がある。

〔例15〕　手形の買戻について否認が否定された事案　「約束手形の裏書人たる破産者が，被裏書人から手形を受戻すについて手形金額の支払をした場合には，破産法73条1項は適用ないし類推適用されず，否認の対象たりうる。」（最判昭和37年11月20日民集16巻11号2293頁〔新百選39事件〕）ただし，破産者が買戻した手形により，振出人から手形の支払を受けた場合には，有害性がなく，否認は成立しない（最判昭和44年1月16日民集23巻1号1頁〔新百選39A事件〕）。

(2) 破産財団への償還 (73条2項)

73条1項により否認が制限される場合であっても，実質的に保護に値しない者は，破産者から得た金額を破産管財人の請求に応じて財団に返還しなければならない。すなわち，最終の償還義務者（約束手形の第一裏書人，為替手形の振出人）または手形の振出を委託した者（破産者に約束手形を振り出させたり，為替手形の支払人とならせたりして実質的に手形の支払を受けて利益を得る者）が，振出の当時支払停止または破産申立があったことを知りあるいは知りうべき状態にあった場合が，これに該当する。

上記の事実については，受益者において証明責任を負担する。

4　対抗要件の否認
——登記登録なども否認の対象となる——

(1) 規定の趣旨 (74条1項)

危機時期における対抗要件充足行為は，原因行為とは別に否認の対象となる。支払停止または破産申立以後，破産者が行った登記，登録など権利変動の対抗要件を充足する行為は，原因行為から15日を経過してなされたものであり，かつ受益者が支払停止または破産申立について悪意である場合に，否認の対象となる。

本項の趣旨については，以下の二つの見解が主張されている。

①　制限説　　制限説によれば，対抗要件充足行為は，一種の処分行為であ

るから，本来72条の否認の対象となるはずであるが，新たに権利変動を生じさせるのではなく，すでに生じた権利変動を完成させる行為にすぎないから，原因行為に否認の理由がない限り，できるだけ対抗要件を充足させようとする趣旨から，否認の要件を厳格にし，72条の否認を制限したものである。

② 創設説　　創設説によれば，原因行為について否認が成立しない場合には，原因行為に伴う対抗要件の充足は債務者の当然の義務に属し，原則として72条の否認の対象とはならないが，特に遅れてなされたものは，74条により否認の対象となる。

①の制限説が現在の通説および判例である。いずれの見解によるかは，支払停止・破産申立の前における対抗要件充足行為について故意否認が成立するかという問題に作用する（後出(4)参照）。

〔例16〕　制限説を明示した事案　　「本条が対抗要件の否認について規定した趣旨は，対抗要件の充足行為も，本来は，72条の一般規定によって否認の対象となりうるべきものであるが，原因行為に否認の理由がないかぎり，できるだけ対抗要件を具備させて当事者の所期の目的を達成させることとし，一定の要件をみたす場合にのみ，とくにこれを否認しうることとしたものと解すべきである。」（最判昭和45年8月20日民集24巻9号1339頁［新百選40事件］）

（2）対抗要件を否認するための要件

(a) 時期・種類　　支払停止または破産申立の後に対抗要件充足行為がなされたこと。この対抗要件には，登記，登録のほか，動産についての占有移転，債権譲渡の通知などあらゆるものが含まれる。

(b) 悪意　　相手方が支払停止または破産申立の事実について悪意であったことが必要である。

(c) 起算日　　対抗要件の充足行為は，原因行為の効果が生じた日から15日を経過した後になされたものであることが必要である（最判昭和48年4月6日民集27巻3号483頁）。なお，対抗要件充足行為が破産宣告より1年以上前である場合には，84条により，否認は成立しない。

(d) 適用除外　　対抗要件の充足が仮登記にもとづく場合には，原因行為以後15日を経過していても，本条の否認は成立しない（74条1項但書）。

（3）破産者の行為

判例は，破産者がなした債権譲渡において，債務者の承諾について否認の成立が問題となった事案において破産者の行為がないとして否認を認めなかった（最判昭和40年3月9日民集19巻2号352頁〔例12〕参照）。しかし，本条の否認は危機否認の一種であり，破産者の行為は必要でないとする学説が有力である。

（4）　対抗要件充足行為と故意否認

上記（1）の制限説または創設説の見解に関連して，支払停止前で，かつ破産申立前の対抗要件充足行為が72条1号の故意否認の対象となるかという問題が議論されている。創設説によれば，対抗要件充足行為は，74条によってのみ否認の対象となるものであり，故意否認の成立する余地はない。制限説による場合，さらに74条が72条1号の故意否認と同条2号の危機否認の双方について一般的に対抗要件充足行為につき否認要件を加重したものと解する見解によれば，やはり故意否認は成立しない。しかし，74条は，72条2号の危機否認の制限規定に過ぎず，対抗要件充足行為について，故意否認の要件が備わっているかぎり，支払停止の前後を問わず，また15日の期間の有無をも問わずに故意否認が成立する。

最判（前出〔例12〕および前出〔例16〕）は制限説によっている。しかし，これらはいずれも対抗要件の充足行為について故意否認が成立するか否かの問題を正面から取り扱ったものではない。なお〔例17〕を参照。また学説上は，制限説に立ち，故意否認の成立を認める見解が有力である。

〔例17〕　対抗要件充足行為（債権譲渡行為）につき，制限説によった事案（結論は消極）について，判例は，次のように判示している。すなわち，「本条は，本条所定の場合における対抗要件具備の特殊性を考慮して，72条の一般的規定による否認を制限する趣旨で定められた特別規定である。」（大阪地判昭和35年7月13日下民集11巻7号1481頁）

5　執行行為の否認

（1）　規定の趣旨（75条）

詐害行為または偏頗行為は，私法上の法律行為等の形式において行われると

は限らない。同様の行為は，債務名義を有する債権者を受益者として行われることもあり，または強制執行として行われることもある。しかし，この種の行為が執行手続によって行われるという理由で否認権の対象とならないとすると不公平を生じることになる。そこで，本条は，上記の行為についても否認権の成立を認めた。会社更生法にも同様の規定がある（会更81条）。

（2）　債務名義がある場合の否認類型

75条前段は，否認すべき行為に債務名義が存在していても否認権が成立する旨を規定する。債務名義の種類は，民事執行法22条に規定されている。債務名義には執行文が付与されている必要はない。

この場合には，以下の３つの類型がある。

(a)　**債務名義に表示された義務を生じさせる破産者の行為**　金銭の支払や物の引渡義務を生じさせた破産者の行為について故意否認または危機否認が成立する場合には，たとえ当該の給付を命ずる確定判決がある場合であっても，原因行為が否認されることにより，執行力が消滅する。

(b)　**債務名義を成立させる破産者の行為**　裁判上の自白（民訴179条），請求の認諾（民訴266条１項），裁判上の和解（民訴89条・267条），執行受諾（民訴22条5号）など債務名義を成立させる訴訟行為についても否認が成立し，当該債務名義の執行力は消滅する。

(c)　**債務名義にもとづく履行**　債務名義に基づく義務の履行についても，否認が成立する。金銭執行にもとづく債権者の満足や債務者の任意履行がこれにあたる。

（3）　執行行為の否認

執行による満足は，本条前段の否認の対象となるが，状況によっては，執行機関の行為を通じて実現された法律効果自体を否認する必要がある。

ここにいう執行行為とは，強制執行を意味し，担保権の実行は含まれない。担保権の実行は，別除権として保護されるため否認の対象とならない（92条）。しかし，一般の先取特権（民306条）および民事留置権（民295条１項）による担保執行は，本条による否認の対象となる。未登記抵当権の担保執行も同様である。

(a)　**執行行為否認の要件**　執行行為の否認は，故意否認または危機否認の要件をみたすときに成立する。

(イ) 故意否認の場合　　否認の一般要件として，破産者の行為が必要か否かについて議論がある（前出2(2)(c)参照）。

判例は，本条の執行行為の否認については折衷説によっており，破産者が故意に執行を招致したか，自ら弁済をしたとすれば悪意をもってなしたものと認められることが必要であるとしている（大判昭和14年6月3日民集18巻606頁，最判昭和37年12月6日民集16巻12号2313頁）。

(ロ) 危機否認の場合　　不要説によってはもちろん通説・判例（最判昭和57年3月30日判時1038号286頁［新百選41事件］）によっても，破産者の行為は不要である。

(b) 転付命令にもとづく弁済の否認　　転付命令（民執159条1項）にもとづいて，第三債務者が弁済したときは，弁済行為について否認が成立する。しかし，まだ弁済がなされていない場合には，破産管財人は，その選択に従い，本条後段により，転付命令による被転付債権の債権者への移転という法律効果を否認し，第三者債務者に対し直接に取り立てるか，または債権者に対して被転付債権相当額の償還を求めることができる。

(c) 競落効果の否認　　不動産の強制競売において，債権者の満足について否認が成立するほか，債権者が競落人となっている場合には，当該の競落の効果について否認が成立する。ただし，一般の第三者が競落人となった場合には，第三者の利益を保護する必要があり，本条後段の否認は成立しない。

(4)　前段と後段の関係

75条前段は，債務名義を有する債権者への任意弁済や金銭執行にもとづく債権者の満足を対象とする。この場合，債務名義自体の効力は消滅しない。しかし，同条後段は，執行行為自体を対象とする。ただし，執行の否認により，第三者の利益が害される場合には，債権者の満足のみが否認の対象となると解される。

6　転得者に対する否認

(1)　規定の趣旨

否認権行使の相手方は，原則として受益者であり，否認の効果は相対的であ

ると解されている。したがって、受益者に対して否認権を行使すると、否認の効果は財団と受益者との関係にとどまり転得者には及ばない。それゆえ、転得者がいる場合には転得者に対する否認を認めないと否認権の実効性がない。しかし、すべての転得者に対して否認を認めることは、取引の安全を害する結果となる。そこで、83条は、転得者に対する否認の要件を規定し、否認と取引の安全との調和を図っている。

転得者は、否認の目的である行為の受益者から直接または間接に財産を取得した者であり、相続人のような包括承継人を含まない。

(2) 否認の性質

転得者に対する否認は、破産者と受益者間の行為を対象とし、かような否認の効果を転得者に対して主張するものである。したがって、破産管財人は、まず受益者に対して否認を主張しなければならないわけではなく、その選択により転得者に対して否認を主張することもできる。

(3) 否認の要件

83条1項は、転得者に対する否認の要件として、次の三つを規定している。

(a) 否認原因の存在・悪意　受益者および中間の転得者のすべてについて否認原因が存在し、転得者が転得の当時、その前者に対する否認原因の存在を知っていたこと。転得者の悪意については、破産管財人が証明責任を負担する（1項1号）。

(b) 親族・同居の者に対する否認——証明責任の転換　転得者が破産者の親族または同居者である場合には、転得者が否認原因の存在について善意であったことについて証明責任を負担しなければならない（1項2号）。

(c) 無償行為の否認　転得者が無償行為またはこれと同視すべき有償行為によって転得した場合においては、転得者の悪意は必要でない（1項3号）。ただし、転得者は、善意の場合には、現存利益を返還すれば足りる（2項）。

(4) 否認の効果

転得者に対する否認により破産者の行為は破産財団と相手方との関係で遡及的に無効となり、破産財団の財産関係は、当該の行為がなかった状態に復する。ただし、その効果は、相対的であり受益者には及ばない（後出8(2)(a)参照）。

転得者は、否認により、受益者に対して追奪担保責任（民559条・561条・567

条・551条類推）を主張することができる。

7　否認権の行使——否認権は訴えまたは抗弁による——

(1)　規定の趣旨
76条は，破産管財人が訴えまたは抗弁により行使すべき旨を規定している。

行使の方法が訴えまたは抗弁によることと規定されているのは，否認権が行使されたことを明確にし，その効果を裁判上確定するためである。債権者取消権についても同様の規定がある（民424条）。

(2)　行使主体
本条は，否認権の行使主体に関する規定であり，否認権が，本来だれに帰属しているのかということについては，明文の規定がない。この問題は，破産手続において，破産財団と破産管財人の法的地位をどのように位置づけるべきかという基本的な問題に対応しており，学理上の意味を有するものであるが，従来，①破産管財人説，②破産者説，③破産債権者説，④破産財団説，⑤管理機構説が主張されている。かつては，③の見解が通説であったが，今日では④または⑤の見解が有力に主張されている（第2章参照）。

否認権は，破産管財人が行使する。否認権は破産管財人に認められた権能であるから，破産債権者がこれを代位行使することはできない。破産管財人が否認権を行使しない場合には，破産債権者は，監査委員，債権者集会ないし破産裁判所を通じて破産管財人に対する監督をする。

(3)　相手方
否認権行使の相手方は，本条の訴えの性質の理解に関わる（後出(4)参照）が，受益者または転得者であり，破産者は当事者適格を有しない。

(4)　訴えによる行使
破産管財人は，受益者または転得者を相手に訴えにより否認権を行使するが，その訴えの性質について形成訴訟説と給付訴訟ないし確認訴訟説の対立があった（前出1(6)参照）。

　(a)　形成訴訟説　　形成判決によって初めて行為の無効の効果が発生するという見解である。

(b) 給付訴訟・確認訴訟説　　本条の訴訟は，目的財産を財団に回復するための給付訴訟ないし確認訴訟であり，否認の効果は，本条の訴訟において攻撃防御方法として主張されることで足りるとする見解である。したがって，破産管財人が勝訴しても，否認権の存在自体は理由中において判断され，既判力（民訴114条1項）によって確定されるわけではない。

形成訴訟説によると，裁判所の判決が否認を宣言することになるが，目的財産を財団に回復するためにさらに給付訴訟ないし確認訴訟が必要であることになり，迂遠であることから，現在の通説・判例は，給付訴訟・確認訴訟説によっている。

(5) 破産管財人の訴え提起等

破産管財人は，本条の訴えを提起するに際しては，197条および198条により債権者委員の同意または裁判所の許可を得ることが必要である。破産管財人が，訴訟中に訴えの取下げ，訴訟上の和解，請求の放棄などするときにも同様である。

(6) 転得者に対する訴え

破産管財人は，受益者または転得者に対して別個に訴訟を提起することができる。また双方を相手として訴訟を提起する場合にも，その関係は通常共同訴訟である（大判昭和4年5月15日新聞3023号9頁）。

(7) 訴訟承継

破産管財人が，受益者に対して訴えを提起している間に転得者を生じた場合には，民訴50条・51条の規定により訴訟承継が認められる。

(8) 既判力の拡張

破産管財人が，受益者に対して確定判決を得た場合であって，当該訴訟の事実審の口頭弁論終結後に転得を生じた場合には，転得者は民訴115条1項3号の承継人となり，管財人対受益者間の判決の既判力を拡張される。

(9) 管轄裁判所

管轄裁判所は，会社更生法82条2項が更生裁判所に専属管轄を認める規定があるのと異なり，破産法に特別の規定がない。したがって，立法論は別として，否認訴訟の管轄は，民訴法の規定に基づいて決定される（札幌高決昭和57年7月12日下民集33巻5＝8号927頁）。

(10) 抗弁による行使

　破産管財人は，原告から提起された訴訟において，抗弁として否認権を行使することができる。抗弁として否認権行使が認められるのは，前述の通り，否認権行使を明確にするためであるから，破産管財人が自ら提起した訴えにおいて相手方の抗弁に対して再抗弁により否認権を主張することもできる。

　破産管財人に対して提起される訴えとしては，特定物の引渡訴訟，破産債権者からの債権確定訴訟（261条）等が考えられる。また，破産管財人が再抗弁を提出する例としては，破産管財人が財団に属する目的物の返還を請求する訴訟を提起し，相手方が免除の抗弁を提出したことに対し，再抗弁として否認権を主張することが考えられる。

(11) 否認権の裁判外行使

　76条によれば，否認権の行使は訴えまたは抗弁によるべきであるが，そのほかに裁判外の行使も認められるかについては見解が分かれている。

　(a) 否定説　否認権が，訴え提起または抗弁によることとされている趣旨から，裁判外で否認と同様の主張がなされ，相手方がこれを認める場合にも，それは否認権の行使ではないから，77条の原状回復や85条の時効中断の効果は発生しないとする見解である。

　(b) 肯定説　否認権行使の結果について起訴前の和解（民訴275条1項）や調停（民調2条）が成立した場合には，裁判上の行使として認められるとする見解，または裁判上の否認と裁判外の否認との間にはそもそも本質的な差異はなく，裁判外の否認権行使も裁判上の否認権行使に準じて認められるとする見解である。

　通説・判例（大判昭和5年11月5日新聞3204号15頁，大判昭和6年12月21日民集10巻1249頁，大判昭和11年7月31日民集15巻1547頁）は，以下の例のように否定説によっている。

　〔例18〕　不動産の売却許可決定に対する抗告事由として，管財人が担保権の設定について否認を主張し，否定された事案　「否認権は不動産競売手続内で行使することは許されない。」（大坂高決昭和58年5月2日判タ500号165頁）

(12) 倒産法改正と否認権の行使

　「倒産法制に関する改正検討事項」において，否認の請求の方法（会更82条

—86条)の導入が検討課題として採り上げられている。破産法における否認権の行使は,訴えまたは抗弁によってなされなければならないが,時間がかかること,また破産管財人の負担が大きいことから,会社更生法では否認の請求という決定手続による否認権行使の方法が認められている(会更82条)。

8 否認の効果

(1) 規定の趣旨

77条1項は,否認の効果として破産財団を原状に回復させること,また同条2項は,無償否認(72条5号)において善意の相手方が否認の効果を受けることから,その保護を図るため現存利益の返還で足りるものとしている。

(2) 効果の内容

(a) 物権的相対的無効(観念的回復)　否認権行使の結果として,相手方に対し破産財団を原状に復させる債権的な請求権が発生するにとどまるか,または相手方の行為を要せずに当然に破産財団が原状に復帰するのかについて,いわゆる①債権的効力説と②物権的効力説が主張されている。

77条1項は,否認権行使により目的財産が当然に財団に復帰することを前提にした規定であると考えられることから,②の物権説が通説である。ただし,否認の効果は,破産財団と受益者または転得者の間で相対的に生じる。したがって,受益者に対して否認権が行使されても,その効果は転得者に及ばない。転得者がいる場合には,転得者を相手に否認権を行使する必要がある。

(b) 現実的回復　破産管財人の否認権行使により,破産財団は原状に復帰するが,その効果は観念的であるために,相手方または受益者に給付されたものが現存するか否かに応じて具体的に返還を求め,または価額の償還を求めることが必要になる。

(イ) 給付された財産が現存する場合　破産管財人が否認権を行使すると,受益者・転得者に移転した目的財産は,当然に財団に復帰する(1項)。しかし,財団への財産の復帰は観念的なものであるから,現実に目的財産の占有を回復するためには,返還を求める必要がある。

破産管財人は,登記または登録の制度がある権利についてその原因行為

（123条1項前段・124条）または登記もしくは登録自体を否認した場合（123条1項後段・124条）には，第三者に対して対抗要件を充足しなければならない。また動産については引渡を受けなければならない。

　　(ロ)　財産が現存しない場合　　目的物がすでに滅失していたり，受益者が第三者に譲渡するなど処分した場合には，目的物自体を財団に回復することは困難であるので，破産管財人は，目的物の返還に代えてその価額の償還を請求することができる。

　破産管財人が目的財産に代わる価額の償還を請求する場合，価額の算定基準時については，見解が分かれている。

　①否認されるべき行為がなされた時点を基準とする行為時説，②相手方において目的物が滅失しまたは処分された時点を基準とする処分時説，③破産財団の範囲は破産宣告時に定まることから，裁判所が破産宣告をした時点を基準とする宣告時説，④否認権は形成権であり，破産管財人が否認権を行使した時点を基準とする否認権行使時説，⑤否認の裁判において目的物の返還か価額の償還かは事実審の口頭弁論終結時に定まるから，この時点を基準とする判決時説，⑥破産管財人において否認権行使時と処分時の間で最高価額を選択することができるとする最高価説，⑦破産財団の損害回復と債権者の利益の公平を考慮して具体的事情に即してもっとも妥当な時期と額によるとする説，⑧相手方に不当な利益や不利益が生じないように行為時より，処分時の市場価格が高騰しているときには処分時説により，逆に低落しているときには，行為時によるとする行為時処分時併用説がある。

　大審院判例は，口頭弁論終結時説（大判昭和4年7月10日民集8巻717頁），最高裁判例は，行使時説（最判昭和61年4月3日判時1198号110頁［新百選48事件］），下級審の裁判例は，行為時説（東京高判昭和38年5月9日下民集14巻5号904頁）または処分時説（名古屋地判昭和46年10月28日判時673号68頁）を採用しており，学説も一致していない。

　基準時点としては，客観的に定められることが望ましいが，破産財団の原状の可及的な回復を図ること，また相手方に不測の損害を与えないことが考慮されるべきであり，学説は，今後公平の見地から具体的事情に即して妥当な額を定める方向に向かうべきであろう。

（3） 無償否認の例外（77条2項）

72条5号の無償否認は，受益者が，支払申立または破産申立について，または破産債権者を害すべき事実について善意であった場合にも成立する。相手方は，当該の事実について善意である場合は，現に受けた利益を償還すれば足りる（77条2項）。転得者に対して否認権が行使される場合も同様である（83条2項）。

9　相手方の地位

（1）　規定の趣旨（78条・79条）

否認権が行使されると，破産財団は原状に復帰する。その際には，財団は不当利得を得ることは許されないから，破産管財人は，相手方が破産者に対してなした反対給付を返還しなければならない。また，弁済が否認されたような場合には，相手方の債権の復活を認めなければならない。

（2）　反対給付の返還

(a)　反対給付が現存する場合　　相手方がなした反対給付が破産財団に現存する場合には，相手方は返還請求権を有する（78条1項前段）。特定物の場合，相手方は所有権を有するから，取戻権を行使することができる。相手方は，契約解除の場合と同様に，破産管財人からの請求に対して同時履行の抗弁権を行使することができる。

(b)　利益が現存する場合　　相手方がなした反対給付によって利益が現存する場合には，相手方は，その利益の限度において財団債権者の地位を与えられる（78条1項但書）。

反対給付が金銭でなされた場合，金銭には特定性がないことから現存利益の有無を巡って見解が分かれている。①特定性のない金銭は，一般財産に混入し，現存利益はないとする見解，②金銭が破産者の一般財産に混入しても，他の財産の購入にあてられたり，債務の弁済に充てられた場合には，他の財産の減少を免れたという意味で現存利益があるとする見解，③金銭によって購入された資産が現存している場合，または一般の先取特権など」「優先権ある債権の弁済に充てられたときには現存利益ありとする見解がそれである。

金銭には特定性がないことから，原則として現存利益否定説によるべきものと考える。すなわち，破産者が受領した金銭を浪費した場合以外はすべて現存利益を認め，相手方に財団債権者の地位を与えることは，破産管財人による双務契約解除の場合（60条2項）と同様に扱う結果となり，否認の相手方を優遇しすぎるからである。しかし，金銭が特定口座に振り込まれ，依然として特定が可能であるような場合には，現存利益を認めることができると考えられる。この点を判示した判例としては，次の例がある。

〔例19〕　「破産者がすでに破産の申立を受けた後，緊急に資金を必要とする事情に迫られて不動産を売却し，その後間もなく破産宣告を受け，右行為が否認されたときは，特段の事情がないかぎり，代金の受領により生じた利益が，破産財団中に現存するものとは認められない。」（東京地判昭和32年12月9日下民集8巻12号2990頁）

　(c)　現存利益が存在しない場合　　現存利益が認められないとき，または反対給付の価格が現存利益を上回るときは，反対給付の価格または差額は，破産債権として扱われる（78条2項）。

(3)　相手方の債権の復活

　(a)　債権の復活　　破産者の弁済など債務消滅行為が否認されたような場合，相手方が受けた給付を返還またはその価額を償還すると，いったん消滅した破産者に対する債権が復活する（79条）。相手方は，復活した債権について破産債権者の地位を与えられる。ただし，従前の債権が復活するのは，相手方が受けた給付を返還または価額を償還した後であり，これらの給付が先に履行されなければならない。したがって，相手方は，受けた給付の返還または価額の償還義務と復活すべき債権との間で相殺を行うこともできない（104条1号）。

　(b)　保証債務等の復活　　相手方の債権が復活すると，破産者の履行により一度消滅した連帯債務，保証債務または物上保証は復活する。最判昭和48年11月22日（民集27巻10号1435頁〔新百選47事件〕）は，「破産者がした債務の弁済が破産管財人により否認され，その給付したものが破産財団に復帰したときは，さきにいつたん消滅した連帯保証債務は，当然復活する。」と判示している。

10 否認権の消滅

(1) 規定の趣旨 (85条)

否認権は,破産宣告の日から2年間行使されない場合には,時効により消滅し(前段),また行為の日から20年を経過したときにも同様に消滅する(後段)。

前段は,消滅時効を規定したものであるが,時効の起算点は,法律関係を画一的に確定し,相手方の地位を安定させるために客観的に定まる(大判昭和12年7月9日民集16巻1145頁)。

後段は,時効期間ではなく除斥期間と解されている。消滅時効には中断があるが,除斥期間には中断がない。前段の消滅時効についても,立法論として会社更生法92条にならい除斥期間に改めるべきであるとの見解が主張されている。

(2) 期間の遵守

否認権行使が訴えによる場合には,訴状の提出時(民訴133条1項)が基準時となる。支払督促(民訴383条1項)または調停(民調2条)の場合も,訴え提起に準じて扱われる。抗弁による場合は,否認権行使の記載された準備書面が相手方に送達されたとき,または口頭弁論において陳述されたときが基準時となる。

11 否認の登記

(1) 規定の趣旨

123条および124条は,登記・登録の制度ある権利についてその原因行為を否認し,または登記・登録自体を否認する場合には,破産管財人において否認の登記・登録をしなければならない旨を規定している。

(2) 登記の性質

否認の登記の性質については,従来,次のような見解が主張されている。

(a) 予告登記説　否認の登記は,不動産登記法3条の予告登記の一種であるとする見解である。この見解によると,破産管財人が訴え等により否認権を行使したことを公示して第三者に不測の損害を生じることを防止しようとする。

しかし，この見解では，否認訴訟の確定後に改めて抹消登記が必要となり，手続が煩雑であると批判されている。

(b) 通常登記説　否認の登記は，特別な登記ではなく，移転登記や抹消登記の総称にすぎないという見解である。この見解に対しては，否認権の行使が登記簿に現れないという批判がある。

(c) 特殊登記説　破産法が否認権行使による物権変動を公示するために新たにもうけた特殊な登記であるとする見解である。この見解は，破産財団との関係で相対的に生じる否認の効果に適合するものと評価されている。すなわち，破産手続が取り消されたような場合には，換価されずに残った不動産は受益者に返還されなければならないが，職権でその旨の登記がなされることにより（120条・121条・123条2項），受益者において容易に権利を回復することができる。

大審院判例（大判昭和8年4月15日民集12巻637頁）は，予告登記説を採用していたが，学説の批判を受け，最高裁は，「破産法が否認の登記およびその職権による抹消という特別の制度を定めているのは，否認の効力にかんがみ，否認の場合に一般の抹消登記によったり，また否認の効力が消滅した場合に抹消登記の回復登記によったりすることが相当でないとするからにほかならない。」（最判昭和49年6月27日民集28号5号641頁〔新百選45事件〕）として，特殊登記税を採用するに至っている。この特殊登記説が現在の通説・判例であり，現時の統一的な実務上の扱いである。また，現在の登記実務では，予告登記は認められていない。しかし，たとえば，法83条1項3号の転得者のように，善意であっても否認権の行使を受ける場合があり，その場合には現存利益を償還すれば足りるとしても，その期待的利益を保護するために予告登記の必要性が説かれている。

第8章 ■ 破産財団の減少

1 破産財団の減少とは

　破産宣告がなされると，宣告時の破産者の一切の財産は破産財団に組み込まれ（6条），その管理処分権は，もっぱら破産管財人に委ねられる（7条）。破産財団には，法律上のあるべき姿としての「法定財団」，破産管財人によって現に占有，管理されている「現有財団」，破産債権者への配当の原資となる「配当財団」の区別がある（第5章参照）。最終的には破産債権者への配当に当てられる破産財団は，いくつかの法的根拠により減少する。これが破産財団の減少である。

　それらの破産財団の減少をもたらす法的根拠の主なものは，以下のとおりである。すなわち，まず，①第三者による取戻権の行使による場合がある。破産管財人がその管理下におく破産財団（現有財団）の中には，第三者の財産が含まれている場合がある。しかし，それは，破産債権者のための責任財産ではないので，第三者には当然その財産の取戻権が認められる（87条〜）。したがって，第三者が取戻権を行使し，それが認められれば，その分だけ現有破産財団は減少し，法定財団に近づくことになる。

　次に，②別除権の行使による場合がある。破産法は，破産財団を構成する個々の財産のうえに抵当権，質権または特別の先取特権といった担保権を持つ債権者などの権利を，別除権として保護している（92条〜）。別除権が行使されれば，破産財団を構成する個々の担保目的物は，破産手続とは別に当該担保物権の本来の作用として競売されるなどして，被担保債権等の弁済にあてられるので，破産財団は減少することになる。

　また，③破産法上認められた相殺権（98条〜）の行使により，破産債権者等が自己の破産債権につき満足を受けると，その分だけ破産財団は減少する。

さらに，④財団債権の弁済により配当財団が減少する。破産法は，破産手続を処理していく上で生ずる共益的な債権を財団債権として扱い（47条など），財団債権者には，破産財団から，破産手続によらないで，他の破産債権者に優先して弁済を受ける権利を認めている（49条）。

その他，本来は破産財団を構成するが，その換価費用等を考慮すると当該財産が破産財団の増殖に資することがないと判断して，破産管財人が管理処分権を放棄し，当該財産を破産財団から解放することがある。この場合も破産財団が減少することになる。

なお，取戻権は，本来，破産財団を構成すべきでない個別の財産を破産財団から取り戻すという点で，当該財産が破産財団に帰属することを前提として，優先弁済を受ける別除権，相殺権，財団債権と異なる。また，別除権は，破産財団を構成する個別の担保目的物から優先弁済を受ける点で，破産財団全体の換価代金から優先弁済を受ける財団債権と異なる。

以下では，破産財団の減少をもたらす，これらの場合について，取戻権，別除権，相殺権，財団債権の順で検討する。

2　取　戻　権

(1)　取戻権の意義

前述したように，破産宣告により，破産者の財産は破産財団を構成し，その管理処分権は破産者から奪われ，もっぱら破産管財人に委ねられる（7条）。破産管財人は，破産処理を実効的に行うために，その就任後ただちに破産財団に帰属すべき財産の占有および管理に着手しなければならない（185条）。そこで，破産管財人は，明らかに破産者の財産ではないと判断できるものを除いて，破産者の占有管理する財産を引き継ぐことになるが，破産者が占有管理している財産の中には，第三者の財産が混在していることがあり得る。たとえば，第三者が自己所有の宝石を破産者に頼まれて貸してあったとか，破産者から買受けて預けてあったなどの場合である。このような第三者の財産は，破産債権者に対する責任財産ではないので，第三者はその特定の財産が破産財団に属しないことを破産管財人に主張して，破産財団から取り戻すことができる。これが

取戻権である。この取戻権は，第三者が，このようにいったん破産財団に取り込まれてしまった自己の財産の取戻しを主張するだけでなく，破産管財人が，第三者の財産を破産財団に属するとして，当該財産の引渡を請求してきた場合にこれを排斥する手段としても用いられる。

取戻権には一般の取戻権と特別の取戻権がある。

(2) 一般の取戻権

一般の取戻権は，本来，破産財団を構成すべきでない第三者の財産が，破産宣告時の事情により破産財団の中に取り込まれてしまった場合に，第三者に当然に認められる自己の財産を取り戻す権利である（87条）。この一般の取戻権は，破産法が特別に認めた権利ではなく，実体法上当然に認められる第三者の権利を破産法上も保護しているに過ぎない。

(3) 一般の取戻権の基礎—取戻権者

一般の取戻権は，実体法上の権利の当然の効果なので，どのような権利が取戻権の基礎となるかは，民法や商法などの実体法の一般原則に従い決定される。

(a) 所有権　　所有権は，取戻権の基礎となる実体法上の権利の中で，最も典型的なものである。その他，債権の帰属者や特許権その他の知的財産権を有する者も，動産や不動産の所有者に準じて取戻権者になる。もっとも，破産管財人の側に，当該財産について正当な占有権限（賃借権や質権など）がある場合には取戻権は認められない。

破産者から破産宣告前に所有権を取得していても，これを第三者に対抗できない場合は，取戻権を行使できない。すなわち，登記や引渡などの対抗要件を備えていなければ，破産財団（ないしは破産管財人）に対抗できず，取戻権を行使できないことになる。これは，取戻権が破産財団（ないしは破産管財人）に対して行使される権利であるところ，破産財団（ないしは破産管財人）は民法177条や178条の「第三者」に該当すると解されるからである。なお，例外として，破産宣告後に登記権利者が破産宣告の事実を知らないでした登記は，破産管財人に対抗できるので，取戻権を行使できる（55条1項但書）。破産宣告前に第三者のために仮登記がされている場合，それが不動産登記法2条1号の仮登記（手続上の要件不備による仮登記）であれば，仮登記権利者が，破産管財人に対し取戻権を行使して本登記請求を主張できる点に争いはないが，2号仮

登記の場合については見解が分かれる（徳田和幸・プレップ破産法93頁，弘文堂）。

また，破産者の通謀虚偽表示や詐欺によって財産を奪われたとして，その相手方が契約の無効や取消しを前提に，破産管財人に対し取戻権を行使した場合，以下のような問題がある。すなわち，一般に契約の無効や取消しの効果は善意の第三者には対抗できない（民94条2項・96条3項）が，この場合，善意の第三者とは誰をさすのか，あるいは誰の善意・悪意を基準にすべきなのかという点である。この点に関して，判例は，破産管財人が破産債権者全体の利益のために公平・中立破産財団を管理処分すべき立場にあることから，破産管財人の善意・悪意を基準にすべきとするが（倒産百選26事件，新倒産百選25事件，26事件など参照），誰が破産管財人に選任されたかによって取戻権が左右されるので不合理だとの批判がある（『破産法概説』有斐閣双書74頁）。従来の通説は，破産財団が破産債権者全体の共同の満足のための責任財産である以上破産債権者の善意を基準にすべきであるとし，破産債権者のなかに一人でも善意者がいれば，破産財団に対抗できず，したがって，破産管財人に対し取戻権を行使できないとしてきた。通説の場合，常に取戻権を認める結果になるが，近時の有力説は，民法94条2項の第三者の問題と民法96条3項の第三者の問題とを異別に取り扱う。すなわち，虚偽表示の場合には，破産者の相手方自身が自らその外形を作出した者であり，詐欺の場合には，詐欺により破産者に権利を移転せしめられた者である点で差異があり，表意者との関係で第三者の保護のあり方が異なってもよいとし（櫻井浩一「破産管財人の第三者的地位」裁判実務体系(6)176頁），詐欺による取消しの場合は，被害者の保護を優先すべきであるから，破産管財人は第三者にはあたらないと解すべきとの見解である。有力説の方が妥当であろう。

　(b)　その他の物権　　物の使用・収益を目的とする地上権や永小作権などの用益物権および占有を伴う担保物権（質権・留置権）なども，破産法上取戻権の基礎となる。また，占有権自体を根拠に取戻権を行使することもできる。これに対し，占有を伴わない一定の担保権は，後述の別除権として扱われる。

　(c)　債権的請求権　　破産者に対する債権的請求権は，通常，破産債権となり取戻権の基礎とならない。しかし，破産者に属しない財産の給付を求める場合には，取戻権の基礎となる。たとえば，転貸人が破産した転借人に対し，転

貸借契約の終了を根拠として目的物の返還請求権を主張しうる場合などである。

(d) 譲渡担保権　銀行等から融資を受け，その債権の弁済を担保するため自己または第三者所有の財産を債権者に譲渡（所有権を移転）するが，債務者が弁済期に債務を弁済すれば所有権が戻り，弁済できなければ債権者が目的物を第三者に売却処分したり（処分清算型），自己に帰属せしめたりして（帰属清算型），担保権を実行し，被担保債権と目的物の評価額の差額を債務者に支払って清算をする。このような契約にもとづく担保権が，いわゆる譲渡担保権であり，非典型担保の一種である。破産法は，「破産宣告前破産者ニ財産ヲ譲渡シタル者ハ担保ノ目的ヲ以テシタルコトヲ理由トシテ其ノ財産ヲ取戻スコトヲ得ス」と規定する（88条）。

譲渡担保権の法的性質について，所有権の移転という事実を重視すれば，担保権者が破産した場合，担保権者に移った目的物は，破産した担保権者の破産財団に帰属し，担保権設定者には取戻権が認められないし，担保権設定者が破産した場合，破産管財人は被担保債権を弁済して目的物の所有権を取り戻すことができるという解釈も成り立つ（譲渡担保権の所有権的構成）。しかし，現在では，通説・判例とも，譲渡担保権の法的性質について，担保のために所有権を移転するという点を重視して解釈を行い（担保権的構成），譲渡担保権者が破産をした場合，担保権設定者は破産管財人に被担保債権を弁済しなければその譲渡担保の目的物を取り戻せないとし，88条は当然のことを規定したに過ぎないと解釈する。譲渡担保権設定者が破産をした場合，担保権者は別除権を行使することができるが，破産管財人は被担保債権を弁済して目的物を受け戻すこともできる。

(e) 所有権留保　動産の割賦販売契約において目的物を買主に引き渡すが，代金を完済するまで所有権は売主に留保するという所有権留保特約付契約の場合がある。このような場合，買主が破産をすると，売主は，留保所有権を基礎にその目的物を取り戻せるか。割賦代金をどの程度支払っていたかにもよろうが，一般に，留保売主に認められるのは，買主の残債務を被担保債権とする別除権であって，取戻権ではないと解されている。

売主が破産をした場合は，割賦代金債権が破産財団に帰属することになり，買主は残債務を破産管財人に弁済して所有権を取得する。

(f) 仮登記担保権　債権担保のために特定の財産について停止条件付代物弁済契約または代物弁済の予約などを行い，かつ債権者の将来の所有権移転の本登記請求権を確保するためにそれを仮登記をしておくことにより成立するのが，いわゆる仮登記担保権である。非典型担保の一種として取引実務界で盛んに利用され，判例学説による評価も様々であったが，その法的構成については，担保権的構成による解釈が主流であった。判例によって認知された担保権的構成は，やがて，1972年に「仮登記担保権に関する法律」（いわゆる仮登記担保法）として結実し，仮登記担保権をめぐる問題点は立法的に解決された。この仮登記担保法によれば，仮登記担保権は破産手続との関係では，抵当権と同様に処理されることとされた（仮登担19条）。したがって，債務者＝仮登記担保権設定者が破産をしたとき，仮登記担保権者に認められるのは，原則として別除権であって，取戻権の基礎としての本登記請求権ではない。しかし，破産宣告前に条件成就または予約完結権を行使によって，清算金を支払っていたのであれば，仮登記担保権者は，本登記請求をして目的物について取戻権を行使し得る。清算金の支払い前であれば，破産管財人は被担保債権を弁済して，担保目的物の受戻を請求できる。また，仮登記担保権者が破産をすれば，被担保債権ならびに仮登記担保権は破産財団に帰属し，条件成就または予約完結権行使後，破産管財人は仮登記担保権の実行を申し立て，被担保債権相当額の換価代金を配当財団に組み入れることができる。

(g) 信託契約にもとづく信託財産　信託法によれば，信託財産は委託者から受託者に移転するが（信託1条），信託財産は受託者の債権者のための責任財産ではないから，受託者が破産宣告を受けても，委託者または受益者は取戻権を認められる（信託16条）。

(h) 問屋の破産と委託者の取戻権　問屋が委託者のために物品を買い入れた後，委託者に引き渡す前に破産宣告を受けた場合に，委託者がその物品につき買戻権を行使しうるかについては議論があるが，通説・判例は，問屋が委託の実行として買い入れた物品については，委託者の取戻権を認めるべきだとする（最判昭和43年7月11日民集22巻7号1462頁［新倒産百選53事件］）。

(4) 取戻権の行使

取戻権は実体法上の権利の当然の結果であり，破産宣告があってもその影響

を受けないから,破産手続によらないで行使できる(87条)。しかし,第三者は,現実には破産財団に取り込まれてしまったり,取り込まれようとしている当該財産を取り戻すため,破産管財人に請求しなければならない(なお,破産管財人が10万円以上の価額の財産の取戻しを承認するには,監査委員の同意または裁判所の許可を得なければならない(197条13号・198条))。破産管財人が取戻権行使を認める場合,訴訟による必要はないが,破産管財人が争うのであれば,訴えを提起して,取り戻すほかない。具体的には,取戻権者が所有権にもとづき目的物の引渡を訴求したり,登記の抹消請求訴訟などを提起すべきである。また,破産管財人の側から破産財団所属の財産として引渡請求訴訟を提起してきた場合,占有権限など,破産管財人に対抗できる抗弁を出して破産管財人の請求を排斥するのも,取戻権の作用である。

(5) 特別の取戻権

特別の取戻権とは,政策的理由から破産上特別に認められた取戻権で,次の三つがある。

(a) 隔地者間売買の売主の取戻権(89条)　隔地者間売買の売主が,目的物を買主に発送した後,買主がいまだ代金を完納せず,到達地において受領もしない間に破産宣告を受けた場合,売主は売買の目的物を取り戻すことができる(89条)。買主の破産管財人が代金を完納するのであれば別である。この取戻権は,公平の観念にもとづき認められたものであるが,実務上はあまり意義がないといわれる。商法により,荷送人は指図による運送の中止,運送品の返還などを請求できるし(商582条),動産売買の先取特権の行使も認められるからである(民311条6号,322条)。

(b) 問屋の取戻権(90条)　物品買入の委託を受けた問屋がその物品を委託者に発送した後,委託者が破産宣告を受けた場合にも,隔地者間売買の場合と同様,問屋は買戻権を行使できる(90条)。問屋があらかじめ物品の代金を受領している場合は別である。

(c) 代償的取戻権(91条)　破産者が破産宣告を受ける前に,取戻権の目的となる財産を他に譲渡していたなどの場合には,もはや当該目的物自体を取り戻すことができない。そこで,このような場合には,取戻権者は本来の目的物の給付に代えて,反対給付の請求権の移転を請求できるとされている(1

項)。これが代償的取権である。破産管財人が反対給付を受領していた場合,取戻権者はその給付を破産管財人に対して請求できる(2項)。

3 別 除 権

(1) 意 義

　破産財団を構成する個々の財産について,実体法上の担保権を有する者は,破産手続によらずに,自己の担保目的物から優先弁済を受けることができる。担保権者は,債務者の資力が乏しいときには,担保権を実行して担保目的物の換価代金から被担保債権について優先弁済を受けうることを実体法上保障されているが,債務者破産の時こそ,その効用を発揮すべき場面である。そこで破産法は,破産財団に組み込まれた担保目的物である特定の財産から,担保権者が自己の被担保債権について優先的に回収することを認めている。これを破産法上,別除権という。破産手続きによらずに(別途に)優先弁済を受け得るということで別除権と呼ぶが,本質は実体法上の担保権と殆ど変わらず,破産法が特に認めた権利ではない。

　別除権者は,通常同時に破産債権者でもある。しかし,破産債権者が破産財団以外の財産に対して担保権を持っていても別除権者にはならないし,また,破産者が他人の債務について物上保証をしている場合の担保権者のように,破産債権者ではないが破産財団帰属財産について別除権を有する者もいる。

(2) 別除権にならない担保権

　実体法上の担保権のうち,破産法で別除権として認めていないものがある。

　(a) 一般の先取特権　　一般の先取特権は,債務者の総財産から優先弁済を受ける権利なので,破産法では,特定の財産に対して優先弁済権を有する別除権としては認めず,優先的破産債権として取り扱われる(39条)。

　(b) 民法上の留置権　　商事留置権(商51条・521条・557条など)は,破産法上特別の先取特権とされ別除権として取り扱われるのに対して(93条),民法上の留置権は,弁済を受けるまで目的物を留置して債務者に対して心理的強制を与える権利であり,優先弁済を受けることができる権利ではない。したがって,別除権でもなく,優先的破産債権にもならない。民法上の留置権は,破産

宣告があると破産財団に対して効力を失うとされている（93条2項）。その結果，破産管財人から当該留置目的物の返還を請求されれば，留置権の目的物を引き渡さなければならない。このような事態について，民法上の留置権の有する権能を無視するものであり，問題であるとの指摘がある。

（3） 別除権の種類

実体法上の担保権は，(2)で既述された部分を除き，典型担保，非典型担保を問わず別除権となる。

(a) 典型担保　典型担保のうち，抵当権（民369条～），質権（民342条～）および特別の先取特権（民311条～）は，別除権となる（92条）。

なお，民法上の根抵当権（民398条の2～）も一般の抵当権と同じく別除権となるが，被担保債権の範囲が問題となる。根抵当権によって担保される元本債権は，債務者が破産宣告を受けたときにその額が確定する（民398条の20第1項5号）。根抵当権設定者（物上保証人）が破産した場合にも破産宣告後に生じた債務は別除権で担保されないと解される点については批判がある（『破産法概説』有斐閣双書88頁参照）。根抵当権によって担保される利息等の範囲については，抵当権の場合と異なり（民374条参照），元利合計として極度額の範囲内であれば優先弁済を受けることができることになった（民398条の3第1項）。また，いわゆる回り手形＝債務者との取引によらないで取得した手形小切手上の請求権も，破産申立前に取得したものおよびその事実を知らずに破産宣告後取得したものについては，被担保債権になる（民398条の3第2項）。これは，破産宣告後に破産者の法律行為によらないで権利を取得してもそれを破産債権者に対抗できないとする破産法上の原則（54条1項）にもとづく。

(b) 共有に関する債権の別除権　共有者のうちの一人が破産した場合，その者に対し共有物の保存・管理などの共有に関する債権を有する他の共有者は，破産者の共有部分について別除権を有する（94条）。実体法上，共有に関する債権については，債権者に債務者の共有部分からの弁済権とともに，そのための売却権まで与えており（民法259条），それが特別の先取特権にも匹敵するからだとされる（『破産法概説』有斐閣双書85頁参照）。

(c) 譲渡担保権（本章2(3)(d)参照）　譲渡担保権は，仮登記担保権および所有権留保とならぶ非典型担保の一つである。

(イ) 譲渡担保権設定者が破産宣告を受けた場合　破産管財人は，被担保債権を弁済して譲渡担保権を消滅させることができるが，譲渡担保権者は別除権を行使しうる。いわゆる売渡担保（担保のために財産権を売り渡し，被担保債権は存在しない形態の担保であるが，広義の譲渡担保に含まれる）の場合も狭義の譲渡担保の場合も，被担保債権額と担保目的物の評価額との差額は，破産管財人に清算金として引き渡さなければならない。担保目的物の換価代金で被担保債権額を弁済できない場合は，その不足額につき破産債権者として債権の届出および配当要求ができる。

　(ロ) 譲渡担保権者が破産宣告を受けた場合　被担保債権および譲渡担保権は破産財団を構成することになり，必要に応じ破産管財人が担保権実行を申立て換価代金から被担保債権相当額を配当財団に組み入れる。破産管財人が被担保実行に着手する前であれば，譲渡担保権設定者は被担保債権を弁済して譲渡担保権を消滅させることができる。

　(d) 仮登記担保権（本章2(3)(f)参照）　停止条件付代物弁済契約または代物弁済の予約と将来の条件成就または予約完結権行使後の本登記請求権をあらかじめ仮登記しておくことにより，債権の弁済を担保する方法がいわゆる仮登記担保権である。

　(イ) 仮登記担保権設定者が破産宣告を受けた場合　仮登記担保権者は，別除権を行使しうる（仮登担19条）。仮登記担保権は，もともと実務上発達し，判例によって認知されてきた担保権であったが，既述のように，仮登記担保契約に関する法律の制定によってその内容，要件，効果などが確認され明確になった。仮登記担保権は，破産との関係では，抵当権と同様に取り扱われることとなったので（仮登担19条1項），仮登記担保権設定者が破産宣告を受けた場合，担保権者は破産財団に取り込まれた仮登記担保の目的物から被担保債権について優先弁済を受ける。破産宣告の前に，条件が成就または予約完結権を行使し，清算金を破産管財人に支払っていたのであれば，仮登記担保権者は，本登記請求をして目的物について取戻権を行使しうる。清算金の支払い前であれば，破産管財人は被担保債権を弁済して担保目的物の受戻を請求できる。

　(ロ) 仮登記担保権者が破産宣告を受けた場合　仮登記担保権者の有する仮登記担保権および被担保債権は，破産財団所属の財産となり，別除権行使は

問題とならない。

　(e)　所有権留保（本章2(3)(e)参照）　動産の割賦売買の場合に当該目的物を買主に引き渡すが，所有権は代金完済まで売主に留保される，いわゆる所有権留保は，割賦売買代金の完済を担保するために設定される。したがって，目的物を占有し収益している買主＝債務者が破産をした場合，留保売主が行使しうるのは別除権である。破産管財人は，残代金を支払って売主の留保所有権を消滅させることができる。

(4)　別除権の行使

　別除権は，破産手続によらないで行使する（95条）。これは，別除権の行使としては，それぞれの担保権の通常の実行方法をとればよいことを意味する。たとえば，抵当権，質権，特別の先取特権，商事留置権などは，動産・不動産に対する担保権実行としての競売の申立，質入債権の取立て（民367条），または債権の転付（民執159条）などの方法がある。また，別除権者が，法定の方法以外，たとえば，任意売却や目的物の評価額での代物弁済などを許されているときはその方法でもよい。

　動産売買の売主の先取特権の行使の方法については問題点が多い。動産売買の売主の先取特権は民法上特別の先取特権とされるので（民311条6号），別除権となるが（92条），一般に，先取特権は第三取得者への追求力がなく（民333条），先取特権者が物上代位権を行使する場合には，転売代金等が債務者に払い渡される前に差押えをしなければならない（民304条1項但書）。この点について，売主は買主の破産宣告後も先取特権にもとづき物上代位権を行使できるかをめぐり，下級審の判例，学説とも議論が分かれていたが，最判昭和59年2月2日（民集38巻4号431頁［新倒産百選61事件］）が肯定説の立場をとって以来，買主破産の場合の動産売主の先取特権の実効性が確保されることとなった（新倒産百選62事件解説参照）。ところで，動産担保権の実行（動産競売）に際しては，債権者は動産を提出するか，動産占有者の差押承諾文書を提出しなければならないが（民執190条），いずれの要件を充たすのも事実上困難である。そこで，動産売買の先取特権の行使ないし保全の方法をめぐっても見解が多岐に分かれる（新倒産百選62事件解説132頁）。

　非典型担保の譲渡担保権や仮登記担保権についても，それぞれに通常認めら

れた実行方法をとることになる。たとえば，譲渡担保の目的物の引渡しを求めて処分し，被担保債権の回収を行い，目的物の評価額が被担保債権額を上回るのであればその差額を破産財団に返還する。帰属清算型の仮登記担保権であっても目的物の評価額が被担保債権額を上回る場合には，その差額の支払と引替えに破産管財人に対し本登記を請求しうる。

別除権は，破産手続と関係なく行使できるといっても，担保目的物が既に破産財団に取り込まれている場合には，つねに破産管財人を相手方としなければならない。また，別除権者が目的物を所持するときは，その旨および債権額を破産管財人に届け出なければならない（143条1項4号・4項）。破産管財人は，目的財産の提示を求めそれを評価することができ（195条），適当だと判断すれば，被担保債権を弁済して目的物を受け戻すことができる（197条14号）。

もし，別除権者が自ら別除権を行使しないのであれば，破産管財人は，民事執行法等の定める換価方法により換価することができ，別除権者はこれを拒めない（203条1項）。この場合，別除権者はその換価代金から優先弁済を受けることになるが，その受けるべき金額が確定していないときは，破産管財人はその代金を別に寄託し，別除権はその代金の上に存続することになる（同条2項）。

破産管財人が認めるのであれば，別除権が自ら適当な値段で買取って，被担保債権額との差額を破産管財人に支払う方法も許されよう。

（5） 別除権者による破産債権の行使——残額責任主義

(a) 残額責任主義の意義　別除権者の被担保債権が破産債権でもある場合，当該破産債権者が，別除権の行使により完全な満足を受け得るのであれば，破産債権の行使を認める必要はない。なぜなら，同一の債権について別除権の他に破産債権者としての行使までも認めてしまうと，同一の債権について二重に権利行使を許すことになり，他の破産債権者と比べると著しく不公平であるからである。そこで破産法は，別除権者が別除権を放棄しないかぎり，別除権の行使によって弁済を受けられない債権額（不足額）についてのみ，破産債権者としての権利行使を認めた（96条）。これを残額（不足額）責任主義という。

(b) 別除権者による破産債権の行使方法　別除権者が，別除権の行使によって満足を受けられないであろう残額を破産債権として行使する場合は，裁

判所の定めた債権届出期間内に,その予定残額を見積もって届けなければならず(228条2項),さらに,各配当の除斥期間内に別除権の目的物の処分に着手したことを証明し,かつ,その処分によって生じる残額を疎明しなければ,配当から除斥される(262条)。一応その配当額は残額が確定するまで寄託されるが(271条3号),最後の配当の除斥期間までにその残額を証明できなければ,完全に配当から排除されてしまう(277条)。

(c) 準別除権者　別除権者についての残額責任主義は,破産債権者が破産財産に属しない破産者の財産(自由財産)のうえに担保権を有する場合にも適用される(97条1項前段)。また,第一破産と第二破産との関係についても,適用される(同条1項後段)。これらの債権者は,いずれも別除権者ではないが,破産債権者間の公平を考慮して,別除権者と同様に処遇されるので(同条2項),準別除権者と呼ばれる。

4　相　殺　権

(1)　相殺権の意義

(a) 相殺の担保権機能　債権者と債務者が互いに債権を有していて,それらが弁済期にある場合,相殺権を行使することにより,債権債務を対当額において清算することができる。相殺により,債権者は自己の債権を確実に回収することができる。これを相殺の担保的機能という。たとえば,銀行などは,定期預金をしている顧客に対し融資をする場合,顧客が約定の返済を行わない場合に,自己の貸付債権を自働債権とし,顧客の定期預金債権を受働債権として相殺を行えば,貸付債権を確実に回収できると期待している。相殺の担保的機能は,債務者の資力に問題が生じたとき,すなわち,債務者が他の債権者から強制執行を受けたり,破産宣告を受けたりした場合にこそ特にその効果の発揮が期待される。

(b) 破産法上の相殺権　破産債権者は,個別的権利行使が禁止され(16条),破産手続によらなければ債権を行使できない。しかし,破産債権者が,同時に,破産財団に属する債権の債務者でもある場合は,その債務と自己の破産債権とを相殺することができる(98条・99条)。このように,破産手続によらずに相殺

を行い，その結果，他の破産債権者に優先して自己の破産債権について満足を受けうる権利を，破産法上，相殺権という。

破産の場合に相殺を認めないとなると，破産債権者破産者間に著しく不公平な結果をもたらすことになる。なぜなら，破産債権者は，自己の債権については事実上殆ど弁済を受けられないのに，破産財団に対する債務については，完全に履行させられることとなるからである。相殺の担保的機能に対する一般の信頼を損なわないためにも，破産法上，相殺権を認めることが肝要である。

相殺権は，これを行使する破産債権者にその債権について完全な満足を与え，結果的に，破産債権者の個別的権利行使禁止の原則（16条）に対する著しい例外となるので，債権者間の公平を不当に損なうような濫用的行使に対しては，厳しく対応しなければならない。

そこで，破産法は，一方において，民法の一般原則（民505条以下）よりも要件を緩和して広く相殺を認め（99条・100条），他方において，その濫用を防止するために相殺権行使の要件をより厳格に規定して，相殺を制限している（104条）。

(c) 相殺規定の適用範囲　破産法上の相殺権の規定は，破産債権を自働債権とし，破産財団所属の債権を受働債権として，破産債権者の側から行う相殺についてのものである。したがって，破産法上の相殺権がそれ以外の場合にも認められるかは規定の上からは必ずしも明らかではない。そこで，以下のような場合は，別に検討を要する。

① 破産管財人が破産財団所属の債権を自働債権とし，破産債権を受働債権として行う相殺

この相殺を認めると，破産管財人が，破産債権を随時に弁済したのと同じ効果となる。破産債権の実価が既に低下している以上，破産債権者間の公平を害し，無効と思われるが（大阪高判昭和52年3月1日判タ357号257頁），学説では，破産管財人の責任問題を別として，相殺の担保的機能を重視して，相殺の要件を充たせば一般に有効だとする立場も有力である。

② 破産債権対自由財産所属債権の相殺

破産債権者が，このような相殺を行うことは，自由財産をあたかも責任財産であるかのように引当てとして扱う点で原則として認められない。破産者の側

からする相殺の場合は，特別の制約はない。

③　非破産債権（財団債権を除く）対破産財団所属債権の相殺

このような場合は，破産債権や財団債権以外の債権（非破産債権）が，本来，引き当てることができない破産財団に対して相殺を認めてしまうことになり妥当でない。したがって，債権者の側も，破産管財人の側からも相殺できない。

④　非破産債権（財団債権を除く）対自由財産

このような相殺は，破産とは無関係なので，民法等の規定に従って判断される。

⑤　財団債権対破産財団所属債権の相殺

財団債権者，破産管財人のいずれの側からも民法の規定に従い，相殺できる。ただし，破産財団が財団債権の総額を弁済するのに不足する場合は別である（51条）。

⑥　財団債権対自由財産の相殺

財団債権は，破産財団から弁済を受けるべき債権であるので，財団債権の債務者を誰と解するかに関係なく，破産手続中は相殺できない。

（2）　相殺権の要件

(a)　相殺権の拡張　　民法上の一般原則に比べ，破産法上の相殺は，一方においてその要件が緩和され相殺権が拡張されている。すなわち，民法上の相殺では，対立する債権が同種の目的を有し，かつ，ともに弁済期にあることが要件である（民505条）が，破産法上の相殺の場合，破産債権者の債権（自働債権）は，破産宣告当時，期限付で未だ弁済期になくてもよい。また，解除条件付であってもよい。さらに，非金銭債権，金額不確定の金銭債権，外国通貨債権，金額や存続期間の不確定な定期金債権であってもよい（99条前段）。破産債権は，金銭化，現在化される（17条・102条2項・22条）ので（第4章参照），このように相殺の要件が緩和されているのである。この結果，たとえば，非金銭債権は，破産宣告時の評価額で，破産財団所属の債権（破産債権者の債務＝受働債権）と相殺できることになる。ただし，相殺権を行使できるのは，破産債権から劣後的破産債権（46条5号ないし7号）の部分を除いた額に限られる（102条1項）。

自働債権が解除条件付債権である場合，破産債権者は，全額をもって相殺に

供し得るが，破産手続中に条件が成就して債権が消滅することもあるので，相殺額につき，担保を供するか，寄託をしなければならない（101条）。その後，最後の配当の除斥期間が経過するまでに解除条件が成就しない場合には，提供された担保または寄託金は効力を失って，寄託した金員は，債権者に支払われることになる（276条後段）。

　停止条件付債権または将来の債権については，そのままでは条件未成就であるから，相殺に供することはできず，破産債権者は破産財団に対する債務を履行しなければならないが，その際，破産手続中に停止条件が成就し，後日相殺ができるようになる場合に備えて，債権額の限度において弁済の寄託を破産管財人に請求できる（100条）。最後の配当の除斥期間が経過するまでに停止条件が成就しない場合，その寄託金は他の債権者に配当されることになる（278条後段）。

　破産債権者の債務，すなわち，相殺を受ける側の破産財団所属の債権（受働債権）については，金銭化が認められないことから，金銭債権であるか，自働債権と同種の目的を持つ債権でなければならない。また，受働債権については，「額の確定」（22条参照）もなされないので，給付額の不確定な債権は相殺に供し得る受働債権になり得ない。しかし，受働債権が期限付，条件付または将来の請求権であっても，相殺は許される（99条後段）。この種の受働債権については，その債務者である破産債権者の側で期限の利益を放棄したり，無条件なものと認めて，または将来の請求権を現実化したものと認めて相殺をするのであるから，相殺を許しても問題はないからである。ただ，この場合，自働債権の場合（102条）とは異なり，期限までの中間利息の控除などは認められないので，相殺権の行使が破産債権者にとってかえって不利益な結果となることがある。したがって，このような場合には，相殺をしないで，まず破産手続に参加して配当を受け，期限の到来や条件の成否を見極めてから相殺することになると解される。

　(b)　相殺権の制限　　民法や商法などの実体法上相殺が禁止されている場合には，破産法上も相殺が許されない。たとえば，破産債権者が破産者に対し不法行為による損害賠償義務（民509条）や株金払込義務（商200条2項）を負う場合などである。

破産法ではさらに，相殺権の濫用による破産財団の不当な減少を防ぎ，破産債権者に公平な配当を行うために，相殺の制限を強化したり，禁止している。たとえば，民法では，相殺の意思表示のときに両債権が相殺適状にあればよいが，破産法は，その原則を修正して，破産宣告後または破産者の財産状態の危機時期に悪意で債権債務の対立を生じさせた場合には，相殺を許さないと規定する。この規定に反する相殺は当然に無効である。具体的には，破産法は，以下の四つの場合について相殺を禁止している（104条）。

　(イ)　破産債権者が破産宣告後，破産財団に対して債務を負担したとき（1号）　本号は3号と同様，破産法上の相殺は，破産宣告のときに債権債務の対立が生じていなければ許さないとの趣旨である。たとえば，破産宣告後に，破産債権者が破産管財人から破産財団所属の物品を買い入れ，その代金債権を受働債権として自己の破産債権と相殺することは許されない。同様に，破産管財人の否認権行使により生じた返還義務（79条），破産宣告後の債務引受けによる債務を受働債権とする相殺なども無効である。これらを認めると，すでに実価の下がった破産債権に完全な満足を与える結果となり，債権者間の公平に反するからである。債務の負担が破産宣告後であることは，破産管財人の側が証明すべきであると解されている。

　破産債権者が，破産宣告のときにすでに将来債務や停止条件付債務を負担していて，宣告後にそれが現実化しあるいは条件が成就したときは，それらを受働債権とする相殺は認められる（99条後段参照）。

　破産債権者が，破産財団に属する財産の賃借人であるときは，将来の時期の借賃を受働債権とする相殺について制限がある。すなわち，賃借人たる破産債権者は，破産宣告の当期および次期の借賃についてのみ相殺が認められ，敷金の差入れがある場合には，敷金に相当する借賃に加えて，その後の二期分の借賃につき相殺が認められる（103条1項）。地代および小作料についても同様に処理される（同条2項）。これらは，破産財団の充実をはかるために，借賃の前払いの対抗力を制限する原則（63条）と同趣旨である。

　(ロ)　破産債権者が，支払の停止または破産の申立のあったことを知って，破産者に対し債務を負担したとき（2号）　2号の相殺禁止規定は，前号の相殺禁止を危機時期まで遡らせたものである。本号によれば，たとえば，危機

時期に債務者（宣告後の破産者）から物品を買入れ負担した代金債務や不当利得返還義務などを受働債権として，破産宣告後に相殺することは許されない。また，顧客の預金口座にその支払停止を銀行が知った後，第三者より振込みがあり，銀行が支払義務を負う場合に，その債務と銀行の顧客に対する貸付債権とを宣告後に相殺することは，たとえ当事者間の合意があってもできないとする判例がある（最判昭和52年12月6日民集31巻7号961頁［新倒産百選66事件］）。

　しかし，債務の負担が本号の本文に該当するときでも，以下の三つの場合には，相殺の禁止が解除され，相殺権を行使できる。すなわち，①債務の負担が，相殺や会社の合併などのように，法定の原因にもとづくとき，②破産債権者が支払の停止もしくは破産の申立のあったことを知ったときより前の原因にもとづき債務を負担したとき，③破産宣告より1年前に生じた原因にもとづき債務を負担したときである（本号但書）。これらの場合は，債務の負担が，債権者の意思と関係なく生じたり，債務者が危機時期にあることを知って債務を負担したという経緯がなく，債権者を保護するのが妥当であるとの考慮が働いたためである。しかし，①については，相殺の担保的機能に対する信頼感があったわけでもないのに，相殺を認めるのは立法論的に問題だと指摘されている。②は，債権者が危機時期より前の原因により債務を負担していて，相殺の担保的機能についても信頼感をもっているのであればそれを保護すべきとの趣旨である。たとえば，破産債権者（＝銀行）と破産者（＝顧客）との間に，破産者が債務の履行をしないときは，破産債権者の占有する手形を取り立て，取立金を債務の弁済に充当できる旨の条項を含む取引約定があり，破産債権者が破産者の危機状態を知る前に取り立てのために約束手形を受け取り，同手形の取り立てを危機状態を知った後，破産宣告前に行った場合，この取立金返還債務は，2号但書の「前に生じたる原因」にあたると解されている（最判昭和63年10月18日民集42巻8号575頁〔新倒産百選64事件］）。③については，1年もたてば支払停止もしくは破産の申立と破産宣告との関連は薄くなるし，その間の取引の安全を重視する観点から，相殺禁止を解除したものである。これは，否認権行使の制限に関する破産法84条と同様の趣旨にもとづく。

　本号にいう破産債権者の悪意については，破産管財人が証明責任を負い，但書の相殺禁止の解除事由については，相殺を主張する債権者が証明責任を負う。

(ハ) 破産者の債務者が，破産宣告後，他人の破産債権を取得したとき（3号）　既に実価の下落した破産債権を安価で譲受け，それを自働債権として破産者の債務者が相殺権を行使するのを認めれば，破産財団の犠牲において，当該債権の譲受人（＝破産債務者）および譲渡人のみが不当に利得するのを認めることになり公平の原則を損なうので，そのような相殺は許されない。対抗要件の具備を必要とする債権については，破産宣告後に対抗要件を備えた場合に問題となる。破産債権の取得が善意でなされた場合も，相続その他の法定による場合であっても，宣告後の取得である以上は，相殺を認められない。破産者の債務者が，破産宣告前に破産者に対し停止条件付債権などを取得し，宣告後に条件が成就した場合などには，相殺は制限されない（100条参照）。

(ニ) 破産者の債務者が，支払の停止または破産の申立てのあったことを知って，破産債権を取得したとき（4号）　本号は，3号の相殺禁止の趣旨を，危機時期まで遡らせたものである。支払停止や破産申立があれば，宣告前といえども債務者は経済的に破綻しており，その債権の実価は下落している。そのような債権を安く買い集めて，宣告後，自分の破産債務と相殺することを認めれば債権者の公平に反し著しく不当だからである。本号の相殺の禁止は，他人の破産債権を取得した場合の他，破産者への金銭の貸付けや財産の売却など破産者との法律行為により破産債権を取得した場合も含まれる。ただし，①債権の取得が法定の原因にもとづくとき，②債務者が支払停止もしくは破産申立のあったことを知ったときより前に生じた原因にもとづくとき，または③破産宣告のときより1年前に生じた原因にもとづくときは，相殺禁止が解除される。2号の場合と同趣旨である。破産者の債務者（＝債権取得者）の悪意については，破産管財人に，但書の相殺禁止解除事由については，債権取得者（＝破産債権者）に証明責任がある。

(ホ) 相殺禁止の効果　破産法104条に反する相殺は当然に無効である。本条は強行法規であり，破産者や破産管財人と破産債権者間の特約によってもその適用を排除できない。相殺契約も104条の禁止要件に該当する場合は無効である。

(3) 相殺権の行使

破産債権者は破産手続によらないで，相殺権を行使できる（98条）。相殺の

意思表示は破産管財人に対して行う。相殺によって満足を受けられない債権について，破産債権として配当を要求する場合を除いては，債権の届出・調査・確定の手続を踏む必要はない。

相殺の効果は，相殺の意思表示のときではなく，相殺適状に達したときに生じ，その時点で破産債権と債務（財団所属の債権）が対当額で消滅する（民506条2項）。

5　財団債権

(1)　財団債権の意義

破産債権と同じく破産財団から弁済を受けるが，基本的に破産手続の処理に伴って生じる必要経費とみられるため，破産債権に優先して，しかも，破産手続によらずに随時弁済を受けることができる債権を財団債権という（49条・50条）。主として，破産宣告後に破産債権者の共同の利益のために生じた債権であるが，その他に公平の観点や公益的政策からとくに財団債権とされるものもある。その意味で，すべての財団債権に共通する定義づけを行うのは困難である。

(2)　財団債権の範囲

財団債権には，47条で規定されるもの（一般の財団債権）と，それ以外の特別の規定によるもの（特別の財団債権）がある。いずれの財団債権に該当するのかは，財団相互で順位を決定する際に意味を持つ（51条2項）。

(a)　一般の財団債権（47条）　(イ)　債権者の共同の利益のためにする裁判上の費用（1号）　破産申立の費用，破産公告の費用，債権者集会招集の費用，配当に関する費用などである。各債権者の破産手続参加の費用や債権調査のための特別期日の費用などは，共同の利益のための費用ではないから，財団債権にはならない。

(ロ)　国税徴収法または国税徴収の例によって徴収することができる請求権，ただし，破産宣告後の原因にもとづく請求権は，破産財団に関して生じたものに限る（2号）　国税や地方税，各種の社会保険料などである。破産宣告前の租税債権を一般的に財団債権と取り扱う根拠は，租税収入の確保という公益

的政策に求められようが，経済的強者である公が，一般債権者の犠牲において，ひとり利得をしているとの強い批判がある。この点，会社更生手続では，開始決定前の租税債権を共益債権と取り扱っていない（会更119条・122条）し，平成11年に制定された民事再生法でも公益債権にはならない（民再119条）。現在進められている倒産法の改正手続でも検討事項の一つとしてあげられている。

　本号但書にいう請求権とは，財団所属の財産またはそれから生じる収益に対する税，あるいは破産者の営業を継続する場合の事業税などをいう。

　　(ハ)　破産財団の管理，換価および配当に関する費用（3号）　破産管財人や監査委員の報酬などをいう。

　　(ニ)　破産財団に関して破産管財人のなした行為によって生じた請求権（4号）　破産管財人の行った借り入れ，賃借，委任，雇用などの法律行為により相手方に生じる請求権，あるいは破産管財人の不法行為により生じる損害賠償請求権などである。

　　(ホ)　事務管理または不当利得によって財団に対して生じた請求権（5号）　破産宣告後に財団のため事務管理をした者の費用償還請求権（民702条），別除権の目的物を破産管財人が換価しその代金を破産財団に組み入れた場合に別除権者に認められる不当利得請求権などである。

　　(ヘ)　委任終了または代理権消滅の後，急迫の必要のためになした行為によって，破産財団に対して生じた請求権（6号）　破産宣告を知らないで急迫の必要のない委任事務を処理した場合の請求権は，破産債権である（65条）。

　　(ト)　59条1項の規定により破産管財人が債務の履行をなす場合において相手方の有する請求権（7号）　双方未履行の双務契約について，破産管財人が債務の履行を選択した場合の相手方の請求権。これは，公平の見地から認められている。

　　(チ)　破産宣告によって双務契約に関して解約の申入れがあった場合において，その終了にいたるまでの間に生じた請求権（8号）　使用者の破産による雇用契約の終了（民631条）に伴う賃金債権，賃借人の破産に伴い解約の申入れがなされた場合（民621条）の，宣告から契約終了までの期間の賃料債権などがある。

　　(リ)　破産者およびこれに扶養される者の扶助料（9号）　扶助を必要と

する者にこれを認めなければ，公的扶助に頼らざるを得なくなって，破産債権者は結果的に，国民の負担で満足を得ることになり，不合理である。扶助料は破産管財人が裁判所の許可を得て決めるか（192条），第1回債権者集会の決議により決定される（194条）。

(b) **特別の財団債権** (イ) 破産管財人が，負担付贈与の履行を受けた場合に，負担受益者の有する請求権，ただし，遺贈の目的物の価額を超えない範囲に限られる（48条）　破産管財人が遺贈を受けながら，負担受益者に対しては破産債権者としての処遇しかしないのであれば遺言者の意思に反することになるとされ，財団債権としたものである。

(ロ) 破産管財人が双務契約を解除した場合に，相手方の有する反対給付・価額償還請求権（60条2項）　破産管財人に不当利得をさせない趣旨である。

(ハ) その他　69条2項，70条2項・3項，71条3項などで認められている。

(3) 財団債権の債務者は誰か

破産財団の法主体性，破産管財人の法律上の地位などをめぐる議論と関連して，財団債権の債務者が誰かについて解釈論上争いがある。特に，破産手続の終了後も債務者が財団債権について責任を負うかという点で結論が異なる。

(a) **破産者説**　破産財団の主体が破産者であることを根拠とし，手続終了後も破産者が財団債権について責任を負うと説く。

(b) **破産債権者（団体）説**　破産財団の増減についてもっとも強い利害関係をもっているのは破産債権者であること，あるいは破産管財人は債権者団体の機関として財団の管理処分を行うので，その費用たる財団債権は破産債権者団体の債務となるが，破産財団の範囲で弁済される有限責任であると主張する。

(c) **破産管財人説**　破産管財人は，財団の受託者であるとの立場を根拠とするが，破産管財人自身が財団債権者となる場合の説明に窮すると批判される。手続終了後の破産者の責任を認めない。

(d) **破産財団説**　破産財団の法主体性を認める立場の主張であり，従来の通説である。財団債権については，財団を限度とする有限責任が原則であるとしながら，本来，破産債権の性質を有する財団債権（47条2号・8号・60条2号など）については，破産手続終了後も破産者の責任を認めるべきであるという。

(e) 管理機構としての破産管財人説　　管理機構人格説を根拠とする。破産管財人の有する財団債権については，破産管財人としての個人が，管理機構としての破産管財人に対して持つ債権であると説明する。破産終了後の債務者の責任については，弁済されなかった財団債権の性質に従って判断されるという。

（4）　財団債権の弁済

財団債権は，破産財団から，破産債権に優先して，破産手続によらないで，随時，弁済を受ける（49条・50条）。したがって，財団債権者は，債権の届出，調査，確定，配当といった手続を経ることなく，直接に破産管財人に対して履行を請求できる。破産管財人は，随時弁済を行うが，財団債権の額が10万円以上の場合は，監査委員または裁判所の許可を得なければならない（197条13号・198条）。

財団債権は破産債権よりも優先するので，破産管財人は破産債権者への配当を開始する前に，財団債権への弁済を行うが，それまでに破産管財人に知られていない財団債権は無視され（286条），また，いったん行われた配当が見直されることはないので，結局，弁済されないことになる。

破産管財人が，履行請求のあった財団債権を承認せず，その存否や額について争う場合は，財団債権者が破産管財人を相手に訴訟で決着をつけることになる。さらに強制執行ができるかについては論争がある。通説は，破産債権より優遇されるべき財団債権について何ら強制的実現の保障がなく，破産管財人の裁量のままになるのは妥当でないとして，肯定する。否定説は，破産管財人が執行機関類似の性格を有していること，破産管財人の弁済拒否については，裁判所の監督権の発動（161条）で対処しうること，強制執行を許すと51条の適用が困難になることなどを根拠にして許すべきでないとする。租税債権にもとづく滞納処分を破産宣告後に新たに行うことが許されるかについては（71条1項参照），否定説が有力である。判例も否定説を採る（最判昭和45年7月16日民集24巻7号879頁［新倒産百選114事件］）。租税債権優遇に対する強い批判に照らせば納得できよう。

破産財団の換価代金が，財団債権の総額を弁済するのに不足することが明らかになったときは，どうすればよいだろうか。その場合は，既済の分はそのままとし，法令に定める優先順位（たとえば，国税徴収法8条，地方税法14条な

ど）とは関係なく，未済の財団債権の額に応じて割合的に平等に弁済されることになる（51条1項本文）。ただし，その財団債権を被担保債権とする留置権，特別の先取特権，質権，抵当権などの効力は認められるし（51条1項），47条1号ないし7号の財団債権は他の財団債権に優先する（51条2項）。また，その中でも，とくに規定はないが，共益費用としての性質を有する財団債権は，他のものに優先すると考えられている。したがって，破産管財人の報酬請求権（47条3号）は，租税債権（47条2号）に優先する。なお，47条7号および48条の財団債権は，非金銭債権，あるいは期限未到来のことがあるので，破産債権の金銭化，現在化に関する規定が準用され（52条1項），また定期金債権である場合は，中間利息相当額が控除される（同条2項）。

第9章 ■ 破産手続の実施

　破産の申立に対して、裁判所は破産宣告の可否を審理し裁判するが、破産宣告をするときには、いわば本来の破産手続、すなわち、破産者の総財産を処分して、その総債権者に公平な満足を与える手続が実施されることになる。この手続は、およそ三つの局面に分けることができる。第一は、破産者の債務がどれだけあるかを確定する「破産債権の確定」の局面であり、これについては第4章で述べた。第二は、破産債権者の共同の満足のための原資となる破産者の総財産の範囲を確定して換価する「破産財団の管理・換価」の局面である。さらに第三は、どのような割合で弁済するかという「配当」の局面である。この配当の局面をもって破産手続は終了するが、このほか、破産廃止、強制和議、他の手続への移行によっても破産手続は終了する。ここでは、1．破産財団の管理と換価、2．配当による破産手続の終了、3．配当によらない手続の終了について述べよう。

1　破産財団の管理と換価

　破産財団の管理と換価の局面においては、破産管財人に委ねられる裁量の範囲は相当に広い。その裁量の範囲において破産管財人は活発な活動をなし、実際にも、破産管財人の管理・換価の巧拙が破産処理の成否に大きな影響を与えるといわれている。

　しかし、管理・換価が、破産管財人の完全な自由裁量に委ねられるわけではない。破産管財人が一定の重要な行為をなすときは、監査委員の同意を得る必要があり（197条。ただし、実務上、監査委員が選任されることは極めて稀であり、裁判所の許可をもって破産管財人に対する監督を行っている）、または債権者集会の決議あるいは裁判所の許可（198条）を得なければならず、必要に応じて破産者の意見を聴かなければならない（199条）。また、監査委員の同意を得た場合

にも，裁判所の中止命令によって，その行為の可否が債権者集会の決議にかからしめられることもある（200条）。さらに，破産管財人は，裁判所の一般的監督に服し（161条），また，善良な管理者の注意をもってその職務を行うことを要し，その注意を怠れば利害関係人に対して損害賠償責任を負わなければならない（164条）。

（1）管　理

破産管財人は，破産宣告と同時に選任されるが（142条・157条），その就任後，直ちに破産財団に属する財産の占有および管理に着手しなければならない（185条）。それが遅れれば，財産が散逸し，法律関係の混乱を来すおそれがあるので，速やかに行うことが必要である。

(a) 財産の占有・封印・帳簿の閉鎖　　破産管財人は，管理の前提として，破産者の財産を占有することが必要である。占有とは，財産の事実上の支配を取得することである。破産者の占有下にある現金・有価証券・商品・材料・製造機械・備品をはじめ，不動産や債権に関する証書その他破産管財人が破産財団の管理および処分に必要な書類などが対象となる。破産管財人は，破産者の財産状態，破産財団に属すべき財産の有無や所在を知るために，破産者等に説明を求めることができる（153条）。

問題は，破産者が引渡しを拒むとき，破産管財人がどのように占有を取得するかである。通説は，破産宣告の決定正本を債務名義として強制執行をすべきであるとする。これに対して，少数説は，破産宣告には執行の対象となる財産が特定されていないことや，破産者からの不服申立方法が明確にされていないことから，破産管財人が破産者に対して訴えを提起し，債務名義を得て強制執行を申し立てるべきであるとする。少数説には，時間がかかり過ぎて実用に適さないというデメリットがある。破産は包括執行であるから特定の財産を掲げる必要性があるといえないこと，破産者の救済手段としては第三者異議の訴え（民執38条）あるいは執行異議（民執11条）が考えられることなどからすると，通説の結論を正当とすることができる。ただし，第三者が財産を占有して引渡しを拒む場合には，破産管財人は引渡を求める訴えを提起し債務名義を得て強制執行を行うほかない。

封印は，破産管財人の占有を公示し，物の変更ないし散逸を防ぐためのもの

であるが，破産管財人は，必要と認めるときは，裁判所書記官，執行官または公証人に破産財団に属する財産について封印を行わせることができる（186条1項）。財産の種類や形状から破産管財人が直接占有することが困難な物について行われることになる。封印を破棄すると刑事罰が科される（刑96条）。

帳簿の閉鎖が破産宣告後直ちに裁判所書記官によって行われる（187条）が，それは新たな記入を禁じて帳簿の現状を確保するためである。閉鎖された帳簿に変更を加えまたは隠匿し，もしくは毀棄した者は，詐欺破産罪または過怠破産罪として罰せられる（374条4号・375条5号・376条・378条）。

(b) 財産の評価と財産目録・貸借対照表の作成　破産管財人は，遅滞なく，裁判所書記官，執行官または公証人の立会いの下に，破産財団に属する一切の財産の価額を評価しなければならず，その際に遅滞のおそれがないかぎり破産者の立会いも求めなければならない（188条）。また，これに基づいて，破産管財人は，財産目録および貸借対照表を作成し，その謄本を裁判所に提出し，利害関係人の閲覧に供しなければならない（189条）。

(c) 郵便物・電報の管理　裁判所は，郵便電信取扱機関に対して，破産者に宛てた郵便物または電報を破産管財人に配達するよう嘱託しなければならず（190条1項），破産管財人はそれを開封して内容を見ることができる（同条2項）。破産者の財産の有無や所在および取引状況などを知るために認められるもので，通信の秘密に関する権利（憲21条3項）に対する例外である。破産者は，その閲覧を求め，破産財団に関しないものの交付を請求できる（同条3項）。必要がなくなれば，これらの措置は制限され，取り消される（191条）。

(d) 第一回債権者集会までの暫定措置　破産者等に対する扶助料の支給，営業の継続，貨幣や有価証券その他の高価品の保管方法は第一回債権者集会で決定されるが（194条），それまでの間は暫定的に，破産管財人が，裁判所の許可を得て扶助料の支給や営業の継続を認めることができ，また裁判所によって定められた保管方法で保管を行う（192条）。

(e) 重要な行為に関する監査委員の同意等　197条所定の重要な行為については，破産管財人は監査委員の同意を得なければならない。実務上は，監査委員が選任される場合は，極めて稀である。これは，監査委員が選任されれば，その報酬を破産財団において負担せざるを得ず，そうすると破産債権者に対す

る配当原資の減少を余儀なくされてしまうからである。監査委員がいないときは，監査委員の同意に代えて，裁判所の許可または債権者集会の決議を要する（198条）。また，それらの行為について，遅滞のおそれがないかぎり，破産管財人は破産者の意見も聴かなければならない（201条）。

197条所定の重要な行為のうち，管理行為にあたるのは，借財（5号），相続放棄の承認等（6号），未履行双務契約の履行請求（9号），訴えの提起（10号），和解および仲裁契約（11号），権利の放棄（12号），財団債権・取戻権・別除権の承認（13号），別除権の目的物の受戻し（14号）などであり，これらを行うには破産管財人は，監査委員の同意等を得なければならない（同条・198条・199条）。ただし，9号～14号などについては目的物の価額が10万円以上であるときに限る（同条但書）。

なお，197条の重要な行為については，監査委員の同意があった場合でも，裁判所は，破産者の申立に基づいて，当該行為の中止を命じるとともに，債権者集会を招集して行為の可否をその決議に付すことができる（200条）。

付言して，破産管財人が寄託した金銭・有価証券などの高価品の返還を求める際に，同様の同意等が要求されるのも（206条），管理行為の制限である。ただし，これらに違反してなされた破産管財人の行為は，その無効を善意の第三者に対抗できない（201条・なお206条2項）。

（2） 換　　価

破産財団に属する財産は，破産債権者に配当するため，金銭を除いて換価しなければならないが，破産財団の換価は破産管財人の権能であり，その方法は原則として破産管財人の自由裁量に委ねられる。破産管財人は，196条1項にみられるように一定の時期まで待たねばならないが，その後は，財団の利益を考慮しつつ，適当な時期に，一定の場合を除いて便宜な方法で破産財団の換価をすることができる。

（a）換価の時期　　破産法上は，一般の債権調査終了前は換価できないし，またそれ以前に強制和議の提供がなされた場合にも，その落着まで換価できない（196条1項）。一般の債権調査期日が終了しないと，破産債権の総額が明らかにならず，換価の必要限度が判明しないこと，いったん換価が行われてしまうと和議の成立が困難になるからである。ただし，このような制限にもかかわ

らず，遅滞なく換価しないと腐敗・毀損・価格低下などが生じ，財団に損害が生じるおそれのある財産については，監査委員の同意，監査委員がないときは裁判所の許可があれば，破産管財人は換価できる（同条2項）。もっとも実務上は，186条1項を厳格に解釈せず，一般の債権調査期日前であっても，破産手続の迅速な遂行という視点から，破産管財人の換価が行われている。

なお，換価時期の制限に違反して破産管財人が換価を行えば，その行為は無効であるが，その無効を善意の第三者に対して主張できないと規定されている（201条）。

(b) 重要な行為に関する監査委員の同意等　197条所定の重要な行為については，監査委員の同意を得なければならないこと，監査委員がいなければ，その同意に代えて，裁判所の許可または債権者集会の決議を要すること（198条），さらに，遅滞のおそれがなければ，破産管財人は破産者の意見も聴取すべきこと（201条）などは，管理行為について既に述べたところと同様である。

197条所定の重要な行為のうち，換価行為は，不動産に関する物権や登記すべき日本船舶の任意売却（1号），鉱業権・漁業権・特許権・意匠権・実用新案権・著作権・著作隣接権などの任意売却（2号），営業の譲渡（3号），商品の一括売却（4号），動産の任意売却（7号），債権および有価証券の譲渡（8号）などである。これらを破産管財人が行うには監査委員の同意等が必要であるが，実務上，監査委員が選任されることがほとんどないことは，すでに説明したとおりである。

なお，197条の行為について監査委員の同意があった場合でも，裁判所は，破産者の申立にもとづいて，当該行為の中止を命じるとともに，債権者集会を招集して行為の可否をその決議に付すことができる（200条）。ただし，これらに違反してなされた破産管財人の行為は，その無効を善意の第三者に対抗できない（201条）

(c) 換価の方法　不動産，船舶，鉱業権，漁業権，特許権など197条1号および2号所定の財産の換価は，民事執行法に定める強制執行の手続により行う（202条）。ただし，これについても，監査委員の同意等があれば任意売却が認めれることは前述のとおりである（197条）。実際には，破産裁判所の許可のもとで任意売却が原則となっているといわれる。

(d)　出資の請求　　法人に破産宣告がなされたとき，社員に出資義務の未履行分が残っているならば，破産管財人は社員に，出資の履行を請求できる（206条）。匿名組合員に対しても出資の請求に関する同種の規定がある（225条）。

2　配当による破産手続の終了

　破産手続は，破産者の総財産を処分して，総債権者に公平な満足を与える手続であり，通常は配当という形で終了する。ここでは，配当による手続の終了を見よう。なお，配当のほかに，破産手続は，破産債権者の同意または財団不足による廃止，破産法所定の和議によっても終了する。これらについては，後に見よう。

　配当とは，破産管財人が破産財団を換価して得た金銭を破産債権者にその順位および額に応じて分配することである。破産法は，早期かつ高い配当率での配当実施をめざして，破産管財人が，破産財団に所属する全財産の換価終了を待つことなく，配当するに適した金銭が生じる段階ごとに遅滞なく配当することとしたうえで，全財産の換価の終了した後にも配当を行うこととしている。前者を中間配当といい，後者を最後の配当という。最後の配当が行われると破産手続は終了するが，その後に配当すべき財産が生じることもあり，その場合は補充的な配当が行われるが，これを追加配当という。

　なお，小破産においては，最後の配当しか行われないことになっている（365条）。また，一般の破産でも，財団の規模が小さければ，中間配当は行わず，最後の配当が唯一の配当になることがある。

(1)　中間配当

　破産管財人は，一般の債権調査終了後，配当に適した金銭があると認めるとき毎に，監査委員の同意を得て，または監査委員がいないときは裁判所の許可を得て，遅滞なく中間配当を行わなければならない（256条・257条）。

　(a)　配当の準備　　配当を実施する準備として，まず配当表が作成され，破産債権者の異議にさらされる。

　　(イ)　配当表の作成　　配当を行うに際して，破産管財人は配当表を作成し，それを利害関係人の閲覧に供するために裁判所に提出することを要する（258

条・259条）。配当表の記載事項は，①配当に加えるべき債権者の氏名および住所，②債権額，③配当することができる金額である（258条1項）。③の配当できる金額とは，破産管財人の管理下にある金銭から，財団債権，予想される手続費用および破産管財人の報酬などを控除した残額である。また，配当に加えるべき債権については，優先権の有無によって区別し，優先権あるものはその順位にしたがい，優先権なきものは劣後的破産債権（46条）と一般の破産債権とを区別して記載しなければならない（258条2項）。

　(ロ)　配当に加えられる債権　　破産の配当では，配当に先立って，届出債権について調査が行われており，届出期間後に届け出られた調査の済んでいない債権はそもそも配当に加えられない。配当に加えられるのは，調査の結果確定した届出債権および異議の落着していない届出債権であるが，具体的には，①調査の結果異議なく確定した債権，②異議はあったが債権確定訴訟で既に確定された債権，③異議ある有名義債権，④異議ある無名義債権で，配当の公告の日から二週間内に債権確定訴訟の提起または訴訟の受継を証明したもの（261条），⑤別除権者の債権で，配当公告の日から二週間内に権利の実行に着手したことを証明し，かつ，予定不足額が疎明されたもの（262条），⑥別除権者の債権で，配当表の作成日までに別除権放棄の意思が表示されたもの（263条3号）である。ただし，③④⑤については配当額は支払われず，寄託される（271条1号・3号）。

　(ハ)　公告・配当表の更正　　破産管財人は，配当に加えるべき債権の総額および配当できる金額を公告しなければならない（260条）。この公告の日から二週間が当該配当の除斥期間になり（261条・262条），この期間内に配当表を更正すべき事由が生じれば，破産管財人はただちに更正しなければならない（263条）。その事由とは，①更正すべき事由の発生（263条1号），たとえば，債権届出の取下げ，異議の撤回，異議の完結など，②異議の対象となった無名義債権者が261条にもとづく起訴の証明をしたこと（263条2号），③別除権者が262条にもとづいて不足額の疎明をしたこと（263条2号），④別除権者がその権利放棄の意思表示を管財人に対して行ったこと（263条3号），⑤別除権者がその権利の行使により弁済を受けられない債権額を証明したこと（263条3号）である。

(ニ) 配当表に対する異議　　破産債権者は，破産管財人によって作成された配当表あるいは更正された配当表について，261条の除斥期間経過後一週間にかぎり，裁判所に異議を申し立てることができる（264条1項）。

異議の事由となり得るのは，配当に加えるべき債権を記載せず，配当に加えるべきでない債権を記載し，債権の額や順位を誤り，また不当に更正し，あるいは更正しなかったことなどである。ただし，すでに確定された債権の内容に関する主張は異議事由とすることができない。

異議についての審理は任意的口頭弁論により（110条），したがって裁判は決定による（民訴87条1項但書）。

裁判所は，異議に理由があれば，配当表の更正を決定で命じ，その決定書を利害関係人の閲覧に供するため裁判所に備え置かなければならない（264条2項前段）。利害関係人は決定書が裁判所に備え置かれた日から一週間以内にかぎり即時抗告を提起できる（264条2項後段・112条・108条，民訴332条）。異議に理由がなければ，裁判所は異議棄却の決定をし，この決定に対して異議申立人はその告知の日から一週間以内にかぎり即時抗告できる（112条・108条，民訴332条）。

(b) 配当の実施　　(イ) 配当率の決定と通知　　破産管財人は，配当表に対する異議申立期間内に申立がない場合はその期間経過後，異議申立があった場合にはそれに対する決定がなされた後遅滞なく配当率を定め，配当に加えられる各債権者にそれを通知しなければならない（265条1項）。後者の場合，右決定に対する不服申立手続が係属中であっても，この通知をしなければならない。

配当率を定めるにあたっては，監査委員の同意，監査委員がいないときは裁判所の許可が必要である（265条2項）。

配当率は，優先的破産債権，一般の破産債権，劣後的破産債権の順で優先的地位にあるものから決定し，同順位の破産債権者間では平等である（40条）。

配当率の通知によって，各債権者の配当金請求権は具体化し，配当率の変更はできなくなる。したがって，それまでに破産管財人に知られていない財団債権者は配当金から弁済を受けることはできないし（286条），強制和議の提供があっても，裁判所は配当の中止を命じることはできない（267条）。

(ロ) 配当金の交付・寄託　　配当金は債権者が破産管財人のところに出向

いて受け取ることになっているが（269条1項），実際には銀行口座への振込等が利用されている。配当を実施したときは，破産管財人は裁判所に備え置かれた債権表および各債権者が所持する債権証書に配当額を記入し，記名捺印しなければならない（269条2項）。

解除条件付き債権者が配当を受け取るには，配当後の条件成就による配当金返還義務の履行を担保するため，相当の担保を提供しなければならない（266条）。

次の者に対する配当は寄託される。①異議ある債権につき訴えを提起し，または訴訟を受継した有名義または無名義の債権者（271条1号。なお，有名義債権者については異議者の側で起訴または受継の証明を配当率の通知が発せられるまでに行わないと，配当金は払い渡されてしまう）。②配当率の通知を発する前に審査請求その他の不服申立の手続または訴訟が落着していない債権者（同条2号）。③予定不足額を疎明した別除権者（同条3号）④停止条件債権者および将来の請求権を有する者（同条4号），⑤担保を提供しない解除条件付債権者（同条5号）。

(2) 最後の配当と破産の終結

(a) 最後の配当　　破産財団の換価が全部終わった後になされる最後の配当は，おおむね中間配当に準じて行われるが，破産的清算の結末をつけるために行われるものであることから，以下のような特則が置かれている（272条以下）。

(イ) 裁判所の許可　　最後の配当は，監査委員の同意がある場合でも，さらに裁判所の許可が必要である（272条）。手続の終結をもたらす重要なものであることによるもので，中間配当において，監査委員の同意または監査委員がいない場合に裁判所の同意が必要とされている（257条）のと異なる。

(ロ) 配当に加えられる債権についての特則　　①解除条件付債権者は，除斥期間内に条件が成就しなければ無条件の債権として配当に加えられるとともに，提供していた担保は返還され，あるいは寄託されていた金額が支払われる（276条）。これに反し，②除斥期間満了までに請求権行使の条件の整わなかった停止条件付債権者および将来の請求権者（275条），③除斥期間満了までに別除権放棄の意思表示をせず，別除権行使の結果確定する不足額の証明もしなかった別除権者（277条）は，すでに寄託されたものを含めて，配当から排斥

される。これらの債権者は，中間配当では配当額が寄託されたが（271条3号4号），ここでは取扱が異なる。その結果，最後の配当では，これらの債権者のために中間配当において寄託されていた金銭は他の債権への配当に充てられる（278条）。

(ハ) 最後の配当に関する除斥期間　最後の配当に関する除斥期間は，公告の日から起算して二週間以上1カ月の範囲で裁判所が決定し，これに対する不服申立は許されない（273条）。中間配当の場合に配当の公告の日から起算して二週間とされていること（261条・262条）に比べて慎重な態度が見られるが，配当に加えられる債権者が配当から最終的に除斥されるという重大な結果をもたらすからである。

(ニ) 配当の実施　最後の配当については，配当表に対する異議があったときは，異議手続の完結後でないと配当を実施できず，また，それを実施するときは配当額そのものが通知される（274条）。中間配当においては，配当表に対する異議があっても，これについての決定さえあれば，たとえ，その決定に対する不服申立手続が係属中でも配当を実施できたのと異なる。

配当金の寄託に関して，中間配当の場合は，異議ある債権など未確定債権については破産管財人は配当金を寄託することになっていたが，最後の配当において以下の配当金を供託しなければならない。すなわち，①異議ある債権について訴えの提起または訴訟の受継があった場合において寄託されている配当額，および，配当率の通知を発するときまで審査請求その他不服申立手続または訴訟の落着しない債権につき寄託された配当額（280条1号），②配当額の通知を発するまでに訴訟または審査請求その他の不服申立手続の落着していない債権に対する配当額（同条2号），③受領のために破産管財人のところに出頭しない債権者のための配当額（同条3号）がそれである。

(b) 破産の終結　(イ) 計算報告のための債権者集会　破産管財人は，配当を実施した後，債権者集会で計算報告しなければならない。破産管財人は，配当実施後遅滞なく計算報告のための債権者集会の招集を申し立て（168条1項），利害関係人の閲覧に供するために，計算報告書および監査委員の意見書を債権者集会の三日前までに裁判所に提出しなければならない（168条3項）。この債権者集会で破産者，破産債権者などから異議がなければ，計算書は承認

されたものとみなされ、破産管財人の責任が解除される（168条2項）。異議が申し立てられた場合、破産管財人がさらに証拠書類を提出し説明を尽くすなどして、異議が解消すれば責任が解除されるが、解消しなかったときには、異議を留めたまま集会は終了し、最終的には、破産手続外の訴訟でその解決がはかられる。

　　㈦　破産終結決定　　計算報告のための債権者集会が終了したときは、裁判所は破産終結の決定をなし、その主文および理由の要領を公告しなければならない（282条1項）。この決定に対しては、不服を申し立てることができない（282条2項）。破産終結の効果は公告の時点で生じ、破産者に残余財産があれば管理処分権が回復される。破産債権者の個別的権利行使の制限（16条）も解除されるが、後述の免責手続が開始されているときは制限が継続し、免責が付与されると、破産債権者の権利行使の機会はなくなる。

(3) 追加配当

　追加配当とは、最後の配当額の通知を発した後に新たに配当にあてるべき相当の財産が生じたときに行われる配当である（283条1項）。通常、破産手続は、最後の配当によって終了する。しかし、配当可能な財産がある以上、破産管財人は、これを配当しなければならず、たとえ破産終結決定の後でも、これが行われる。

　(a) 追加配当にあてられる財産　　たとえば、①異議ある債権に対する配当額として供託されていた金銭で、異議訴訟における破産債権者敗訴の結果、他の債権者の配当できることになったもの、②否認訴訟で破産管財人が勝訴した結果、回復された財産、③誤って財団債権者に弁済または破産債権者に配当した結果、返還された財産、④最後の配当の配当額の通知後に新たに発見された財団（たとえば、新たに発見された破産者の隠匿財産）などである。

　(b) 追加配当の手続　　追加配当は最後の配当の補充として行われるので、その手続は最後の配当の手続に準じて行われる。すなわち、配当に加えるべき債権者の範囲も最後の配当における配当表による（284条）。破産管財人は、追加配当の許可を得たときは、遅滞なく配当できる金額を公告し、かつ各債権者に配当額を定めて通知しなければならない（283条2項）。ただし、最後の配当と異なり、計算報告のための債権者集会は開かれず、これに代わって、破産管

財人は計算報告書について裁判所の認可を受けることになる (285条)。

3 配当によらない手続の終了

破産手続は,常に配当によって終了するとは限らない。配当によらない破産手続の終了として,(1)破産廃止,(2)強制和議手続への移行,(3)破産以外の手続への移行がある。

(1) 破 産 廃 止

破産手続を,その目的を達しないまま終結することを,破産廃止という。これは,将来に向かって破産手続を終了させるもので,破産の効力を遡及的に消滅させるものではない。廃止には,債権者の同意による廃止と財団不足による廃止があるが,その効果は異ならない。

(a) 同意廃止と財団不足による廃止　(イ) 同意廃止　同意廃止とは,破産者の申立てにより破産手続を将来に向かって終了させることである。

破産者のみに申立権があり,破産債権者や破産管財人にはこれがないが,破産者が申立をなすには,債権届出期間内に届出をした総破産債権者が同意するか,あるいは,同意しない債権者に対して,他の破産債権者の同意を得たうえで,破産財団から担保を提供することが必要である (347条1項)。たとえば,分割弁済について総破産債権者の同意が得られた場合などに破産廃止の可能性が生じる。なお,別除権者は,別除権の行使によって弁済を得られない債権額についてのみ破産債権を行使し得るに過ぎないので (96条),そのような債権額があり,しかもその額が特定された場合にのみ,この者からも同意を得ることが必要となる (名古屋高決昭和51年5月17日[新百選101事件])。同意は,債権者の放棄を意味するものではなく,破産手続の遂行を放棄する旨の裁判所に対する意思表示である。

申立があると,裁判所はその旨を公告し,かつ,申立書類を利害関係人の閲覧に供するため備え置かなければならない (350条)。破産債権者は,この公告の日から二週間内に廃止申立に対する異議を申し立てることができる (351条1項)。異議事由は,同意が欠け,あるいは同意につき意思の瑕疵があることなどである。この申立期間経過後裁判所は,破産者,破産管財人および異議債

権者の意見を聴取したうえで廃止決定をし，あるいは廃止申立棄却決定をする（352条）。廃止決定をなす場合，その主文および理由の要領が公告される（354条）。これらの裁判に対しては，破産債権者あるいは破産者は即時抗告できる（112条）。

　（ロ）　財団不足による廃止　　破産財団が乏しく破産手続の費用さえまかなえない場合には，破産手続を実施することは無駄であるから，破産廃止決定がなされる。破産宣告の時点でそれが明らかなときは，破産宣告と同時に廃止決定がなされ，これを同時（破産）廃止という。破産宣告があり破産管財人が選任されるなど，手続開始後にそれが明らかになった場合にも廃止決定がなされる（353条1項）。これを異時廃止（または事後廃止）という。ただし，手続費用が予納されていると，廃止決定はなされない（353条2項）。

　破産管財人の申立または職権により，裁判所は，あらかじめ債権者集会の意見を聴いたうえで破産廃止の決定を行う（352条1項）。

　(b)　廃止の効果　　（イ）　破産管財人の現務の終了　　同意廃止または異時廃止の決定が確定した場合，破産管財人は，財団債権を弁済し，異議ある財団債権については供託することによって（355条），その任務を終了する。このとき，破産管財人は遅滞なく債権者集会に計算報告をしなければならない（168条）。同時廃止の場合は，破産管財人は選任されず破産手続も進行しないので，このような処理が行われることはない。

　（ロ）　破産者の地位　　破産者は，破産財団についての管理処分権を回復する。ただし，廃止の効力は遡及しないから，破産管財人がすでになした破産財団についての処分や訴訟追行は効力を保持し，破産者もそれに拘束される。破産者は破産にともなう種々の拘束（たとえば，147条・190条）から解放され，同意廃止の場合は当然に復権し（366条ノ21第3号），財団不足による廃止の場合は免責の決定を得るか，または復権を申し立てることができる（366条ノ2第1項・366条ノ21第1項1号・367条）。

　（ハ）　債権者の地位　　破産廃止によって破産債権者に対する権利行使の制限（16条）も解除され，したがって，破産債権者は破産者に対する個別的権利行使が可能になる。この際，破産者が異議を述べなかった債権表を債務名義として利用することができる（357条・278条）。

(2) 強制和議

　強制和議とは，破産宣告後，破産的清算を回避するために債務者と債権者が合意して債務処理を行うことをいう（290条以下）。和議によれば，債務者の更生を図ることができ，仮に弁済が長期に及んでも，破産による一時的な配当よりも多くの満足を債権者が得られることがある。そこに強制和議の存在理由がある。

　(a) 強制和議の手続　　(ｲ) 和議の提供　　強制和議手続の開始の申立を和議の提供という。和議の提供ができるのは，破産者に限られる（290条，なお法人につき291条）。

　和議の提供は，条文上いつでも行えるとされているが（290条），強制和議は破産手続内でなされるものであるから，破産申立の時から最後の配当の許可があるまでと解される（303条参照）。また，免責申立後はこれをなしえない（366条ノ2第2項）。

　和議の提供は書面または口頭で（114条），弁済の方法，担保の提供その他和議条件を定めて（294条）行わねばならない。和議条件は，後述のように多数決により少数債権者が拘束されるため，実質上，各債権者に平等なものでなければならず（304条本文），不利益を受ける債権者の同意なければ不平等は許されない（304条但書）。

　　(ﾛ) 提供の審査　　裁判所は，次の場合に，和議の提供を棄却しなければならない（必要的棄却）。①提供者の不適格（291条・292条），②和議条件の欠落（294条），③提供者の所在不明（295条），④詐欺破産の公訴係属中もしくは有罪判決の確定（295条），⑤最後の配当許可後の提供（303条），⑥条件の不平等（304条）などである。また，次の場合，裁判所は，破産管財人および監査委員の意見を聴いて，和議の提供を棄却することができる（裁量的棄却）。①かつて債権者集会で強制和議を否決したことがあるとき（296条1号），②強制和議のためにする債権者集会期日公告後に和議の提供を撤回したことがあるとき（同条2号），③強制和議不認可決定をしたことがあるとき（同条3号），④強制和議取消決定をしたことがあるとき（同条4号）である。申立を棄却しない場合，裁判所は，とくに和議開始決定をする必要はなく，債権者集会の期日を定めて公告するが，期日は公告の日から1カ月以内でなければならない（299条1項）。

なお，裁判所は，関係書類を利害関係人の閲覧に供するため裁判所に備え置かなければならず（298条），また，監査委員がいるときはその意見書を出させて，これも備え置かなければならない（297条・298条）。

　(ハ)　債権者集会　　債権者集会には，関係人が呼出を受けるが（299条2項），和議の提供者（債務者）またはその代理人はそこに出頭して和議の申立をしなければならず（301条1項），これをしないと和議の提供を撤回したものとみなされる（同条3項）。

　申立について議決がなされるが，議決は一般の債権調査の終了前に行うことはできない（303条）。議決権を有するのは，届出をした一般の債権者に限られる。一般の先取特権その他一般の優先権を有する債権者は，強制和議については破産債権者とみなされない（293条）。劣後的破産債権者も議決権をもたない（182条5項）。決議に特別の利害を有する者は議決権をもたない（179条2項）。

　和議を可決するには，出席した債権者の過半数で，かつその債権額が届出債権の総額の四分の三以上にあたる者の同意が必要である（306条1項）。条件付債権については一応額面を債権額とするが，破産管財人または他の債権者から異議があれば，裁判所が定める（306条2項・182条2項）。和議が可決されれば，次に述べる裁判所の認可の手続に進むが，否決された場合は破産手続が続行される（268条）。

　(ニ)　認可　　債権者集会で強制和議が可決されると，裁判所は，その期日または直ちに言い渡す新期日において，強制和議を認めるか否かを決定しなければならない（308条1項）。299条2項所定の債権者集会への呼出を受ける者は認否につき意見を述べることができる（308条2項）。議決権を有しない破産債権者も，破産債権者であることを疎明して，不認可の申立をすることができる（310条2項）。

　次の不認可事由のあるときは，裁判所は認可できない。①強制和議の手続または決議が法規に違反し，その欠缺を追完できないとき（310条1項1号），②295条所定の和議不能事由が和議決議後に生じたとき（同2号），③和議の決議が不正の方法によって成立したとき（同3号），④和議の決議が破産債権者の一般の利益に反するとき（同4号）である。④は弁済率が破産の配当率より著しく低い，据置期間が不当に長いなどである。

不認可事由がなければ，裁判所は認可の決定をする。ただし，破産者が法人の場合は，法人は破産によって解散しているので，まず法人の継続の手続をとり（311条），認可の決定をすることになる（312条）。

強制和議認否の決定は，期日において言い渡し，かつ公告しなければならないが，送達は要しない（318条）。利害関係者は，即時抗告ができ（112条），議決権を有しない債権者も破産債権者であることを疎明すれば不服申立をすることができる（319条）。ただし，和議の決議に加われない債権者は，不認可の決定に対して不服申立ができない（320条）。

認可の決定が確定すると，強制和議がその効力を生じ（321条），裁判所書記官は和議条件を債権表に記載しなければならない（322条）。不認可の決定が確定すれば，破産手続が続行される（268条）。

(b) 強制和議の効力　(イ) 手続上の効力　認可決定が確定すれば，破産的清算を行う必要がなくなる。そこで，破産管財人によって一定の残務処理がなされると（323条），裁判所は破産終結決定をし，これを公告する（324条）。これによって破産手続終了の効果が生じる。

(ロ) 破産者に対する効力　破産者は，破産財団に対する管理処分権を回復するが和議条件に制限があれば，これに従わなければならない（325条）。それに違反すると和議の履行を怠ったものとして，譲歩または和議の取消事由となる（330条・332条）。また，和議の発効により破産者は当然に復権する（366条ノ21第1項2号）。

(ハ) 破産債権者に対する効力　和議は，破産債権者の全員のために，かつ，全員に対してその効力を有し（326条1項），それゆえ，和議の認可決定の確定により従来の破産債権は和議条件に従い変更を受ける。しかし，和議への参加を要求されない一般の優先権ある債権者（293条），別除権者の権利は何らの影響も受けない。

(ニ) 保証人などに対する効力　強制和議は，破産債権者が破産者の保証人，その他破産者とともに債務を負担している者（共同債務者）あるいは物上保証人に対して有する権利に影響を及ぼさない（326条2項）。したがって，たとえば，和議条件の中で破産債権者の権利につき猶予や免除が定められても，破産債権者は保証人などに対して本来の内容に従った権利を行使できる。なお，

保証人などが破産債権者に対して弁済をした結果取得する求償権の範囲については規定を欠くが，求償権も23条2項にいう将来の請求権として破産債権の性格を持つので，和議条件に従った範囲でしか権利行使できないものと解すべきである。法人の破産の場合，法人の債務につき責任を負う社員は，和議条件の限度で責任を負えばよいとされている（327条本文）。右の社員の地位は保証人の地位と類似するが，破産法は両者の扱いを異にした。

(ホ) 執行力　強制和議の認可決定が確定し，裁判所書記官が債権表に和議条件を記載する（322条）と，確定債権を有する破産債権者は，この債権表を債務名義として破産者が債権調査の期日にその債権に対し異議を述べなかった場合に限り，破産者，強制和議のために保証人になった者，その他破産者とともに債務を負担した者および破産債権者のために担保を供した者（物上保証人になった者）に対して強制執行をすることができると規定されている（328条本文）。債権表の記載が債務名義になることは，すでに民事執行法の規定するところである（民執22条7号）から，この規定の意味は，強制執行のために保証人になった者など，破産者以外の者に対しても執行ができるとしている点にある。ただし，保証人は催告の抗弁および検索の抗弁を持つ（328条但書，民452条・453条）。

(c) 強制和議の失効　強制和議は，①譲歩の取消（329条・330条），②和議の取消（332条・333条），③新破産（342条〜344条参照）によって全面的ないし部分的にその効力を失う（331条・334条）。

(4) 破産以外の手続への移行

破産手続は，破産以外の手続に移行することによっても終了する。ただし，破産は全ての場合の最終的な清算手続であるので，移行した手続が失敗に終わるときは破産に戻ってくる可能性がある。

(a) 民事再生法上の再生認可決定確定による終了　破産と民事再生の双方が申し立てられて両手続が競合した場合には，破産的清算より債務者の再生が望ましいとの趣旨から，破産手続は中止することになっている（民再39条なお26条）。そして，再生計画認可決定が確定すれば，競合していた破産手続は不要となり当然に効力を失って終了する（民再184条）。

(b) 会社整理開始命令・会社更生計画認可決定の確定による終了　破産者が

株式会社であるとき，会社整理（商381条）および会社更生（会更31条）を申し立てることができる。会社整理が競合した場合は破産手続は中止され（商383条1項2号），整理開始命令確定の段階で中止していた破産手続は，整理との関係では効力を失い終了する（同条3項）。会社更生の場合はその開始決定により破産手続は中止され（会更67条1項），更生計画認可決定により破産手続は効力を失い終了する。

　(c)　特別清算開始決定による終了　　会社整理に関する規定が準用されて取り扱われる（商433条による同383条の準用）。

第10章 ■ 免責，復権，破産犯罪

1 破産者の債務の免責

(1) 破産免責の意義

　破産手続上配当によっても弁済されなかった破産者の債務につき，破産終結後に裁判によってその責任を免除することを免責という。わが国の破産法は，以前は非免責主義を採っており，破産者は破産終結後も無限責任を負うこととされていた。しかし，無限責任を負わせられることによる種々の弊害が指摘されていた。たとえば，債務者はいったん破産すれば，経済的に更生することは極めて困難になり，債務者自身も更生の意欲を喪失してしまう点，債務者がそのために破産を恐れて，財政状態の悪化を隠蔽することにより更なる悪化を惹起する点，債権者が自己だけの満足を図るために破産申立を脅迫手段として利用する点等である。

　このような弊害の除去を目的として，英米法系の免責主義の導入が唱えられながらも，なかなか，わが法のなかに採用されなかった。その背景には，破産への罪悪視，責任意識の希薄化の招来等が考えられる。しかし，アメリカ法の影響のもと，昭和27年に会社更生法が制定され，株式会社についての更生の手続が強化されたのと併せて，同年に破産法の一部改正により，自然人たる破産者の更生を目的として破産免責の制度が導入された（366条ノ2以下。昭和27年法律173号）。

　しかし，免責制度は，昭和50年代に入るまでは利用されることが少なく，ほとんど機能しない制度といわれてきた（年間2000件台）。その理由として，破産事件の多くが法人事業者を対象としており，免責を問題とする事案でなかった点や，国民意識の問題が指摘されていたが，昭和50年代以降，免責の利用件数が急増した。その背景にはサラ金やクレジットといった消費者金融の急激な

成長に伴い，支払不能に陥る債務者数の急増がある。すなわち，これらの債務者が債務負担を免れ更生するための手段として，自己破産および免責の申立をなすケースが激増し，この傾向は現在も顕著である（平成12年司法統計年報1民事・行政編によれば，平成12年の破産新受事件数145,858件のうち，自己破産は145,207件となっている）。

(2) 破産免責の合憲性

このような免責は，債権者側からみれば何らの代償もなく，債権の一部が切り捨てられることになることから，免責制度自体が憲法上の財産権の保障に関する規定（憲29条）に反するのではないかという点が問題となる。

判例は，「一般破産債権につき破産者の責任を免除することは，債権者に対して不利益な処遇であることは明かであるが，他面……破産者を更生させ，人間に値する生活を営む権利を保障することも必要であり，さらに，もし免責を認めないとすれば，債務者は概して資産状態の悪化を隠し，最悪の事態にまで持ち込む結果となって，却って債権者を害する場合が少くないから，免責は債権者にとっても最悪の事態をさけるゆえんである。これらの点から見て，免責の規定は，公共の福祉のため憲法上許された必要かつ合理的な財産権の制限であると解するを相当とする。」と判示し（最大決昭和36年12月13日民集15巻11号2803頁［新百選85事件］），免責制度の合憲性を認めている。この判例は，一般的に学説の支持も得ている。

(3) 免責手続

免責手続は，破産手続とは別個の手続として構成されており，(a)免責の申立，(b)申立に対する審理，(c)免責の裁判という3段階の手続を経て行われる。

(a) 免責の申立　免責手続は，破産者が破産裁判所に免責の申立をしなければ開始されないが，原則として，破産宣告後，破産手続の解止に至るまで，破産裁判所に対して，いつでも免責の申立てができる（366条ノ2第1項）。同時廃止の場合は，廃止決定確定後1カ月以内はこの申立ができるし（同条項後段），破産者の責めに帰すべからざる事由によってこの期間を徒過した場合には，その追完が認められる（同条6項）。

免責の申立をしたときには，強制和議の提供，同意廃止の申立，再生手続開始の申立はできなくなり（同条2項），逆に強制和議の提供，同意廃止の申立，

再生手続開始の申立がなされると，その棄却決定確定後でなければ免責の申立はできない（同条3項・4項・5項）。それらの制度趣旨と免責を受けることとが両立し難いからである。

　申立は，破産債権者の氏名・住所，破産債権の額・原因等を記載した債権者名簿を提出して，書面または口頭で行う（366条ノ3・366条ノ20・114条）。

　(b)　申立に対する審理　　免責の申立がなされると，裁判所は決定で破産者を審尋する期日を定めて公告し，かつ検察官，破産管財人および免責の効力を受けるべき知れたる破産債権者にこの旨を送達する。審尋期日は債権者集会または債権調査期日と併合することができる（366条ノ4第1項・2項・5項）。

　裁判所は，自ら免責不許可事由の有無につき職権で調査できるが（366条ノ20・110条2項），破産管財人に免責不許可事由の有無を調査させ，破産者の審尋期日に報告させることもできる（366条ノ5）。裁判所は，免責申立に関する書類および破産管財人の調査書類を備え置いて，利害関係人の閲覧に供しなければならない（366条ノ6）。

　審尋期日において，検察官，破産管財人，免責の効力を受けるべき破産債権者は，免責に対して異議を申し立てることができる（366条ノ7　異議は，審尋期日後でも裁判所が決める1カ月以上の期間内に申し立てることもできる）。異議申立がなされた場合，裁判所は破産者および異議申立人の意見を聴取しなければならない（366条ノ8）。

　(c)　免責の裁判　　免責申立に対する裁判には，3種類ある。

　　(イ)　免責不許可決定　　破産者に法定の免責不許可事由がある限り，裁判所は不許可決定をすることができる（366条ノ9）。ただ，通説は，形式的にこの事由が存在しても，その情状や程度によって免責を許可することができると解している。

　　(ロ)　免責許可決定　　免責不許可事由のないときは，免責許可決定をする。免責決定はその確定により効力を生じ（366条ノ11），裁判所はその主文を公告し，債権表があればこれにその旨を記載する（366条ノ14）。

　　(ハ)　却下決定　　破産者が審尋期日・意見聴取のための期日に正当な理由なく欠席したり，出頭しても陳述を拒んだときは，裁判所は免責申立を却下することができる。この場合，破産者は同一の破産について，再度免責の申立を

することはできない (366条ノ10)。

(イ), (ロ), (ハ)の裁判について, 利害関係人は即時抗告することができる (366条ノ20・112条)。

（4） 免責不許可事由

破産者に次の法定 (366条ノ9) の不誠実な行為があったときは, 裁判所は免責不許可の決定をすることができる。

① 詐欺破産罪 (374条), 過怠破産罪 (375条), 監守違反罪 (377条), 説明義務違反罪 (382条) に該当する行為が認められる場合 (同条第1号)。

射倖行為による過大債務の負担が直接原因ではなく, 遠因にすぎない場合は不許可事由に該当しない (東京高決昭和60年11月28日判タ595号91頁：債務負担の多くがギャンブルにある場合に不許可事由を肯定したものとして仙台高決平成4年5月7日判タ806号218頁)。また,「浪費」を認定しながらも, 債務負担の原因等の諸事情を考慮して裁量により免責を許可したものとして, 東京高決平成8年2月7日判時1563号114頁, 福岡高決平成9年8月22日判時1619号83頁がある。

② 詐術による信用取引による財産取得。

破産宣告前1年内に破産原因があるのに, 破産者がその事実はないと相手方に信じさせるために詐術を用いた場合 (同条第2号)。破産者が支払不能でないと債権者に誤信させるために積極的行為をなした場合は, 詐術を用いたといえるが, 支払不能等の破産原因事実を黙秘したような場合は, 詐術には該当しない (大阪高決平成2年6月11日判時1370号70頁)。

③ 虚偽の債権者名簿提出・財産状態に関する虚偽の陳述 (同条3号)。

破産宣告当時債務者が退職金債権を有し, 破産宣告後にそれを受け取っていたにもかかわらず, 破産者がその退職金債権を破産財団に属する財産として裁判所に届け出なかった場合は, 免責不許可事由に該当する (福岡高決昭和37年10月25日下民集13巻10号2153頁)。しかし, この問題につき, 破産者がその点につき適切な判断ができたか否か等を考慮すべきとし, 裁判所に届け出なかったことのみで免責不許可とすることに対し, 反対意見も多い。

④ 同一破産者による免責申立前10年内に免責を受けた事実がある場合 (同条4号)。

⑤ 破産法上の義務違反がある場合（同条5号）。

この場合，債務者の不誠実性があるか否かが考慮される。147条の居住制限や153条の説明義務に違反しているにもかかわらず，破産者の免責を認めたものとして，福岡高決昭和62年2月16日判時1249号69頁〔新百選88②事件〕。

(5) 免責の効果

(a) 破産債権者に対する効力　　免責許可決定が確定すると，破産者は，破産手続による配当を除き，破産債権者に対する債務の全部についてその責任を免れる（366条ノ12本文）。免責により債務は自然債務となるとする多数説に対し，債務そのものが消滅するとの説も有力である。

この原則に対して，種々の制策的理由から，一定の債権について免責の効果が及ばない場合がある。これらの債権を非免責債権という。非免責債権には，次のものがある（366条ノ12但書および各号）。

① 租税債権（1号）　　国庫収入確保を図るという制策的事由による。破産者に対する租税債権のなかで，国税債権は財団債権とされているので（47条2号），免責の対象外である。そこで，本号にいう租税債権とは，関税，とん税，登録免許税等の破産債権としての性質をもつものに限定される。

② 破産者が悪意をもって加えた不法行為にもとづく損害賠償債権（2号）
　　人格的道義的責任を理由とする。「悪意」の概念につき積極的な害意を指すものと解されているが，近時，故意で十分とする説もある。

③ 雇人の給料債権のうち，一般の先取特権を有する部分（3号）　　勤労者保護の社会政策的理由による。

④ 雇人の預り金および身元保証金の返還請求権（4号）　　3号と同様の理由による。

⑤ 破産者が知って債権者名簿に記載しなかった請求権で，債権者も破産宣告があったことを知らなかった場合（5号）

⑥ 罰金，科料，刑事訴訟費用，追徴金および過料（6号）　　人格的道義的責任を理由とする。これらの債権は，他の破産債権者との関係では劣後的破産債権とされるが（46条4号），破産者との関係では非免責債権とされる。

(b) 保証人等に対する効力　　破産債権者が，破産者の保証人その他破産者とともに債務を負担する者に対して有する権利および破産債権者のために供し

た担保に影響を及ぼさない（366条ノ13）。

（c）　破産者の身上の制限に対する効力　免責決定が確定すると，復権の裁判を要しないで破産者は当然に復権し（366条ノ21第1項1号），破産宣告により受けていた身分上の公私の権利・資格の制限を免れることとなる。

（6）　免責の取消

いったん免責の効果が生じた後でも，①詐欺破産罪につき破産者の有罪判決が確定したとき，②破産者が不正な方法によって免責を得た場合は，裁判所は免責取消の決定をすることができる（366条ノ15）。

免責取消の決定をする前に，裁判所は破産者と申立人の意見を聴かなければならない（366条ノ16）。免責取消の決定は確定によりその効力を生じる（366条ノ17。公告・債権表への記載につき366条ノ19）。

免責取消決定が確定すると，免責の効力を受けた破産債権者の権利はすべて免責前の状態にもどり，破産者の責任は復活する。免責後その取消までの間に生じた原因にもとづいて債権を取得した新債権者は，新たな破産原因にもとづいて破産手続が開始されたときは，他の債権者に優先して弁済を受けることができる（366条ノ18）。免責を信頼して新たに取引をした債権者を保護する必要があるからである。

免責による復権は，免責取消決定の確定により，将来に向かってその効力を失う（366条ノ21第2項）。

2　復　　　権

破産者が，破産宣告にもとづいて受ける公私の権利・資格の制限を解き，その法的地位を回復させることを復権という。破産法自体は，懲戒主義を採っていないが，他の法令には種々の制限が置かれており（弁護士法6条5号，商85条4号・147条・254条3項等），これらの制限から破産者を回復するために，復権の規定を置く。

（1）　当然復権

破産者は，次の場合には復権の申立および裁判を要しないで，法律上当然に復権する（366条ノ21第1項各号）。

① 免責決定が確定したとき（同条1号）。
② 強制和議認可決定が確定したとき（同条2号）。
③ 同意破産廃止決定が確定したとき（同条3号）。
④ 再生計画認可決定が確定したとき（同条4号）。
⑤ 破産宣告後，詐欺破産罪につき有罪の確定判決を受けることなく10年を経過したとき（同条5号）。

(2) 申立による復権

法律上当然に復権しない破産者は，弁済その他の方法（免除・相殺・消滅時効等）により，破産債権者に対する全債務につき責任を免れた場合には，破産裁判所に復権を申し立て，その復権の決定により復権することができる（367条1項）。申立にあたり，破産者は責任を免れたことを証する書面を提出しなければならない（同条2項）。申立は公告され，裁判所は，申立の関係書類を閲覧に供するため備え置かなければならない（369条）。破産債権者は，公告の日から3カ月内に異議を申し立てることができる（370条なお371条）。

裁判所は，この期間内に異議申立がないか，異議申立が理由のないときは，復権許可の決定をする。異議申立を理由ありと認めるときは，復権申立棄却の決定をする。これらの決定に対して利害関係人は，即時抗告ができる（373条・112条）。復権の決定が確定したときは（368条），裁判所はその主文を公告しなければならない（372条）。

3 破 産 犯 罪

破産法は，破産に関する一定の犯罪類型とその刑罰を規定している（374条以下）。債務者その他の関係人の不正に破産財団を減少させる行為や，破産手続の適正迅速な実施を妨げる行為を禁圧して，破産制度の目的を十分に達成することを目的とする。これらの規定は，本来，刑事法に属するが，破産制度と密接に関連することから破産法中に規定されているのである。したがって，破産犯罪には，破産法の刑罰規定の他，刑法総則の規定が適用される（刑8条）。ただし，破産法には，自首による刑の減軽・免除につき，若干の特則がある（381条2項・382条2項）。破産法は，破産犯罪につき実体規定を定めるのみで，

その審理・裁判は刑事訴訟法の定める手続により，刑事裁判所で行われる。破産手続を行う破産裁判所の管轄に属する事件ではない。

（1） 破産犯罪の種類

（a） **詐欺破産罪（374条・376条）** 債務者およびこれに準ずる者（法定代理人，理事，支配人など。376条）が，破産宣告の前後を問わず，自己または他人の利益を図り，または債権者を害する目的で次に列挙する行為をし，破産宣告が確定したときは，詐欺破産罪として10年以下の懲役に処せられる。本罪は目的罪であり，後述の過怠破産罪とは異なる。破産者などの行為と破産宣告との間には，因果関係があることを必要としないが，少なくとも事実上の牽連関係がなければならない。（最決昭和44年10月31日判時576号92頁，東京地判平成8年10月29日判時1597号153頁）。なお，強制和議の取消は破産宣告とみなされる（379条）。

① 破産財団に属する財産を隠匿，毀棄または債権者の不利益に処分すること（374条1号）。

この「不利益処分」の意義について，債務の弁済や代物弁済がこれに該当するのかが問題である。判例は，当初，支払を停止した債務者が特定債権者に代物弁済すれば，一般債権者との関係で不公平となり不利益処分にあたるとしたが（大判昭和10年3月13日刑集14巻223頁），近時の最高裁は，「不利益処分」とは，法外な廉売や贈与のように債権者全体に絶対的な不利益を及ぼす行為をさし，「単に債権者間の公平を破るにすぎない行為はこれにあたらない」とし，代物弁済等も，その給付物が債務と著しく権衡を失する高価なものであるような特別の事情のない限り，これに該当しないとする（最大判昭和45年7月1日刑集24巻7号399頁）。

② 破産財団の負担を虚偽に増加すること（同条2号）。

③ 法律の規定により作るべき商業帳簿の不作成・不記載・不正記載または隠匿もしくは毀棄すること（同条3号）。

④ 閉鎖帳簿を変更・隠匿・毀棄すること（同条4号）。

（b） **過怠破産罪（375条・376条）** 債務者およびこれに準ずる者が，破産宣告の前後を問わず，次に列挙する行為を行い，それとの関連で破産宣告が確定したときは，5年以下の懲役または30万円以下の罰金に処せられる。

① 浪費，賭博その他の射倖行為をすることによって，著しく財産を減少しまたは過大の債務を負担すること（375条1号）。

② 破産宣告を遅延させる目的で，著しく不利な条件で債務を負担し，または商品取引により商品を買い入れて，著しく不利な条件でこれを処分すること（同条2号）。

③ 破産原因となる事実のあることを知りながら，特定の債権者に特別の利益を与える目的でなした担保供与または債務消滅行為であって，債務者の義務に属さないもの，またはその方法もしくは時期が債務者の義務に属さないもの（同条3号）。

④ 法律の規定により作るべき商業帳簿の不作成・不記載・不正記載または隠匿もしくは毀棄すること（同条4号）。

⑤ 閉鎖帳簿を変更・隠匿・毀棄すること（同条5号）

(c) 第三者の詐欺破産罪（378条）　債務者およびこれに準ずる者以外の第三者が，詐欺破産罪（374条）にあたる行為をし，または自己もしくは他人を利する目的で破産債権者として虚偽の権利を行使し，破産宣告が確定したときは，10年以下の懲役に処せられる。

(d) 破産収賄罪（380条）　破産管財人や監査委員がその職務に関して賄賂を収受しまたはこれを要求もしくは約束したときは，3年以下の懲役または20万円以下の罰金に処せられる。破産債権者やその代理人等が債権者集会の決議に関して，前述の行為をしたときも同様である。収受した賄賂は没収され，またはその価額が追徴される。

(e) 破産贈賄罪（381条）　破産管財人，監査委員，破産債権者等に賄賂を交付，提供または約束した者は，3年以下の懲役または20万円以下の罰金に処せられる。ただし，自首したときは，刑の減軽または免除がある。

(f) 監守違反・居住制限違反罪（377条）　監守を命じられた者（149条・152条・154条）が逃走し，または裁判所の許可を得ないで同居者以外の外部の者と面接もしくは通信したときは，1年以下の懲役または5万円以下の罰金に処せられる。破産者が裁判所の許可を得ないで居住地を離れたとき（147条・152条）も同様である。

(g) 説明義務違反罪（382条）　153条によって説明義務がある者が，正当

な理由なく説明をせず，または虚偽の説明をしたときは，1年以下の懲役または5万円以下の罰金に処せられる。この罪を犯した者が，破産裁判所にその事実を申し出たときは，刑の減軽または免除がある。

第3編

民事再生法
（個人再生手続を除く）

第1章 ■ 民事再生法の制定の経緯

1　従来の日本の倒産法制

　わが国の法的倒産処理手続には，破産，和議，会社更生，会社整理および特別清算の5つが存在していた。これらのうち，破産法および和議法は大正11年に制定され，会社更生法は昭和27年に制定されたものである。また会社整理および特別清算は，昭和13年の商法改正の際に商法典中に規定されたものである。これらの倒産法制は，昭和27年の破産法，42年の会社更生法の改正以来本格的見直しはなされていなかった。他方で，いわゆるバブル経済が崩壊した平成3年以降，長期化する景気の停滞状況の下で中小企業の倒産が激増し，法的倒産処理手続の利用は増加の一途をたどった。こうした状況の下で，倒産法制全体について全面的な見直しの必要性がかねてから唱えられていた。

2　倒産法改正作業

　法務省は，平成8年10月に倒産法制全体について，統一的な見直しを前提に改正作業を開始した。改正作業の開始にあたっては，おおむね5年を目途に結論に到達する予定であった。しかし，この間深刻な経済不況の下で，さらに中小企業の倒産が相次いだ。ところがそのような状況であるにもかかわらず，中小企業の法的再建手続である和議手続と会社整理手続は効果的に機能していなかった。そのため，中小企業向けの再建型の倒産法制の創設が急務となり，他の倒産法制とは切り離して，とくに中小企業等に利用しやすい再建型倒産処理手続の整備を前倒しで図ることとした。これによって民事再生法は，平成11年12月14日成立し，翌12年4月1日から施行された。この法律は，種々の制度上の問題点が指摘されていた旧和議法に代わって，主として中小企業や個人事業

者を念頭に置いた強力な再建型倒産処理手続であるとともに，利用しやすい手続の創設を目的に制定され，再建型倒産処理手続の基本法として位置づけられている。

第2章 ■ 従来の和議手続の問題点は

1 和議手続の問題点

　民事再生法制定前の倒産法制の下では，経済的に窮境に陥り，法的倒産処理手続によって再建を実現しようとする中小企業等は，旧和議法上の和議手続によっているのが実状であった。和議手続は，あらゆる法人および個人が利用可能であること，和議手続開始の後も従前の経営者が事業の経営を継続し得ること，裁判所の強力な関与のない自主的な倒産処理手続という点から，運用次第では迅速な処理が実現できる等，中小企業にとっては利用しやすい側面も有していた。しかし他方で，和議手続には，以下のような問題点があり，必ずしも有効に機能しているとはいえない状態であった。

[従来の和議手続の問題点]
　① 和議の開始原因　　本来，和議手続は再建を目指す手続である。ところが，和議申立の要件として，破産原因のあることが必要とされていた（旧和議法12条1項）。そのため，事実上，倒産直前のもはや再建が困難な状況に陥ってからでないと和議の申立ができず，和議手続開始の時期が遅きに失するという事態が生じていた。

　② 和議条件の提示の時期　　従来の和議手続では，和議申立を行った債務者の側が，将来の債務弁済計画を内容とする和議条件を，申立と同時に提供しなければならなかった（旧和議法13条1項）。このため和議を申立てようとする債務者は，将来の収益力や取引先等の利害関係人の動向を精査する以前の，倒産に瀕した混乱時に，履行の可能性の低い和議条件を希望的に提示してしまうという傾向があった。そのため実務上は，和議手続開始後に，手続の当初提示された和議条件の変更を行う場合が極めて多かった。

　③ 保全処分の濫用的取得　　和議手続は，たとえば，債務者が和議の申立

と同時に弁済禁止の保全処分を得て、下請等の連鎖倒産を招きながら、自らは手形の不渡処分等を免れつつ、事件の処理を引き延ばしたうえ経済的危機を免れ、その後になって和議の申立自体を取り下げるということがなされていた。このような事態を実務上、「保全処分の喰い逃げ」などと呼んでいた。このように和議手続が濫用され、その信用性も希薄化していた。

④ 担保権者に対する制約の不存在　和議手続では、担保権者の権利行使に対する制約が存在していなかった。そのため担保権者は、和議手続とは無関係に担保権を実行することが可能であった。その結果、事業継続に不可欠な不動産の取扱いなどが担保権者の意向によって左右されてしまい、事業継続が担保権者の意思に委ねられるなどして再建計画が不安定とならざるを得ない側面があった。そこで実務上は、和議申立を行った側は、個別に担保権者と折衝して、担保権実行を猶予する内容の協定を締結して対応せざるを得なかった。担保権者がこれに応じない場合には、担保権の実行により、事業継続に不可欠な財産が散逸し、結局再建計画が頓挫してしまう事態も生じていた。こういった担保権の取扱いの点で、和議手続には再建型手続としての限界が存在していた。

⑤ 和議条件の履行の確保の手段の不存在　和議手続では、和議が成立すると手続は終結し、和議条件の履行を監督する者が存在せず、履行確保のための効果的な手段も用意されていなかった。そのためいったん和議手続が終結しても、成立した和議条件どおりの履行が完結しない場合もあった。さらに、そのような無責任な債務者に対して対抗する手段が旧和議法上極めて乏しかった。

⑥ 厳格な可決要件　和議の成立のためには、債権者集会で出席債権者の過半数で、議決権総額の4分の3以上の同意（旧和議法49条1項、破産法306条1項）という厳しい決議要件が定められていた。そのため和議を申立てた債務者は、これを確保するため、いきおい債権者の同意を得やすい和議条件を提示して、とりあえず同意を取り付けようとする傾向があった。こういった状況が和議条件の履行を困難とする一因となっていた。

2　再生手続の制度

以上のような問題点から、和議手続は信頼に値しないとの評価もあった。そ

こでこうした和議の問題点を補ったうえで，中小企業等を念頭においた，しかも国民に利用しやすい再建型倒産処理手続を創設するものとして制定されたのが民事再生法である。民事再生法の特色を理解するためには，従来の和議手続の欠点を，民事再生法がどのように補っているかという視点を持つことが重要である。

第3章 ■ 再生手続の概要と4類型

1 再生手続の概要

再生手続の基本的流れは次のとおりである。

（1） 申立および保全処分

まず，窮境にある債務者が再生手続開始の申立を行い，これを受けた裁判所が再生手続開始原因（民事再生法21条：以下条文のみ）および申立棄却事由（25条）の有無を審理する。この間，開始決定までに時間的間隔があることから，債務者の財産を保全するため各種保全処分を行うことができる（26条ないし31条および79条）。

（2） 開始決定と再生債務者の地位

裁判所が再生手続開始決定をする（33条）と再生手続が開始される。民事再生法は，開始決定後も再生債務者の業務遂行権や財産の管理処分権には影響を及ぼさないとした（38条）。これに対して，開始決定後は再生債権者は，個別的権利行使が禁止され，再生計画によらなければ弁済等を受けることができなくなる。裁判所は，再生事件の性質上必要がある場合には，再生債務者を監督する監督委員を選任したり（54条），例外的に管財人を選任することもできる（64条）。

（3） 再生計画の立案

再生手続開始決定後は，再生債権の届出・調査・確定の手続が進められる（94条ないし113条）。これによって再生債務者のマイナスの財産（負債）を確定する。他方で，再生債務者の財産状況の調査を行い，否認権（127条）の行使等によって，その確保を図る。これによって再生債務者のプラスの財産（資産）を明らかにするのである。これらの手続を進めながら，再生債務者等（管財人が選任されていない場合にあっては再生債務者を意味し，管財人が選任さ

れている場合には管財人を指す。2条2号）は，再生計画を立案し，債権届出期間満了後の裁判所の定める期間内に再生計画案を裁判所に提出する（163条）。

（4） 債権者集会および再生計画の認可

再生債務者等によって裁判所に提出された再生計画案は，債権者集会における決議（171条）か書面による決議（172条）に付され，法定多数の同意を得て可決され，違法な点等の問題がなければ裁判所によって認可決定がなされる（174条）。再生計画の認可が確定すると再生計画に定めのある再生債権については，その定めのとおり権利変更の効力が生じる（179条1項）。

（5） 再生計画認可後の手続

再生計画が認可されると再生債務者等は，速やかにこれを遂行しなければならない（186条1項）。再生手続は，監督委員が選任されている場合は，再生計画認可確定から再生計画が遂行されたときまたは3年を経過するまで，管財人が選任されている場合は，計画が遂行されたときまたは遂行されることが確実であると認められるときまで継続し，その後再生手続の終結決定がなされる（188条）。

2 再生手続の4類型

民事再生法は，DIP型を原則として，監督型，管理型，簡易型の4種類の手続が用意されている。これらの各類型は，民事再生手続を申し立てた事案に，もっともふさわしい手続を弾力的に選択しうる余地を認めている。

（1） DIP（Debtor In Possession）型

DIPとは，「占有する債務者」を意味する。この類型は，再生債務者が再生手続開始後も従前どおり事業および財産について管理処分権を維持しつつ経営を継続するタイプである。ここでは再生債務者自身によって再生手続が遂行され，再生債務者は再生手続開始決定後も引き続き業務遂行権や財産管理処分権を有することになる（38条1項）。この方法が再生手続における基本型であり，同じく再建型の倒産処理手続でありながら手続開始前の経営者の交替が余儀なくされる会社更生手続と大きく異なる点である。このように，原則として債務者自身によって再生手続が遂行されることを認めたのは，民事再生法が主に対

象とする中小企業では，だれが代表者であるか等の人的要素が重視されることが多く，事業や利害関係人にもっとも精通している従前の経営者が利害関係人との人的関係を生かしつつ再生計画を立案・遂行し，事業の再生を実現することが有益だからである。

　再生債務者自身の再生手続への関与について具体的に検討すると，まず再生債務者は，債権届出期間内に届け出られた再生債権について，一般調査期日前の裁判所の定める期限までに，その内容および議決権について認否を記載した認否書を作成して，裁判所に提出する（101条）。届出再生債権者は，一般調査期間内に，他の届出債権の内容および議決権，ならびに再生債務者等が認否書に記載した再生債権の内容について，書面で異議を述べることができる（102条1項）。この認否書と，再生債権者および再生債務者（管財人が選任されている場合に限る）の書面による異議をもとに，再生債権の調査が行われる（100条）。再生債権の調査が確定した場合は，裁判所書記官が再生債権表に記載することにより，再生債権者全員に対して確定判決と同一の効力を持つことになる（104条3項）。その他，再生債務者は，再生手続開始後遅滞なく，再生債務者に属する一切の財産について再生手続開始時における価額の評定を行い，再生手続開始時における財産目録および貸借対照表を作成し，これらを裁判所に提出しなければならない（124条1項・2項）。さらに再生債務者は，財産状況の報告書を裁判所に提出し（125条），再生計画案を作成して裁判所に提出する（163条）。この再生計画案は，債権者集会における決議に付され（171条1項），可決されて裁判所の認可決定を受けると（174条），確定判決と同一の効力を有する（180条2項）。このようにDIP型では，手続の多くの場面で再生債務者がその中心となる。再生手続においては，再生債務者は，その円滑な進行に努めなければならず（規則1条1項），再生債務者の活動は，できる限り尊重されなければならないとされている（同3項）。もっとも，再生債務者が，再生手続開始後も業務を遂行し，財産を管理し，もしくは処分する権利を有するとしても，自己の利益のみを追求することは許されず，債権者に対して公平かつ誠実にこれらの権利を行使し，再生手続を追行する公平誠実義務を負担する点に注意すべきである（38条2項）。

（2）監督型

次に，再生手続において監督委員が選任される類型がある。これは，一般に後見型とか監督型と呼ばれているタイプである。再生手続開始の申立があった場合で，必要があるときは，裁判所は監督委員の監督を命ずる処分（監督命令）を発令して監督委員を選任することができる（54条1項）。監督委員が選任された場合，裁判所は，監督委員の同意を得なければ再生債務者がすることができない行為を指定しなければならない（同2項）。再生手続では，原則として再生債務者自身による業務等の遂行がなされるため，監督委員を通して再生債務者の業務の遂行と財産の管理を監督することを目的として，その選任が認められている。実務では，再生手続のほとんどの案件について原則として監督委員を選任して，再生債務者の主体性を維持しつつ，裁判所が監督委員を通じて後見的に監督するという運用が図られている。

監督委員は，再生債務者に対し業務および財産の状況について報告を求め，再生債務者の帳簿，書類その他の物件を検査することができる（59条）。さらに，監督委員は，特定の行為につき裁判所から否認権限を付与される（56条1項）。否認権の行使により，逸出した再生債務者の財産は原状に復される（132条1項）。また監督委員は，再生計画認可決定確定後の再生計画の遂行の場面でも，その履行を確保するため，再生債務者の再生計画の遂行を監督する（186条2項）。この監督は，再生計画が遂行された場合を除き，再生計画認可決定確定後3年間は継続することとされている（188条2項）。これは，従来の和議手続では和議条件の履行の確保が図られていなかったことから，民事再生法において工夫された点である。

（3）管理型

再生手続では，再生債務者が従前の業務および財産に対する管理処分権を失わないDIP型が原則である。しかし，たとえば，再生債務者の財産の管理処分が失当であるときなど，再生債務者の事業の再生のためにとくに必要があると認められるときは，裁判所は再生債務者に代わって業務および財産に関し，管財人による管理を命ずる処分（管理命令）をすることができる（64条1項）。この管理命令によって，再生債務者の業務の遂行ならびに財産の管理および処分をする権利は，管財人に専属し（66条），再生債務者は財産の処分等を行う

ことができなくなる（76条1項）。また再生手続開始前の段階で，再生債務者の財産管理が失当であるとき，その他，再生債務者の事業の継続のために特に必要があると認められるときは，保全管理人による管理を命ずる処分（保全管理命令）をすることができる（79条1項）。このような管理型は，再生債務者の財産処分に不正が認められるなどして，原則形態であるDIP型では再生の実現が困難である場合を想定している。管理型の再生手続がとられると，従来の会社更生手続とほぼ同様に，管財人による強力な管理によって再生の実現が図られることになる。

（4） 簡 易 型

簡易型とは，再生手続中の簡易再生手続と同意再生手続を意味する。これらは，いずれも省略できる手続を省略して，迅速な手続の終結を目指した簡易な再生手続として位置づけられる。民事再生法は，再生手続において債権の調査および確定の手続を経ない簡略な手続を選択的に導入できることとしたのである。再生債権の調査および確定の手続を経ると，債権者の異議の申述のための期間や異議について審理するための期間が必要となる。しかし，事件によっては，すでに大多数の債権者が再建に同意していたり，小規模で債権者の数も少ない等の事情から，債権調査の手続等を省略することによって，簡易かつ迅速な手続を実現する要請が高いものもある。この要請に応えた制度が簡易再生手続および同意再生手続である。

① 簡易再生手続　簡易再生手続とは，再生債権の調査および確定の手続を経ずに，再生計画案について債権者集会の決議をする手続をいう。届出再生債権者の総債権額の5分の3以上に当たる債権を有する届出債権者が，書面により，再生債務者等が提出した再生計画案について同意し，かつ再生債権の調査および確定の手続を経ないことについて同意している場合限り行うことができる（211条1項）。

② 同意再生手続　同意再生手続とは，再生債権の調査および確定の手続ならびに再生計画案の決議を経ないで再生計画を認可する手続をいう（217条1項）。簡易再生手続と異なるのは，省略できる対象が「再生債権の調査および確定の手続」のみならず，「再生計画案の決議」も含む点である。そのため，同意再生手続をすることができるのは，すべての届出債権者が書面によって，

再生債務者等が提出した再生計画案について同意し，かつ再生債権の調査および確定の手続を経ないことについて同意している場合に限る（217条1項）。

　以上のように，簡易再生手続や同意再生手続では，再生債権の調査と確定の手続が省略されることから，届出債権について確定力や執行力が発生しないことになる（216条および220条による適用除外）。

第4章 ■ 申立から手続開始まで

再生手続は，債務者に申立原因がある場合で，申立権者による適法な申立があり，かつ，申立の棄却事由が存在しないときに開始される。

1 再生手続開始の申立

(1) 申立書の必要的記載事項
再生手続の申立は，原則として書面でしなければならない（民事再生規則2条1項：以下規則）。必要的記載事項は，次のとおりである（規則12条1項各号）。
① 申立人の氏名または名称および住所ならびに法定代理人の氏名および住所
② 再生債務者の氏名または名称および住所ならびに法定代理人の氏名および住所
③ 申立ての趣旨
④ 再生手続開始の原因たる事実
⑤ 再生計画案の作成の方針についての申立人の意見

⑤の申立人の意見については，できる限り，予想される再生債権者の権利の変更の内容および利害関係人の協力の見込みを明らかにして記載することが要求されている（同条2項）。

(2) 申立権者
再生手続開始の申立権者は次のとおりである。
(a) 債務者（民事再生法21条1項：以下条文のみ）　「経済的に窮境にある債務者」（1条）が申し立てることができる。全ての法人，自然人を含み，事業者であるか非事業者であるかを問わず，外国人または外国法人も含む（3条）。会社の場合は，取締役会決議に基づき代表取締役が申し立てることとなるが，取締役等の全員一致は必要でない。この点，従来の和議手続では，法人の申立

には，理事や取締役全員の一致を要求していた（旧和議法12条1項但書）。この理由は，役員の間に意見の不一致があるような場合には，会社の再建を実現することが困難であり，また和議条件の円滑な履行が望めないという点にあった。しかし，これでは全員の意見が一致しない場合には，中小企業向け再建型法的倒産処理手続の典型である和議手続を経て再建することができない結果となってしまい適当でない。むしろ，たとえ役員の一部に反対意見があろうとも，法人の再建にとって再生手続が必要であれば申立を認めることが望ましい。そこで，民事再生法では，取締役会決議など，法人における通常の意思決定手続により決定されれば申立を認めることとした。

また，破産の申立など，他の手続の申立を義務付けられている法人の理事またはこれに準ずる者が，他の手続によることなく再生手続を申し立てることも認められている（22条）。

(b) 債権者　ここに債権者とは，再生債務者に対して債権を有するすべての債権者をいう。債務者に「破産原因たる事実の生ずるおそれがある」場合（21条1項前段に該当する場合）には，債権者も再生手続開始の申立をすることができる（同条2項）。債権者が申し立てる場合には，たとえば，会社更生手続（会更30条2項）や会社整理手続（商381条1項）では「資本の10分の1以上に当たる債権を有する債権者」といった限定がある。これに対して，再生手続ではこのような債権額による要件はない。ただし，開始原因たる事実の他に債権の存在をも疎明しなければならない（23条2項）。これは，再生手続開始の申立の濫用を防止する趣旨である。この疎明の存在は，申立の適法要件であるから，疎明がない場合には申立は不適法として却下されることになる。

(3) 申立原因

再生手続開始の申立には，次の原因が必要である。

(a)「債務者に破産の原因たる事実の生ずるおそれがあるとき」（21条1項前段）　従来の和議手続は破産原因の存在を申立の原因としていた（旧和議法12条1項）。しかし，これでは再建のためには遅きに失するという反省から，再生手続では，会社更生手続（会更30条1項後段）と同様に，手続開始原因を緩和し，債務者が経済的に窮境にあれば，破産原因それ自体に該当する事実がなくても，これが発生する「おそれ」があれば手続を開始することができるとした。

破産の原因としては，支払不能（支払停止により推定される），法人の場合は債務超過が認められている（破産法126条・127条）。支払不能とは，債務者が弁済能力を欠くために，即時に弁済すべき債務を一般的かつ継続的に弁済することができない状態をいう。また，支払停止とは，支払不能である旨を表示する債務者の行為をいい，支払停止により支払不能が推定される（破産法126条2項）。また債務超過とは，負債の評価額の合計が資産の評価額の合計を上回る状態をいう。

(b)「事業の継続に著しい支障を来すことなく弁済期にある債務を弁済することができないとき」(21条1項後段)　これは，債務を弁済し，あるいはそのために資金を調達しようとすれば，事業の継続に著しい支障を生ずる場合を意味する。たとえば，弁済資金の調達のために事業の継続に不可欠な工場を売却せざるを得ない場合のように，弁済資金の調達は可能であっても，事業の継続自体に著しい支障を生ずるような場合がこれにあたる。会社更生法（会更30条1項前段）と同様に，再建のための時機を失することなく，早期の再生手続開始申立を促す趣旨である。

(a)の開始原因が事業者・非事業者を問わず認められるものであるのに対して，(b)の開始原因は事業者である債務者についてのみ認められる。また(a)の開始原因の場合には，申立権者は，債権者および債務者であるが，(b)の場合は，債務者のみとなる。

（4）　申立の棄却事由

裁判所は，以下のいずれかに該当する場合には，再生手続開始の申立てを棄却しなければならない（25条）。

(a)　費用の予納がないとき（同条1号）　申立人は，再生手続の申立をするにあたり，裁判所の定める金額を予納しなければならない。予納金は，実務上，負債総額に応じてその額が定められている。

(b)　すでに係属している他の手続の方が適切なとき（同条2号）　再生手続は，破産手続，整理手続，特別清算手続よりも優先するから，すでにこれらの手続が係属していても申し立てることができる（39条1項）。しかし，裁判所に破産手続，整理手続または特別清算手続が係属し，すでに係属しているこれらの手続による方が債権者の一般の利益に適合するときは，当該手続をその

まま進める方が債権者にとって有利であるから，再生手続の申立は棄却される。同様の規定が，会社更生法にも存在している（会更38条4号）。ここにいう「その手続によることが債権者の一般の利益に適合するとき」とは，たとえば，すでに開始されている手続の方が，債権者にとって多くの配当が期待できる場合や，当該手続がすでに相当程度進行しており，これから再生手続を開始するとかえって長期間を要してしまう場合などである。

　なお，会社更生手続は，再生手続を含むすべての法的倒産処理手続に優先する。そのため，すでに会社更生手続が開始されている場合には，再生手続の申立は許されないことになる（会更67条1項参照）。

　(c)　再生計画案の作成，可決，または認可の見込みがないことが明らかな場合（同条3号）　再生計画案の作成，可決，再生計画の認可のいずれか1つでも見込みがないことが明らかな場合は，再生手続開始の申立は棄却される。この要件は，会社更生法38条5号に対応するものである。会社更生法では，「更生の見込みがないとき」を棄却事由としている。しかし，「更生の見込み」の有無の判断は，諸々の要因を踏まえた実体的な判断である。そのため，この判断を行うに際しては慎重とならざるを得ず，かえって手続開始が遅延してしまうという指摘がある。そこで，再生手続では，再生計画案の作成もしくは可決の見込みまたは再生計画の認可の見込みがあるか否かという手続的事項を判断の対象としたうえで，その「見込みがないことが明らかである」場合を棄却事由とすることで，会社更生手続に比べて要件を緩和している。これによって，開始原因の判断が必要以上に慎重にならずに再生手続を開始できるようにする趣旨である。具体的には，再生手続を開始したとしても事業の収益力が極めて乏しいため再生債権の弁済ができず，再生計画を定めることができない場合や，再生計画案の弁済額が極めて僅少であるために再生債権者の同意が得られる見込みがない場合などの事情があれば，棄却事由が認められると考えられる。

　(d)　申立が誠実になされたものでないとき（同条4号）　不当な目的で再生手続開始の申立がなされた場合など，申立が誠実になされたものでない場合には，裁判所は，再生手続開始の申立を棄却しなければならない。たとえば，一時的な資金繰りの破綻を免れる目的で再生手続開始の申立を行い，弁済禁止の保全処分等を取得して資金繰りがつけば申立を取り下げることが明らかに

なった場合や大量の材料等を仕入れた後，これを売却して直ちに再生手続の申立を行ったような，いわゆる取り込み詐欺的な場合がこれに該当する。

2 管　　　轄

民事再生法は，効率的な再生手続開始申立ができるように，管轄について新たな規定を導入した。具体的には，親子会社に関する管轄の規定（5条3項），法人とその代表者に関する管轄の規定（同条4項）および裁量移送に関する規定（7条）である。そこで以下では，これらの特色をふまえて，民事再生法上の管轄の定めについて検討する。

(1) 専属管轄

再生事件について法が定める裁判所の管轄は，すべて専属管轄である（6条）。これは，再生手続が多数の利害関係人が関与する集団的手続であることから，個別の事情を考慮した合意管轄等を認めることによって，集団的処理の便宜が妨げられることを回避しようとした趣旨である。再生裁判所は，職権で専属管轄の有無を調査して（8条2項），管轄違いの場合は，管轄裁判所に移送することになる（19条による民事訴訟法16条の準用）。

(2) 職分管轄

再生手続は，すべての事件について地方裁判所に管轄権がある。これは再生事件の負債の額，再生債務者が非事業者であるか事業者であるか，自然人であるか法人であるかを問わない。

(3) 土地管轄

(a) 原則的土地管轄　　再生事件は，再生債務者が営業者であるときは，その主たる営業所の所在地を管轄する地方裁判所が，同じく営業者で外国に主たる営業所を有するときは，日本における主たる営業所の所在地を管轄する地方裁判所が管轄する（5条1項）。また，再生債務者が営業者でないとき，または営業所を有しないときは，債務者の普通裁判籍（民訴4条参照）の所在地を管轄する地方裁判所が管轄する（5条1項）。たとえば，非事業者である個人の場合がこれに該当する。

(b) 補充的土地管轄　　原則的土地管轄がない場合には，再生債務者の財産

の所在地を管轄する地方裁判所に補充的土地管轄が認められている。債権については，裁判上の請求をすることができる地が財産の所在地とみなされる（5条2項）。

　(c)　土地管轄に関する特則　　(イ)　親子会社の場合に関する特則　　ある法人が，ある株式会社または有限会社と親子会社の関係にある場合，当該法人について再生事件が係属しているときは，当該株式会社または当該有限会社についての再生手続開始申立は，当該法人の再生事件が係属している地方裁判所にもすることができる。また，当該株式会社または当該有限会社について再生事件が係属しているときの当該法人についての再生手続開始申立についても同様である（5条3項）。本来親子会社といえども法人格は別個の存在であるが，親子会社の場合は，人的および財産的にみれば密接な関係を有することから，親子会社の関係にある一方について，すでにある地方裁判所で再生事件が係属している場合は，その地方裁判所に他の親子会社関係にある会社についての再生事件も係属させた方が，適正かつ効率的な事件処理が実現しやすいといえる。このような趣旨から認められた一種の関連裁判籍である。

　　(ロ)　法人とその代表者に関する特則　　法人について再生事件が係属している場合，当該法人の代表者についての再生手続開始申立は，当該法人の再生事件が係属している地方裁判所にもすることができる。法人の代表者について再生事件が係属している場合の，当該法人についての再生手続開始申立の管轄についても同様である（5条4項）。この規定も前項と同様に，本来であれば，法人と代表者は別個の人格を有しているが，その実質に着目すると人的および財産的に密接な関係が認められる場合もあることから，共通して処理することによって，適正かつ効率的な手続の実現を目指している。

（4）　管轄が複数の裁判所にある場合

　以上の規定によって二つ以上の裁判所が管轄権を有する場合，先に再生手続開始の申立があった裁判所が管轄する（5条5項）。管轄が競合する場合の処理について，更生手続開始申立時を基準とすることが明確にされている。

（5）　移　　　送

　(a)　管轄違いによる移送　　再生手続が管轄権のない裁判所に申立てられた場合，裁判所は，管轄権のある裁判所に移送する（19条による民事訴訟法16条1

項の準用)。

(b) 裁量移送　民事再生法が規定する管轄は専属管轄であるから（6条），任意に変更することはできないのが原則である。しかし，著しい損害または遅滞を避けるために必要があると認めるときは，裁判所は事件の適切な処理のために，職権で再生事件を一定の裁判所に移送することができる（7条）。この移送決定に対して不服がある場合は，即時抗告をすることができる（9条）。

3　事件に関する文書等の閲覧等

民事再生法は，再生手続中に文書等の閲覧等をすることができる場合を規定している。これは，再生債権者等の利害関係人に対して情報を開示して，再生手続の透明性を高める趣旨である。また，他方で再生事件に関する文書等の中には，利害関係人による閲覧等が行われてしまうと，再生債務者の事業の維持再生に著しい支障を生じ，あるいは，再生債務者の財産に著しい損害を与えるおそれがある部分を含むものもある。そこで，このような文書等について「支障部分」に関する閲覧制限を規定している。

(1) 開示の原則

再生手続では，情報を開示する趣旨から，原則として利害関係人に対して文書等の閲覧および謄写等を認めている。この利害関係人には，再生債権者，従業員，株主，別除権者等の再生手続に関与する者を広く含む。これらの利害関係人は，裁判所書記官に対して，文書等（裁判所に提出され，または裁判所が作成した文書その他の物件）の閲覧を請求でき，または文書等の謄写，その正本，謄本もしくは抄本または事件に関する事項の証明書の交付を請求することができる（17条1項・2項）。また，これらの文書等のうち，録音テープまたはビデオテープ（これらに準ずる方法により一定の事項を記録した物を含む）については，その性質から閲覧・謄写ではなく複製を認めている（同条3項）。これら文書等の閲覧・謄写等の請求は，対象となる文書その他の物件を特定するに足りる事項を明らかにして行う必要がある（規則9条2項）。

(2) 閲覧等の制限

(a) 時期による制限　再生手続の初期の段階では，手続の密行性を確保す

る必要がある。そこで民事再生法は，閲覧等（閲覧，謄写，正本・謄本・抄本の交付，複製）を行う請求者毎に以下のような制限を定めている。

(イ) 再生手続開始の申立人の場合　再生手続開始の申立をした者は，再生債務者・再生債権者を問わず，閲覧等の請求に時期的な制限はない（17条4項但書）。再生手続開始の申立を行った者は，申立の内容をすでに熟知していることから，その性質上閲覧等について制限を行う必要性が乏しいからである。

(ロ) 再生債務者以外の利害関係人の場合　再生債務者以外の利害関係人は，手続開始前の財産保全のための暫定的処分等，手続開始申立についての決定のいずれかがされた後に限り閲覧等の請求が認められる。すなわち，再生手続開始の申立後，他の手続の中止命令，包括的禁止命令，保全処分，担保権実行としての競売手続の中止命令，監督命令，保全管理命令，再生手続開始の申立についての裁判のいずれかが発令された以後に閲覧等の請求が可能となるが，これらの裁判があるまでは閲覧等の請求はできない（17条4項1号）。これらの決定がなされた後の時点で文書等の閲覧等を認めたのは，決定後は公告，登記等によって公示され，手続開始申立が公になり密行性を保持する必要性がなくなる反面，利害関係人が即時抗告によってこれらの処分を争うためには，文書等の閲覧を行い，攻撃防御のための資料を確保する必要があるためである。

(ハ) 再生債務者の場合　再生債務者は，再生債権者等の再生債務者以外の者が再生手続開始を申し立てた場合は，再生手続開始申立に関する口頭弁論または再生債務者を呼び出す審尋の期日が指定されるまで，または前号（17条4項1号）に定める裁判があるまでは，閲覧等の請求をすることはできない（17条4項2号）。これらの決定がされた場合は，再生債務者の側に文書等の資料を確保することを認めて，攻撃防御の機会を実質的に保障する必要があるためである。

(b) 支障部分の閲覧等の制限　民事再生法は，利害関係人が閲覧等することによって，再生債務者の事業の維持再生に著しい支障を生じるおそれ，または再生債務者の財産に著しい損害を与えるおそれがある部分を「支障部分」と称し，この支障部分についての閲覧等を制限する規定を置いている。すなわち，支障部分があることについて疎明があった場合には，裁判所は，当該文書等を提出した再生債務者等，監督委員または調査委員の申立により，支障部分の閲

覧等の請求をすることができる者を，当該申立をした者および再生債務者等に限ることができる（18条1項）。これらの開示によって，再生債務者の事業の維持再生や財産に著しい損害を与えるおそれがある場合に，これを回避する趣旨である。支障部分を設けて閲覧等を制限することは，再生手続をめぐる利害関係人に対する情報開示に重大な制約を及ぼすものであることは否定できない。そこで，民事再生法は，閲覧制限の対象となる文書を類型的に支障が生ずるおそれのある文書等に限定したうえ，これを列挙している。具体的には，再生債務者，保全管理人に対する指定行為の許可（41条1項），営業譲渡の許可（42条1項），監督委員に対する否認権限の許可（56条4項），保全管理人の常務に属しない行為の許可（81条1項但書）やこれに付随して裁判所に提出された書類（18条1項1号関係），調査委員の調査報告書（62条2項），再生債務者・管財人による業務および財産の管理状況報告書（125条2項），監督委員による業務および財産報告書（2号関係）がこれに該当する。支障部分の閲覧制限の申立は，支障部分を特定して当該文書等の提出の際にしなければならない（規則10条1項，2項）。支障部分の閲覧制限の申立があった場合は，その申立についての裁判が確定するまで，利害関係人は，支障部分の閲覧等の請求をすることができない（18条2項）。利害関係人が，支障部分の閲覧等の請求をしようとする場合は，裁判所に対して制限の要件を欠くこと，またはこれを欠くに至ったことを理由として支障部分の閲覧制限の決定の取消を申し立てることができる（同条3項）。支障部分の閲覧制限の申立を却下した決定および閲覧制限の取消の申立についての決定に対しては，即時抗告をすることができる（18条4項）。

4　財産の保全措置

再生手続が申し立てられても，開始決定がなされるまでには時間的間隔が生じる。その間に再生債務者が財産を隠匿・譲渡したり，他の債権者によって先に回収されたりしたのでは，再建の基礎となる財産が失われてしまい不都合である。そこで，民事再生法はこれを防止するため

① 再生債務者の他の手続の中止命令（26条）
② 再生債権にもとづく強制執行等の包括的禁止命令（27条ないし29条）

③　再生債務者の業務および財産に関する仮差押え，仮処分その他の必要な保全処分（30条）

といった各種の財産の保全処分を規定している。また，担保権の実行により事業の継続に不可欠な財産が喪失する事態を回避するため，再生手続開始決定の前後を問わず，

　④　担保権の実行としての競売手続の中止命令（31条）を認めている。

さらに，

　⑤　法人の役員の財産についての保全処分の制度を設けている（142条）。

　これらの制度のうち，③は，会社更生法に（会社更生法39条1項前段），④は，会社整理手続（商法384条）にそれぞれ同様の保全処分が認められている。しかし，②の包括的禁止命令は，民事再生法で新たに認められたものである。これらの各種保全処分は，従来の和議手続では手続開始前の保全処分としては，仮処分その他の保全処分しか認められていなかった（旧和議法20条）ものを，再生手続において充実させたものである。また，和議手続における保全処分の濫用的取得という事態を回避するため，民事再生法では，保全処分が行われた後は，裁判所の許可を得なければ申立を取り下げることができないという申立の取下制限を設けている（32条）。以下では，これらの制度を検討する。

（1）　他の手続の中止命令（26条）

　再生手続開始が決定されると，他の破産手続や強制執行などの手続は当然に中止されることになる（39条1項）。しかし，再生手続の開始決定前であっても財産の保全のために特に必要があるときは，これらの手続の中止を認めるべきである。そこで，民事再生法は，申立から開始決定までの間にも，たとえば破産手続などが開始されている場合には，再生手続を優先させ，また強制執行などの債権者の個別の権利行使がなされている場合には，これを中止させて，再生に必要な財産を確保するために「他の手続の中止命令」を認めている（26条1項）。この中止命令は，すでに進行している手続の中止を認める制度である。中止命令が発令されると，中止の対象となった手続はそれ以上進行しないことになる。ただし，中止命令には遡及効はなく，すでに行われた手続が無効となるものではない。

　中止命令は，個々の手続を対象とするものである。したがって，他の手続を

包括的・一般的に中止させるためには，後に検討する包括的禁止命令（27条）による必要がある。中止の対象となる手続には，会社更生手続を除く他の倒産処理手続（26条1項1号），再生債権にもとづく強制執行等（同2号），再生債務者の財産関係の訴訟手続（同3号），再生債務者の財産関係の事件で行政庁に係属しているものの手続（同4号）がある。これは，法的倒産処理手続の基本法として民事再生法を位置づけ，会社更生手続を除く他の手続に比べて再生手続が優先することを意味する。

　以上の中止命令は，手続の進行を止める効果を有するものであるが，さらに進んで，すでに行われた強制執行などの手続の取消を認める取消命令が認められている。すなわち，再生債務者の事業の継続に特に必要があると認めるときは，再生債務者の申立により，担保を立てさせ，中止した強制執行，仮差押，仮処分の取消を命ずることができる（26条3項）。

（2）　包括的禁止命令

　包括的禁止命令とは，すべての再生債権者に対し，再生債務者の財産に対する権利行使を禁止する命令である（27条1項本文）。これは，すべての再生債権者を名宛人とするものである。禁止の対象は，再生債権者が行う強制執行などの手続である。包括的禁止命令は，たとえば，再生債務者の財産が全国各地に散財しているような事案で発令される余地がある。この命令は強力な効果を有することから，個別的に権利行使を中止することによっては再生手続の目的を達成できない特別の事情がある場合で，しかも主要な財産についての仮差押，仮処分，その他の保全処分が行われた場合（30条1項），監督命令が発令された場合（54条1項），保全管理命令が発令された場合（79条1項）に限って認められている（27条1項但書）。

　民事再生法の立法過程では，改正検討事項としてアメリカ倒産法で採用されている自動停止制度（オートマチック・ステイ）の採否が議論となった。この制度は，倒産手続開始の申立と同時に債権者の権利行使を禁止するものである。しかし，濫用のおそれの多いことなどを理由に採用が見送られた。民事再生法では，これに代わって裁判所が包括的禁止命令を発令し得ることとしたのである。

　この包括的禁止命令によって，再生債務者の財産に対してすでになされてい

る再生債権にもとづく強制執行等の手続は中止する（27条2項）。包括的禁止命令が発令されたときは，再生債権については，当該命令が効力を失った日の翌日から2カ月を経過するまでの間，時効は完成しない（同条7項）。また，再生債務者の事業継続のために「特に必要な場合」に「担保」を立てることを条件に，包括的禁止命令によって中止した強制執行などの手続の取消を命ずる「取消命令」も発令することができる（同条4項）。

　包括的禁止命令や取消命令が発令された再生債権者は，包括的禁止命令等に対して異議があれば即時抗告をすることができる（同条5項）。この即時抗告には執行停止の効力は認められていない（同条6項）。また，包括的禁止命令は，すべての再生債権者を名宛人として個々の再生債権者の個別的事情を考慮せずに発令されることから，再生債権者が不当な損害を被るときは，再生債権者の側から，包括的禁止命令の解除を求めることができる（29条1項）。包括的禁止命令が発令された後は，裁判所の許可を得なければ再生手続開始の申立を取り下げることができない（32条）。これは，すでに説明したとおり従来の和議手続で問題となっていた保全処分の濫用的取得を禁止する趣旨である。

（3）　仮差押，仮処分などの保全処分

　民事再生法上の仮差押，仮処分などの保全処分とは，再生手続開始の申立があった場合に利害関係人の申立または裁判所の職権で，開始決定があるまでの間，再生債務者の業務および財産に関してなされる保全処分をいう（30条1項）。この保全処分は再生手続の一環としての非訟事件の性質を有する付随手続である。よって，本案訴訟と別個の訴訟手続である民事保全法上の保全処分とは異なる。また，民事保全法上の保全処分が個別執行として被保全権利の存在を予定しているのに対して，民事再生法上の保全処分は，特定の被保全権利の存在を予定せず利害関係人のためになされる処分である。また，この保全処分は再生手続が債務者の事業または経済生活の再生を目的とすることから（1条），再生債務者の財産についてのみならず，業務に関しても発令することができる。申立によらずに裁判所の職権でも発令できるし，変更，取消も可能である（30条2項）。

　保全処分の内容としては，条文上（同条1項）の仮差押，仮処分の他に「その他必要な保全処分」が認められている。この内容は特に限定されていないが，

実務上発令される保全処分には、①再生債務者の弁済を禁止する弁済禁止の保全処分、②金銭の借入れなどの借財を禁止する借財禁止の保全処分、③再生債務者の財産処分を禁止する処分禁止の保全処分がある。このうち特に利用されているのが、①の弁済禁止の保全処分である。弁済禁止の保全処分とは、裁判所が定めた特定の日以前の原因にもとづいて生じた再生債務者の債務の弁済を禁止する処分をいう。弁済禁止の保全処分によって、再生債務者が振り出した手形は、手形交換所規則にもとづく取引停止処分を免れることが可能となる（東京手形交換所規則施行細則77条1(1)の0号不渡り事由B参照）。そのため、再建型の倒産処理手続では実務上、弁済禁止の保全処分の発令は不可欠となっている。弁済禁止の保全処分の名宛人は再生債務者であるため、再生債権者の強制執行や担保権の実行を禁止することはできない。再生債権者がすでに行っている権利行使に対応するためには、別に他の手続の中止命令（26条）や担保権実行としての競売手続の中止命令によることになる（31条）。

　弁済禁止の保全処分は、原則として再生債務者の一切の債務の弁済を禁止するものである。しかし、実務上、たとえば、再生債務者が会社である場合の従業員の給与や少額の債権については、これを支払う原資が存在しており、支払を行うことによって、再生を容易にしうる場合には、保全処分の内容から除外するのが通常である。

　これらの保全処分に対して異議があれば即時抗告をすることができる。この即時抗告には、執行停止の効力はない（30条3項・4項）。保全処分が発令された場合も、裁判所の許可を得なければ再生手続開始の申立てを取り下げることができない（32条）。これも、従来の和議法のもとでの、保全処分の濫用的取得の事態を防止しようとした趣旨である。

（4）　担保権の実行としての競売手続の中止命令

　担保権の実行としての競売手続の中止命令とは、担保権の実行として競売手続が進行している場合に、一定の期間に限ってこれを中止させる制度である（31条1項本文）。

　従来の和議手続では、担保権の行使について特に規定を設けていなかった。そこで、和議手続外で担保権者と個別に折衝して協定を締結するなどして実行を免れるべく対応していた。しかし、そのために再建計画が担保権者の動向に

よって左右される不安定なものとなっていた。民事再生法では，担保権を原則として別除権（53条）として再生手続とは別個に行使することができるとしつつ，一定の制約を認めている。その一つが，この担保権の実行としての競売手続の中止命令である。この中止命令は，「他の手続の中止命令」（26条）が再生手続開始申立後，開始決定までの間を対象としているのに対して，手続開始の前後を問わない。この中止命令が認められるためには，①再生債権者の一般の利益に適合し，かつ，②競売申立人に不当な損害を及ぼすおそれがないことが必要である（31条1項）。

なお，民事再生法は，担保権に対する制約として，以上の競売手続の中止命令の他，担保権付財産が再生債務者の事業の継続に欠くことができないとき，裁判所の許可を得て，その財産の価格相当額の金銭を裁判所に納付して担保権の消滅を認める担保権消滅制度（148条以下）を採用している。

（5） 法人の役員に対する保全処分

再生手続では，法人である再生債務者について再生手続開始の決定があった場合に，必要があると認めるときは，再生債権者等の申立により，または職権で裁判所が役員の責任にもとづく損害賠償請求権の査定の裁判を認めた（143条1項）。これは法人である再生債務者の経営陣の不当な経営などによって被った損害を回復するとともに，モラルハザードを防止するために通常の民事訴訟手続よりも簡易迅速な方法によって，法人の役員に対する責任追及を実現しようとした制度である。もっとも，この査定手続を経て強制執行が実現するまでの間に役員が個人財産を隠匿したり，費消してしまい，結果として責任追及ができなくなるおそれも否定できない。そこで，法人の役員に対する損害賠償請求権を保全するため，法人の役員の財産に対する保全処分を認めている（142条1項）。

（6） 再生手続開始の申立の取下制限

他の手続の中止命令（26条1項），包括的禁止命令（27条），仮差押，仮処分その他の保全処分（30条1項），担保権実行としての競売手続の中止命令（31条1項），または監督命令（54条1項）または保全管理命令（79条1項）がなされた後は，裁判所の許可を得なければ，再生手続開始の申立を取り下げることができない（32条）。これは，従来の和議手続のもとでは，保全処分を取得した

債務者が一定の期間経過後に和議申立を取り下げるなど，保全処分の濫用的取得といった事態が問題となっていたことから，これを防止しようとするものであることはすでに説明したとおりである。また，保全管理人や監督委員選任後の取下制限は，保全管理人や監督委員が選任された場合は，取り下げにより突然にその地位を喪失することを避けようとする趣旨である。

第5章 ■ 再生手続の開始

1 再生手続開始決定

　裁判所は，再生債務者について手続開始の原因（21条）があり，申立権者による適法な申立がなされ，かつ申立棄却事由（25条）がない場合には，再生手続開始の決定をする（33条1項）。開始決定は，決定の時よりその効力を生じる（同条2項）。

2 同時処分

　裁判所は開始決定と同時に，①再生債権を届けるべき期間（債権届出期間）と，②再生債権の調査をするための期間（一般調査期間）を定める（34条）。これらを特に同時処分という。開始決定の主文と同時処分の内容は，公告されるとともに再生債務者および知れたる再生債権者に送達される（35条1項・2項）。開始決定に対しては，即時抗告ができる（36条1項）が，執行停止の効力はないと考えられる。

3 開始決定と再生債務者の地位

　再生債務者は，再生手続が開始された後も管財人が選任される場合を除き，従前のとおり業務遂行権を持ち，財産管理・処分権を有する（38条1項）。他方で民事再生法は，債権者間の公平を図るため再生債務者は公平かつ誠実に業務遂行権，財産管理・処分権を行使して，再生手続を追行しなければならない公平誠実義務を負わせている（同条2項）。

4 開始決定が債権者に与える影響

再生手続開始決定後，債権者は，裁判所の定める届出期間内（34条）に債権届出書を提出しなければならない（94条）。再生債権の届出は，再生債権者が再生手続に参加するために必要な手続上の行為である（86条1項）。再生債権届出期間内に再生債権の届出をしなかった再生債権者は，原則として再生手続に参加することができない。従来の和議手続とは異なり，再生債権者表に記載されていない場合は，失権する場合がある（178条）。もっとも，債権届出期間経過後であっても，一定の要件のもとで届出の追完をすることができる（95条1項・3項）。再生債権の届出があったときは，当該再生債権の時効は中断する（98条本文）。

また，再生債権の届出期間の満了前に相殺適状となった場合は，その期間内に限って，再生手続によらないで相殺することができる。したがって，相殺権者は，再生債権の届出期間満了前に相殺することが必要であり，期間経過後は，相殺することができなくなる（92条）。これは，再生手続開始の後も，再生債権者による相殺を無制限に許してしまうと，再生債務者の財産がいつまでも確定せず，再生計画案等の作成が出来ず不都合であるため，再生債務者の財産の範囲を明確にする趣旨であり，会社更生法162条と同様で，破産手続や和議手続と異なる点である（破産法98条，旧和議法5条）。

5 個別的権利行使の禁止

再生債権者は，再生手続によらなければ，弁済を受けその他再生債権を消滅させる行為（免除を除く）をすることができない（85条1項）。これは，再生手続が，法定多数の再生債権者の同意によって再生計画を定めることにより，再生債務者の事業または経済生活の再生を図ることを目的とする手段（1条）であることから，再生債権者の個別的権利行使を認めないことを明かにした規定である。

6　共益債権化の許可

再生手続開始後の業務・生活ならびに財産の管理および処分に関する費用は、共益債権として扱われる（119条2号）。共益債権は、再生手続によらないで随時弁済することとされ（121条1項）、共益債権について任意に弁済されないときは、強制執行をすることができるとされている（39条1項参照）。

また、再生手続開始申立後に、共益債権とする旨の裁判所の許可または監督委員の承認を得て行った資金の借入、原材料の購入等に要する費用等は、再生手続開始決定前であっても共益債権となる（120条）。再生手続開始申立後、開始決定前の取引によって生じた債権の取扱いについては、従来の和議手続や会社整理手続では明文を欠き、どのように扱われるかが不明であった。そのためその期間に取引を行おうとする者は、取引上生じた債権について果たして弁済を受けられるかどうか不安となり、取引を差し控えるなどの態度に出てしまい、再建のため支障が生じていた。そこで、再生債務者の事業の継続に欠くことができない行為をする場合には、裁判所はその行為により生ずる相手方の請求権を共益債権とする旨の許可をすることができるとしたのである。会社更生法119条の3と同趣旨の規定であり、これによって事業の再生が円滑に実現できるよう期待したものである。

7　開始決定の手続的効力

（1）　他の手続の中止等

他の倒産手続法との適用関係では、再生手続は、会社更生手続に次ぐ地位が認められている。そのため、再生手続開始決定がなされると、破産、整理開始、特別清算開始の申立はできず、すでに開始されていたそれらの手続や再生債務者の財産に対する再生債権にもとづく強制執行等は中止されたり、その効力を失うことになる。すなわち、再生手続開始の決定があったときは、①破産の申立、②再生手続開始の申立、③整理開始の申立、④特別清算開始の申立および⑤再生債務者の財産に対する再生債権にもとづく強制執行、仮差押、仮処分、

再生債権を被担保債権とする民事留置権による競売（強制執行等という）を行うことはできない（39条）。なお，会社更生手続は民事再生手続に優先し，中止等の影響を受けない。また，すでになされている破産手続および再生債務者の財産に対してすでにされている⑤の強制執行等の手続は中止し，整理手続および特別清算手続はその効力を失う（39条1項）。ただし，裁判所は再生に支障をきたさないと認めるときは，申立によりまたは職権で，中止した強制執行等の手続の続行を命ずることができる。これは，再生債務者の財産であっても強制執行等により換価を続行しても差し支えない場合に手続の続行を認めたものである。また，再生のために必要があると認めるときは，裁判所は申立によりまたは職権で，中止した強制執行等の手続の取消を命ずることもできる。取消を命ずるにあたって，裁判所は担保を立てさせることもできるし，立てさせないで命令を出すこともできる（同条2項）。

（2） 訴訟手続の中断等

再生手続開始決定があったときは，再生債務者の財産関係の訴訟手続のうち，再生債権に関するものは中断する（40条1項）。ただし，必要があれば再生債権の確定のために受継される（同条2項）。また，再生債務者の財産関係の事件のうち，再生債権に関するものであって，再生手続開始当時行政庁に係属するものについても同様に中断する（同条3項）。再生手続が開始されると，再生債権を有する者は，個別的権利行使を禁止され，再生手続に参加することにより再生計画にもとづいてのみ弁済を受けることができる。再生債権者表の記載は再生債権者の全員に対して確定判決と同一の効力を有し（104条3項），再生計画にもとづく履行がなされないときは，再生債務者に対しても確定判決と同一の効力を有し（185条1項本文・189条8項），再生債権者は，この再生債権表の記載を債務名義として強制執行を行うことが可能となる。そこで，再生債権について訴訟が係属している場合でも，これを中断させて再生手続にもとづく債権の調査および確定を経て取り扱おうとしたものである。

8　再生債務者の行為の制限

再生手続開始後も再生債務者が，原則としてその業務を執行し，またはその

財産を管理し，もしくは処分する権利を有する（38条1項）。しかし，このように再生債務者に財産の管理処分権をとどめたとしても，財産の散逸や減少を防止する必要がある。そこで裁判所は必要があると認めるときは，再生手続開始決定後に再生債務者等が財産に関する重要な行為を行うに際して，裁判所の監督を確実にするため，重要な行為を列挙して，再生債務者がこれらの行為をするには裁判所の許可を得なければならないとすることができる（41条）。

　裁判所の許可事項となっている行為につき許可を得ないでした行為は無効とされている（41条2項本文・42条4項）。ただし，善意の第三者に対抗することができない（41条2項但書・42条4項）。

9　開始後の権利取得

　再生手続開始後，再生債権につき再生債務者の財産に関して再生債務者または管財人の行為によらないで権利を取得しても，再生債権者は，再生手続の関係においては，その効力を主張することができない（44条1項）。先に検討した41条は，再生手続開始決定後の再生債務者などの財産処分の行為についての規定であるが，44条は，再生手続開始決定後に再生債権者が，再生債務者または管財人以外の第三者との法律行為等によって，再生債務者の財産についての権利を取得した場合に，その効力を主張できないとしたものである。同様の規定は，会社更生法57条や破産法54条に存在している。再生手続開始後に取得した権利は，再生手続開始後の日に取得したものと推定される（44条2項）。

10　開始後の登記および登録

　不動産等に関し，再生手続開始前に生じた登記原因に基づき再生手続開始後にされた登記および仮登記（不動産登記法2条1号によるもの）は，再生手続の関係においてその効力を主張できない。ただし，登記権利者が再生手続開始の事実を知らないでした登記または仮登記はこの限りでなく，効力を主張できるとしている（45条1項）。

　この規定は，権利の設定，移転もしくは変更に関する登記もしくは仮登記ま

たは企業担保権の設定，移転もしくは変更に関する登記について準用されている（同条2項）。

これは，再生手続開始前に登記・登録原因があったとしても，再生手続開始決定までに登記・登録をしなかった以上，再生手続でその効力を主張することを認めないとすることによって，再生債務者の財産を維持しようとした趣旨である。他方で，登記・登録原因は再生開始決定前に存在しているため，再生手続開始の事実を知らないでなした登記・登録については保護すべき要請がある。そこで，善意でなされた登記・登録の効力は認め，その保護を図っている。

なお，善意でなした登記・登録はその効力を妨げられないが，47条は，再生手続開始の公告の前においては善意，公告後においては悪意であると推定している（47条）。

11 双務契約関係への影響

再生債務者および相手方が再生手続開始当時，共にまだその履行を完了していない双務契約（双方未履行の双務契約）がある場合には，再生債務者等には，契約の解除によって双方の債務を共に消滅させるか，相手方に当該債務の履行を請求する代わりに再生債務者等の債務を履行するかの選択権が認められている（49条1項）。同様の規定は，破産法59条1項や会社更生法103条1項にも存在している。

再生債務者等が履行を選択した場合は，相手方はその債務を履行しなければならない。この際の相手方の再生債務者に対する債権は共益債権となり（49条4項），再生計画によらずに再生債権に優先して随時，弁済を受けることができる（121条1項・2項）。これに対して，再生債務者等が解除を選択した場合は，破産法60条が準用されることになる（49条5項）。その結果，解除によって相手方に損害が発生した場合は，相手方はその損害賠償請求権を再生債権として行使できる（破60条1項）。また，再生債務者が受けた反対給付が，再生債務者財産に現存する場合は，相手方はその返還を請求することができ，現存しない場合には，その価額について共益債権者としてその権利を行使することができることになる（破60条2項）。もっとも，これらの履行か解除かの選択権を

再生債務者が行使しない間は相手方は不安定な地位に立たされる。そこで，この様な立場から解放させるため，相手方に再生債務者等に対して，相当の期間を定めて，その期間内に確答すべきことを催告する権限を認めた（49条2項）。この催告を行っても再生債務者等から催告期間内に回答がない場合は，解除権を放棄したものとみなされる。相手方を不安定な立場から解放させるという同様の趣旨の規定として破産法59条2項および会社更生法103条がある。相手方からの催告に対して確答がない場合，破産法では解除と扱い，会社更生法では解除権を放棄すると扱っている。この点，再生手続は再建型倒産処理手続であることから，会社更生法にならい，これと同様の扱いとしている。

また，継続的給付を目的とする双務契約の当事者となっている者につき，再生手続が開始された場合には，相手方は，申立前の債務に対する弁済がないことを理由として再生手続開始後の義務の履行を拒むことはできない（50条1項）。たとえば，電気，ガス，水道等の継続的給付契約がこれに該当する。これらの契約は，契約の存続自体が再生債務者の事業の継続に不可欠の前提となる場合が多いことから，再生手続開始後も，履行を拒めないとしたのである。同趣旨の規定が，会社更生法104条の2に存在している。相手方が再生手続開始申立後再生手続開始前にした給付に係る請求権は，共益債権となり保護される（50条2項）。なお，再生手続開始後の給付に係る請求権は，当然共益債権として扱われる（119条2号）。

12　不　服　申　立

再生手続開始の申立についての決定に対しては，即時抗告をすることができる（36条1項）。即時抗告の期間は，裁判の公告が効力を生じた日の翌日から起算して2週間である（9条）。開始決定に対する即時抗告には，執行停止の効力はないと解すべきである。

第6章 ■ 組織法上の特例

　再生計画において，組織法上の変更を行う場合，商法上必要とされている諸手続をとらなければ効力を生じないのが原則である。しかし，民事再生法は，このうち資本減少と営業譲渡について株主総会の特別決議を経ないで効力が生ずるという特例を設けている。

1　減資等に関する商法の適用除外

(1)　減資等の特例
　従来の和議手続では，債権者は和議条件に従って債権を減免されてしまうのに比べて，旧株主は従来の地位を変更されなかった。そのため，旧株主が手続開始前の持株比率を維持するなどして，従前の会社の経営権を保持していることもあった。実務上は，旧株式を消却し，新株を発行して第三者に引き受けさせることによって経営権を変更する方法も存在しているが，株主総会の特別決議が必要であるため困難であった。

　そこで民事再生法は，資本減少に商法上必要とされている株主総会の特別決議を経ないで，旧株主の意思にかかわらず強制的に資本減少ができる制度を設けた。このための要件としては，①再生債務者が債務超過の株式会社であること（166条2項），②裁判所が許可したこと（同1項），③減少すべき資本の額と減少の方法を定めた再生計画案（161条1項）の認可決定が確定すること（183条1項・3項）が必要である。

　この特例は，たとえば，再生債務者に対して，人的・物的支援を表明しているいわゆるスポンサーがいる場合に，資本減少の特例により旧株主の保有株式数を減少させて（たとえば100％減資の場合がその典型である），新たに当該スポンサーを引受人とする第三者割当の新株発行を行い経営陣の刷新を図る場合や，旧株主の保有株式を減少して新たに発行する株式で債権者の債権につき代

物弁済する場合（デット・エクィティ・スワップ）等に利用されることが考えられる。

資本減少の特例は，旧株主の地位を奪うことになるため，株主への決定要旨の送達が必要となり，株主は裁判所の許可の決定に対して即時抗告をすることができる（166条3項・4項）。

なお，民事再生法は，資本増加の場面では，授権資本に関する定款変更について株主総会の特別決議を経ることなく可能であるとしたものの（161条2項），新株発行については，再生手続上特に特例を設けていない。そのため，新株発行に関しては取締役会決議など商法の定める手続（商280条の2以下）を経る必要がある。

（2） 商法の適用除外

資本減少等を定めた再生計画の認可決定が確定すると，再生計画の定めによって資本の減少をすることができ，定款は認可決定確定の時に再生計画の定めによって変更される（183条1項・3項）。

資本減少の手続として，商法上必要とされている株主総会における資本の減少の特別決議（商375条1項・343条），株式併合の告知，通知，効力発生の時期の規定（商212条2項による215条1項・2項の準用），債権者および社債権者の異議手続の規定（商376条2項・3項），資本減少無効の訴えの規定（商380条）は適用されない。

2　営業譲渡に関する商法の特例

企業が倒産した場合に，営業譲渡を行うことで事業の存続を図ったり，債権者への配当率を向上させることが可能となる場合がある。しかし，ひとたび再生手続が開始されると，事実上の倒産として扱われる，従業員が離散したり，従来の顧客が取引を停止するなどして急速に営業自体の価値が劣化してしまう。そこで，民事再生法では，債権者の法定多数の賛成を得るなどの手続を経れば将来立案する再生計画を待たずして，営業譲渡を時機に応じて迅速に行えるよう配慮した手続を定めた。

（1） 裁判所の許可による営業譲渡

　再生債務者等は，再生手続開始決定後であれば，裁判所の許可を得て再生計画の定めによらずに再生債務者の営業または事業の全部または一部の譲渡（以下「営業等の譲渡」という）を行うことができる（42条1項）。営業等の譲渡の内容は，再生債権者等の利害に関わる重大な問題であるため，裁判所の許可を得なければならないとしたものである。

　この場合，裁判所の許可の対象となる再生債務者は，株式会社に限られない。したがって，有限会社，財団法人，個人事業者等の再生債務者も，裁判所の許可により営業譲渡を行うことができる。裁判所は，当該再生債務者の事業の再生のために必要があると認める場合に限り，許可することができる（42条1項）。

　民事再生法は，裁判所の許可を得て営業等の譲渡ができる時期を，条文上は再生手続開始後に限定している（42条1項）。そこで，保全期間中に保全管理人が営業等の譲渡を行うことができるかが一応問題となるが，保全期間が長期化すると営業や資産の劣化を招くため，早期の営業譲渡を実現する必要が認められる場合には，裁判所の迅速な再生手続開始決定によって対応することがが期待されるであろう。

（2） 代替許可による営業譲渡

　さらに民事再生法は，裁判所が，再生債務者の営業の全部または重要な一部の譲渡について，株主総会の決議に代わる許可を与えることができると定めた（43条1項本文）。本来，株式会社において営業譲渡を行うためには，株主総会の特別決議（商245条1項1号）が必要となる。しかし，特別決議には時間を要するため，この規定に従っていたのでは，営業を劣化させずに営業譲渡を速やかに実現することは困難となる。また，倒産に陥っている株式会社の株主は，会社経営に関心を失っていることが一般で，そもそも株主総会の開催自体が困難であるといえる。営業を劣化させずにおくためには，商法上の特別決議の定めにかかわらず営業譲渡を可及的速やかに行う必要性がある。他方で，債務超過の株式会社であれば，株主の有する株式は実質的にはその経済的価値をすでに喪失しており，株主の意思を確認せずに営業譲渡を行うことが許容されるといえる。

　そこで再生手続では，債務超過の株式会社について，再生手続開始後営業譲

渡が事業の継続のため必要である場合に，裁判所による株主総会決議に代わる許可を与える制度（代替許可）を設けた（43条1項）。

（3） 42条と43条の関係

ここで42条による許可と43条による代替許可の関係について整理する必要がある。42条・43条は，ともに再生手続における営業譲渡に関する規定である。42条による許可は，再生債務者が事業を行っている場合には，それが営利目的か非営利かを問わず，営業譲渡を行うために必要である。これに対して43条の代替許可は，再生債務者が営利法人である株式会社であり，かつ，債務超過の場合を予定して，商法上の特別決議（商245条1項1号）を省略することを可能とする規定である。したがって，株主総会を開催して特別決議を得ることができる株式会社であれば，商法の定めのとおり特別決議により営業譲渡を行うことも当然許される。このように42条と43条はその趣旨を異にするものであり，43条により代替許可を得た場合であっても42条による裁判所の許可が別途必要となる。結局，再生債務者が株式会社以外の事業者（営利，非営利を問わない）である場合は，営業等の譲渡のためには，42条にもとづく裁判所の許可で足りる。これに対して，再生債務者が株式会社である場合で，かつその株式会社が債務超過である場合は，42条の許可の他に株主総会特別決議（商245条1項1号）か，これに代わる43条による代替許可が必要となる。また株式会社が債務超過でない場合には，43条による代替許可は認められず，42条の許可の他，本来の商法上の株主総会の特別決議が必要となる。

第7章 ■ 再生手続の機関等

再生手続の機関としては，①監督委員，②調査委員，③管財人および保全管理人の4種類がある。4種類の機関は，いずれも任意的に選任されるものであり，再生手続における必要的機関は，民事再生法上設けられていない。これは手続の簡易性や柔軟性を確保するためである。その他，再生手続においては再生債務者，再生債権者による債権者集会，債権者委員会，代理委員，個々の再生債権者の権限なども重要である。

1 再生債務者

再生債務者とは，経済的に窮境にある債務者で，その者について，再生手続開始の申立がされ，再生手続開始の決定がされ，または再生計画が遂行されている者をいう（2条1号）。

再生債務者は，再生手続開始決定後も，原則として業務の遂行権や財産の管理処分権を有し，自ら事業ないし経済生活の再生に取り組む者である（38条1項）。そこで，再生債務者は再生手続の中で，次のような手続的行為を行う。

① 債権調査における認否書の作成および提出（101条，民事再生規則38条：以下，規則）
② 財産評定，財産目録および貸借対照表の作成・提出（124条，規則56条）
③ 再生手続開始に至った事情，業務および財産に関する経過および現状などを記載した裁判所への報告書の作成・提出（125条，規則57条・58条）
④ 再生計画案の作成および提出（163条，規則84条）
⑤ 再生計画の遂行（186条）

民事再生規則は，再生債務者を取り巻く手続関係者，利害関係人は，再生手続の円滑な進行に努める再生債務者の活動を，できるかぎり尊重しなければならないことを明らかにしている（規則1条3項）。

再生債務者は，再生手続において裁判所の監督に服する。裁判所は，財産の処分，借財，権利の放棄などの行為を指定して，再生債務者がこれを行う場合には裁判所の許可を得なければならないと定めることができる（41条1項）。また業務，財産の管理状況など裁判所の命ずる事項について，裁判所に対し，あるいは債権者集会において，報告をしなければならない（125条・126条）。さらに裁判所は，監督委員を選任して，再生債務者を日常的に監督させることができる（54条1項）。

再生債務者は，債権者全体に対して公平かつ誠実に再生手続を遂行する公平誠実義務を負担する（38条2項）。このことから明らかなように，再生債務者は，再生手続開始後は，再生手続の担い手として，個人的な利害を超えて，債権者の利益を中立に代表すべき者としての性格を有するといえる。

民事再生法は，このような再生債務者の総債権者の利益代表者としての性格に関連して，いくつかの制度を設けている。たとえば，①登記などの対抗要件を欠く所有権や担保権の主張は，原則として再生債務者に対抗できず（45条），また，②双方未履行の双務契約関係について，再生債務者自身がかつて締結した契約を解除できる道も開かれている（49条）。さらに，③担保権消滅制度の申立権が認められている（148条）。これらの規定から認められる再生債務者の地位を，とくに再生債務者の第三者性と呼んでいる。しかし，否認権については，再生債務者ではなく監督委員もしくは管財人が行使することとされている（135条）。

2　裁判所から選任される機関

（1）監督委員

監督委員は，裁判所が指定する一定の行為について再生債務者に同意を与え，あるいは再生債務者の業務や財産の状況について調査を行い，これらを通じて，裁判所に代わって再生債務者を監督する機関である（54条）。従来の和議手続では，整理委員と管財人という複数の監督機関が存在していたが，再生手続ではこれを監督委員に一本化している。

監督委員を選任する裁判所の処分を監督命令という。監督委員は，再生債務

者の行う一定の法律行為について監督することで，再生手続の適正を確保するために選任されるものである。その職務の執行にあたっては，再生債権者その他の利害関係人に対して，善良なる管理者としての注意義務を負う（60条）。

監督委員には法人を選任することも可能である（54条3項，規則20条2項）。

監督委員の主な任務は以下のとおりである。

(a) 再生債務者に対する同意　裁判所は，監督委員を選任する場合，選任と同時に，財産の処分，借財，権利の放棄などの行為を指定して，再生債務者がこれを行う場合には監督委員の同意を得なければならないと定めることができる（54条2項）。また裁判所は，再生債務者から監督委員への報告を要する事項を指定することができる（規則22条）。

(b) 財産管理状況等の調査　監督委員は，再生債務者の業務および財産の管理状況など裁判所の命ずる事項について，裁判所に報告し，あるいは債権者集会に出席して意見を述べなければならない（125条3項，規則23条1項・49条）。

(c) 否認権の行使　管財人が選任されない再生手続において，再生手続の開始決定前の債務者の行為について，否認することが相当と認められる場合には，裁判所は，個別の否認該当行為ごとに監督委員に否認権行使の権限を付与することができる。これにもとづいて監督委員が否認権を行使する（56条・135条1項）。否認権は，訴えまたは否認の請求によって行使され（135条1項），これによって再生債務者財産を原状に復させる（132条1項）

(d) 再生計画の履行の監督　監督委員は，再生計画の認可決定が確定した後も，再生計画が遂行されるか，または3年が経過するまでは再生計画の履行を監督する（188条2項）。また，監督委員には，再生計画の変更の申立権も認められている（187条1項）。

（2） 調査委員

調査委員は，裁判所が必要に応じて選任し，裁判所が定める調査すべき事項について，一定期間内に調査した上，報告を行う機関である（62条）。調査委員を選任する命令を特に調査命令という。

監督委員にも調査権限は認められていることから，監督委員が選任されている場合に重ねて調査委員が選任されるのは，複雑な案件や監督委員が調査事項に利害関係を持つ場合（規則26条1項参照）など，とくに必要な場合に限られ

る。法人を調査委員に選任できる点は監督委員の場合と同様である（63条による54条3項の準用）。

（3） 管　財　人

　管財人は，法人である再生債務者について従前の代表者等を排除して業務執行権，財産管理処分権を専属させ（66条），法人の再生を図る再生手続の管理機関である。裁判所は，債務者の事業の再生のため特に必要があると認めるときは，利害関係人の申立，または職権により，債務者の意見を聴いて，管財人を選任することができる（64条以下）。管財人による管理を命ずる裁判所の処分を管理命令という。

　管理命令によって，再生債務者は業務執行権，財産管理処分権を失う（66条・76条）。管財人は，職務執行にあたり，善良なる管理者としての注意義務を負う（78条による60条の準用）。なお，事業者の再生手続の場合であっても，再生債務者が個人企業の場合には，管財人を選任することはできない（64条1項）。

　管財人は，裁判所が指定する行為を行う場合にその許可を得るなどの形で，裁判所の監督に服する（41条・75条1項）が，必要な場合には否認権を行使する（135条1項）。管財人が選任されているときは，再生計画が遂行されたとき，またはその遂行が確実であると認められるに至ったときは，裁判所は再生手続の終結決定をする（188条3項）。

　再生手続は，従前の再生債務者を手続の担い手とする DIP 型を原則とするものであり（38条1項），管財人の選任は，あくまで例外的な事態とみるべきである。

（4） 保全管理人

　保全管理人は，法人である債務者について財産の管理または処分が失当であるとき，その他の再生債務者の事業の継続のために特に必要があると認めるとき，利害関係人の申立により，または職権で選任され，再生手続の開始申立につき決定があるまでの間，業務遂行権，財産管理処分権を行使し，事業を継続する再生手続の管理機関である（79条以下）。保全管理人による管理を命ずる裁判所の処分を特に保全管理命令という。この保全管理命令も，再生債務者による業務の遂行を原則とする再生手続では，例外的な処分である。

3　再生債権者の役割

（1）　債権者集会

　債権者集会は，裁判所の指揮（116条）の下，再生債権者，再生債務者その他の利害関係人が出席して，再生債務者の財産状況等についての報告を受けたり，再生計画案の決議などを行う会議体である（114条以下）。
　再生手続における債権者集会には，次の種類がある。
① 再生債務者の財産状況を報告するために招集される債権者集会（126条1項）
② 再生計画案の決議をするために招集される債権者集会（171条1項）
③ 簡易再生における再生計画案の決議のための債権者集会（212条2項）
　法律上，債権者集会の開催は，申立権者による招集申立がある場合（114条）および上記③の場合を除き任意とされている。
　再生債務者等において，再生手続開始の申立後すみやかに債権者説明会を開催し（規則61条），申立にいたった経緯，業務や財産の状況，手続進行の見通し，その他の事項を再生債権者らに説明するなどして，再生債権者らに対する情報提供に努めることが期待されている。また，情報提供を欲する再生債権者らに対しては，債権者集会の招集申立権（114条，規則48条）や再生債務者等が裁判所に提出した申立書や報告書（125条，規則57条）の閲覧請求権（17条）が認められている。
　なお，②の再生計画案決議のための集会は，再生計画の可否を書面による決議に付すこととした場合には，開催を要しない（171条1項）。
　裁判所が債権者集会を開催することとした場合には，届出再生債権者，再生債務者，管財人および再生計画案において再生のために債務を負担しまたは担保を提供する者は呼出しを受け，労働組合等は集会期日の通知を受ける（115条1項・3項）。また，裁判所が必要と認めるときは，監督委員や調査委員を債権者集会に出席させ，再生債務者の業務および財産の状況などについて，意見を述べさせることができる（規則49条）。

(2) 債権者委員会

債権者委員会は，再生債権者が再生手続の外で委員会を組織し，その委員会が次の要件を満たす場合に，裁判所の承認によって再生手続への関与が認められることとなる再生債権者の利益代表機関である（118条1項）。

① 委員の数が3名以上10名以内であること（118条1項1号，規則52条）
② 再生債権者の過半数が当該委員会が再生手続に関与することについて同意していると認められること（118条1項2号）
③ 当該委員会が再生債権者全体の利益を適切に代表すると認められること（118条1項3号）

裁判所から債権者委員会としての承認を得ようとする委員会は，申立人や代理人，各委員の氏名，上記3号が認められる理由などを記載した申立書に，上記2号を認めるに足りる書面などを添付して，裁判所に提出しなければならない（規則53条）。この債権者委員会は，従来の倒産法には存在していなかった新しい制度として民事再生法に導入されたものである。従来は和議手続や任意整理の中で，債権者の代表から成る組織が任意に手続に関与する事態も存在していたが，民事再生法はこれを手続の中に取り込み，再生債権者の意見を可能な限り再生手続に反映させる役割を期待している。

裁判所に承認された債権者委員会は，再生手続の進行等について裁判所，再生債務者，管財人や監督委員に対して意見を述べることができる（118条3項）。特に営業等の譲渡については，裁判所は債権者委員会に対して意見を聴取することが予定されている（42条2項）。また，債権者委員会は債権者集会の招集申立権を有し（114条），再生計画の履行の監督も期待されている（154条2項）。こうした債権者委員会の運営は，委員の過半数の意見による（規則54条1項）。

裁判所は，承認の取消権限（118条4項）を有しつつ，債権者委員会が適切かつ公正に運営されているか，再生債権者全体の利益代表としてふさわしいかにつき監督していくことになる。

(3) 代理委員

代理委員は，再生債権者が，再生手続に属する行為を行わせるため裁判所の許可を得て選任する者である（90条）。代理委員は，選任した再生債権者のために再生手続に属する一切の行為をすることができる。代理委員の制度は，相

反する利害関係を有する多数の再生債権者のうち，利害を共通にする者が集合して選任し，再生債務者等との折衝を担当する機関として認められた制度である。たとえば，債権者委員会の要件を満たさない場合にも代理委員の選任は可能であるから，各自の利益代表者としてそれぞれの代理委員を選任し，各自の意見を再生計画案等に反映させようとする場合等が想定される。

(4) 再生債権者の手続関与

再生債権者は再生債権の届出による手続参加（86条）以外にも，以下のような各種の権限をもって再生手続に関与できる。

① 再生手続開始の申立権（21条2項）
② 申立書，報告書等の記録の閲覧請求権（17条・18条，規則9条・10条）
③ 監督命令，管理命令等の申立権（54条1項・64条1項ほか）
④ 監督委員，管財人等の解任申立権（57条2項・78条）
⑤ 監督委員への否認権付与を求める申立権（56条1項）
⑥ 役員に対する損害賠償請求権の査定申立権（143条2項。ただし管理命令のある場合は除く）
⑦ 債権者集会の招集申立権（114条。知れている再生債権者の総債権について裁判所が評価した額の10分の1以上にあたる債権を有する者）
⑧ 営業譲渡の際の意見陳述（42条2項。債権者委員会がある場合は除く）
⑨ 再生計画案の提出権（163条2項）
⑩ 再生計画の変更，取消申立権（187条1項・189条1項）
⑪ 再生に貢献した場合の費用償還，報奨金　支払請求権（91条，規則30条）

4　労働組合等の関与

(1) 手続上の地位

民事再生法は，再生債務者の使用人その他の従業員の過半数で組織する労働組合およびそうした労働組合がない場合における再生債務者の従業員の過半数を代表する者を「労働組合等」とし，一定の事項について再生手続への関与を認めている。

① 裁判所は，再生債務者等による営業譲渡を許可する場合には，労働組合

等の意見を聴かなければならない（42条3項）。

② 債権者集会の期日は，労働組合等に通知しなければならない（115条3項）。労働組合等は，財産状況報告のための債権者集会において，管財人の選任ならびに再生債務者の業務・財産の管理に関する事項につき，意見を述べることができる（126条3項）。

③ 裁判所は，再生債権者による決議前の再生計画案について，労働組合等の意見を聴かなければならない（168条）。また，労働組合等は，再生債権者が可決した再生計画案を裁判所が認可すべきかどうかについて意見を述べることができ（174条3項），認可・不認可の結論は，労働組合等に通知しなければならない（同条5項）。

④ 再生債務者等が簡易再生の申立をする場合には，労働組合等に対してその旨を通知しなければならない（211条2項）。また簡易再生の決定があった場合には債権者集会の期日を通知しなければならない（212条3項）。同意再生の申立をする場合も同様である（217条6項）。

(2) 実体的地位

再生債務者等は，双方未履行の双務契約につき，履行ないし解除を選択できる（49条1項）。

しかし，雇用契約の解除については，労働基準法19条・20条による制限を受けると解するのが一般である。

また，労働協約には上記解除権が及ばない（49条3項）。これは，会社更生法103条4項と同様に，労働協約の特殊性から，容易に解除を認めることは妥当でないという配慮に基づく規定である。また，継続的供給契約に関する規定も労働契約には適用がない（50条3項）。

従業員の賃金債権は，一般優先債権として，再生手続によることなく，随時，弁済される（122条）。すなわち，賃金債権については，株式会社や有限会社では会社の総財産の上に（商295条ほか），その他の場合には，開始決定の日を基準として最後の6カ月分の範囲で，雇人の総財産の上に（民308条），それぞれ一般の先取特権が認められている。これらは，再生手続においては一般優先債権として扱われることになる。

第8章 ■ 再生債権・共益債権等

1 再生債権

　再生債権とは，原則として，再生債務者に対して再生手続開始前の原因に基づいて生じた財産上の請求権をいう（84条1項）。

　たとえば，再生手続開始決定以前に生じた貸金返還請求権や売買代金請求権などがこれに該当する。民事再生法は，例外的に再生手続開始後に発生するものであっても，①再生手続開始後の利息の請求権，②再生手続開始後の不履行による損害賠償および違約金の請求権，③再生手続参加の費用の請求権については，再生債権としている（同条2項）。

　これらの債権は，従来の和議手続（旧和議法44条），会社更生手続（会社更生法121条），および破産手続（破産法46条）では劣後債権として扱われている。しかし，これらの請求権は，再生債権に付随して発生するもの等であることを理由に，特に再生債権として取り扱うこととしたものである。もっとも，これらの請求権は，他の倒産手続では劣後債権とされていることもあって，議決権を有しないとされている（87条2項）。さらに，これらの請求権については，再生計画において別段の定めをすることができるとされている（155条1項）。そのため実務上の再生計画の立案においては，これらの請求権は免除の対象となるか，他の再生債権に劣後して弁済の対象になると定められているのが一般であろう。

　再生債権については，再生手続開始後は，民事再生法に「特別の定め」がある場合（たとえば，49条4項や50条2項等）を除いて個別的権利行使が許されず，原則として再生計画によらずに弁済を受け，その他これを消滅させる行為（免除を除く）をすることができない。またこの「特別の定め」に該当するものとして，再生債務者を主要な取引先とする中小企業者が，再生債権の弁済を受け

なければ事業の継続に著しい支障を来たすおそれがあるときの中小企業者の再生債権（85条2項），あるいは少額の再生債権（85条5項）について，裁判所が弁済することを許可することができる。中小企業者への弁済許可制度は，再生債務者について，再生手続開始決定がなされることによって，これを主要な取引先としている中小企業者が連鎖倒産してしまうことを防ぐため認められた規定であり，会社更生法112条の2と同様の趣旨の規定である。

また，少額の再生債権者に対する弁済許可制度は，再生債務者が少額の再生債権を早期に弁済することにより，再生手続を円滑かつ迅速に進行させる趣旨である。

なお，再生手続は再建型の手続であるため，清算型である破産手続のように再生債権の現在化・金銭化（17条・22条等）は行われない。

2　共益債権

共益債権（119条各号・49条4項・5項・50条2項・120条3項等）とは，原則として，再生手続開始後の原因にもとづいて発生した再生手続の維持および再生債務者の再生に必要な経費の支払，その他の費用の請求権をいう（119条）。たとえば，再生債権者の共同の利益のためにする裁判上の費用の請求権（同条1号），再生計画の遂行に関する費用の請求権（同条3号），再生債務者財産に関し再生債務者等が再生手続開始後にした資金の借入等により生じた請求権（同条5号）等がこれに該当する。それぞれの請求権が共益債権とされる趣旨は必ずしも共通ではないが，主として，再生債務者の事業の再生を図るために不可欠な費用であること（同条3号），公平の観点から共益債権と扱うべきであること（同条6号）などが根拠とされている。

共益債権は，再生手続によらず再生債権に先立って随時，弁済される（121条1項・2項）。

3　一般優先債権

一般優先債権とは，再生手続開始前の原因にもとづき発生した債権であって，

いう（122条1項）。たとえば，租税債権（地方税法14条），労働債権（民306条2号，商295条等参照）等がこれにあたる。

　一般優先債権も，再生手続によらず随時弁済される（122条2項）。一般優先債権として扱われるのは，一般の先取特権その他一般の優先権ある債権（共益債権であるものを除く）である。一般の先取特権には，民法306条に規定される①共益費用の先取特権，②雇人の給料の先取特権，③葬式費用の先取特権，④日用品供給の先取特権のほか，商法295条が規定する会社の従業員の雇用関係にもとづき生じた債権の先取特権がある。また，その他の一般の優先権ある債権としては，企業担保法上の企業担保権（企業担保法2条1項）等がある。

　さらに，民事再生法は，債権者が一定期間内の債権額については優先権を有するという定めがある場合（たとえば，民法308条の雇人の給料の先取特権のように最後の6カ月という期間の定めがある場合をいう。民法310条の日用品供給の先取特権等も同様である）の優先権の範囲の計算方法について，再生手続開始の時からさかのぼって計算することを明確にした（122条3項）。

4　開始後債権

　開始後債権とは，再生手続開始後の原因にもとづいて生じた財産上の請求権で，共益債権，一般優先債権，再生債権以外のものをいう（123条1項）。

　開始後債権は，再生債権，一般優先債権，共益債権に劣後する。したがって，再生手続開始の時から再生計画で定められた弁済期間が満了するまでの間，債権者による免除は別として，弁済その他により債務を消滅させることができない。開始後債権は，再生計画の弁済期間が満了してからでないと弁済を受けることはできない（123条2項）。また，この期間内は，開始後債権にもとづく再生債務者の財産に対する強制執行，仮差押え，および仮処分の申立をすることもできない（同条3項）。開始後債権の具体例としては，再生手続開始後に再生債務者が行った不法行為にもとづく損害賠償請求権等がある。

第9章 ■ 再生債権の届出および調査確定

1 届　　　出

　再生手続に参加しようとする再生債権者（86条1項）は，再生手続開始決定と同時に裁判所が定めた債権届出期間内（34条）に，各債権について，その内容および原因，議決権の額その他規則で定める事項（規則31条1項）について届出を行う（94条）。別除権者（88条）は，この他，別除権の目的および別除権の行使によって弁済を受けることができないと見込まれる額（いわゆる予定不足額）を届け出なければならない（94条2項）。この予定不足額は，別除権者の議決権の額に影響するとともに（88条），不足額が確定した場合，債権はその部分について再生計画にもとづいて弁済されることになる（182条）。

　届出は，書面で行わなければならないが，代理人による届出も認められる（規則31条）。

　届出によって，当該債権は債権調査・確定の手続に付され，そこで確定され再生計画により履行を受けることができる。届出をしなかった場合，再生計画認可決定が確定したときは，原則として当該債権は失権し，再生計画の履行による弁済を受けることができないことになる（178条）。

2　債権の調査および確定

　再生債務者等は，債権届出期間内に届出があった再生債権について，その内容および議決権についての認否を記載した認否書を作成し（101条1項），再生債権の調査をするための期間（一般調査期間。34条）前の，裁判所の定める期限までに裁判所に提出しなければならない（101条4項）。

　届出をした再生債権者は，一般調査期間（34条）内に，裁判所に対し，再生

債務者等が作成した認否書に記載された再生債権の内容もしくは議決権，または再生債務者が自認する債務の内容について，書面で異議を述べることができる（102条1項）。また，管財人が選任されている場合に限り，再生債務者は，一般調査期間内に裁判所に対し，認否者に記載された再生債権の内容について書面で異議を述べることができる（同条2項）。再生債権の調査において，再生債務者等が認め，かつ，調査期間内に届出再生債権者の異議がなかった再生債権については，その内容または議決権の額は確定する（104条1項）。

　従来の和議手続における債権の届出は，届出債権の存否について確定する意味を持つ制度ではなく，あくまでも議決権の算定の基礎としての意味のみを有していた。そのため，債権者集会で可決した和議条件が履行されなかった場合でも，債務名義を有しない債権者は強制執行によることができなかった。

　この点，民事再生法では，債権調査手続による再生債権の確定を認め，さらに確定した再生債権については，再生債権表の記載が再生債権者全体に対して，確定判決と同一の効力を有することを認めた（104条3項）。

　再生計画の履行がなされなかった場合には，これを債務名義として強制執行を行うことにより再生計画の履行の確保を図る趣旨である。

第10章 ■ 再生債務者の財産の管理

1 財産評定とは何か

 再生債務者等は,「再生手続開始後遅滞なく」, 再生債務者に属する一切の財産について再生手続開始の時点における価額を評定しなければならない (124条1項)。これを,「財産評定」という。
 財産評定は, 再生債務者が事業の継続を図るためには, 財政状態を正確に把握する必要があり, また, 公正で合理的な再生計画の立案のためにも必要であるため認められたものである。この財産評定は原則として処分価格でなされる。再生手続では, 会社更生法と同様に財産評定の制度が導入され, 再生債務者 (管財人が選任されている場合は管財人) は, 再生手続開始時における財産を処分するものとして評定し, 財産目録および貸借対照表を作成し, 裁判所に提出しなければならない (同条2項)。ただし, 再生手続は, 清算手続ではなく, 事業を継続する再建手続であることも考慮し, 必要がある場合は, あわせて, 全部または一部の財産について事業を継続するものとして (継続企業価値) 評定することもできる (規則56条1項但書)。
 この場合, 裁判所は, 必要があると認めるときは, 利害関係人の申立によりまたは職権で, 評価人を選任し, 再生債務者の財産の評価を命ずることができる (124条3項)。

2 財産評定の必要性

 再生手続において, 財産評定を行う必要があるのは, まず再生手続開始時における正確な財産を把握するためである。
 まず, 再生計画において, 破産管財人が選任された場合は, 再生債務者の財

産に対する管理権が再生債務者から管財人に移る。そのため，新たに管理権を有するに至った破産管財人が財産評定を行うことによって再生債務者の有している財産を把握する必要がある。

また，破産管財人が選任されず，再生債務者自身が財産の管理権を有する場合でも，再生債務者は，再生手続開始後は債権者に対し公平かつ誠実に財産管理権を行使する義務を負う（38条2項）。そのため，再生債務者としても，再生手続開始時に改めて財産評定を行い，正確な財産を把握する必要があるのである。

さらに，再生計画により，債権者に弁済する金額が定められるが，果たしてその金額が妥当な金額であるか否かを判断するためにも財産評定を行う必要性がある。

3　財産目録，貸借対照表の作成

再生債務者等は，財産評定を完了したときは，直ちに再生手続開始時における財産目録および貸借対照表を作成して裁判所に提出しなければならない（124条2項）。

これらの財産目録および貸借対照表には，その作成に関して用いた財産の評価の方法その他の会計方針を注記しなければならない（規則56条2項）。

4　裁判所への報告

再生債務者等は，作成した財産目録および貸借対照表を，裁判所に提出しなければならない（124条2項）。この場合，副本を添付しなければならない（規則56条3項）。

また，再生債務者等は，再生手続開始後（破産管財人については，その就職の後）遅滞なく，再生手続開始に至った事情，再生債務者の業務および財産に関する経過および現状等の事項を記載した報告書を，副本を添付して裁判所に提出しなければならない（125条1項，規則57条2項）。財産状況報告集会（126条1項）が招集される場合は，再生手続開始決定の日から2カ月以内とされて

いる（規則57条1項）。

　これらの報告に際して，裁判所が相当と認めるときは，再生手続開始申立の日の前3年以内に終了した再生債務者の営業年度，その他これに準ずる期間の終了した日における貸借対照表および当該営業年度等の損益計算書，ならびに最終の当該営業年度等の終了した日の翌日から再生手続開始日までの期間の損益計算書を添付させるものとしている（規則58条1項）。これらの貸借対照表および損益計算書についても，その作成に関して用いた財産評価の方法，その他の会計方針を注記しなければならない（同条2項）。

第11章 ■ 担保権の取扱い

1　別　除　権

　民事再生法は，担保権の設定を受けた再生債権者の期待を保護するため，再生債務者の財産の上に存する特別の先取特権，質権，抵当権等を有する者は，別除権者として再生債権者に優先して債権の満足を受けることができるとした（53条）。

　この別除権の行使によって弁済を受けることができない部分（不足額）が確定した場合は，その不足額に関して，再生債権者は認可された再生計画の定めによって認められた権利を行使できる。ただし，181条1項の規定により変更された後の権利を行使することができるにとどまる（182条本文）。

2　担保権消滅制度

　担保権消滅制度とは，債務者が再生手続開始後，事業の継続に必要不可欠な財産に設定された担保権の実行を止める必要がある場合に，担保目的物の価額の代金を裁判所に納付して担保権を抹消することができる制度をいう（148条ないし153条）。

　すでに説明したとおり，再生手続でも，担保権のうち抵当権，根抵当権などは，破産手続と同様に別除権とされ，再生手続にかかわらず，たとえば競売手続などを行うことが可能である。しかし，事業の再生に必要不可欠な財産についての担保権が実行されると，再生が不可能となる場合が考えられる。たとえば，担保権が設定されている工場の収益力が当該会社の再生には不可欠であるところ，工場に根抵当権を設定している金融機関が，再生に理解を示さず，競売手続を進行しようとしているといった場合である。仮に，この工場が競売に

よって第三者に帰属してしまえば，再生の途が閉ざされてしまいかねない。そこで民事再生法は，再生手続が開始された場合，再建のために必要不可欠な担保目的財産については，債務者等が客観的価値に相当する弁済をすることによって，担保権を消滅させることができるとした（148条ないし153条）。これを担保権消滅制度と呼ぶ。

担保権消滅制度によって担保権を消滅させるためには，次の各要件を満たすことが必要である。

① 再生手続開始当時，再生債務者の財産上の特別の先取特権，質権，抵当権または商事留置権（別除権。53条1項）が存在する場合であること

② 担保権の目的となっている財産が再生債務者の事業の継続に不可欠なものであること（財産の種類には制限はないが，たとえば不動産，工場，機器設備および商品や原材料などの集合動産が考えられる）。

③ 再生債務者等が担保財産の価値に相当する金銭を裁判所に納付すること（152条）

この価額の設定が最も困難な問題である。手続としては，再生債務者からの申出額について担保権者から異議のある場合は，裁判所に価額決定の請求を行い，裁判所が評価人を選任して目的物の価額を設定することになる（150条）

④ 裁判所の許可を得ること（148条1項）

まず，再生債務者等が，担保権の目的である財産の表示，財産価額，消滅すべき担保権の表示，当該抵当権によって担保される債権の額を記載した書面で許可の申立をすることが必要である（同条2項）。裁判所が許可決定をした場合，担保権者はこの許可決定に対して即時抗告することができる（同条4項）。これは担保権消滅請求により被担保債権の減額を獲得することを目的として濫用的に担保権消滅制度が利用されることを防止するためである。

以上の手続によって再生債務者は，裁判所の定める期間内に申出額または裁判所の決定価額を裁判所に納付する。この納付があった時に担保権は消滅し（152条2項），裁判所書記官は，消滅した担保権にかかる登記または登録の抹消を嘱託しなければならない（同条3項）。裁判所は，納付された金銭を配当表に基づいて各担保権者に配当し，剰余金があれば再生債務者等に交付して手

続を終了する（153条）。

　この担保権消滅制度は，あくまでも一定の財産の評価額を裁判所に納付することを前提としている。したがって，実際の場面で資力の乏しい再生債務者が行おうとする場合には，営業譲渡先やスポンサーの存在を想定せざるを得ないという側面がある。窮状にある債務者は資力に乏しく，一括弁済が難しいのが一般であり，担保権の消滅制度が利用される場合は，第三者からニューマネーが投入される場合，すなわち営業譲渡先やスポンサーの出現の場合に事実上限られるためである。

　担保権消滅制度の存在によって，実務上は債務者側と担保権者側の交渉の機会が増え，事業の再生のための担保権者の関与をめぐって協議が行われる場面が増えることが想定される。

第12章 ■ 再生計画

1 再生計画とは何か

再生計画とは，再生債務者の再生に向けての具体的計画をいう。

民事再生法は，再生計画の成立について，再生債務者等が再生計画案を作成して裁判所に提出し，再生債権者等の同意を得るという方法を採っている。

再生債権者等の同意が法定の要件（171条4項）を備えると再生計画案が可決され，裁判所は再生計画に不認可事由がないことを確認し，これを認可する（174条1項）。確定した再生計画案は，再生計画の条項の再生債権表への記載（180条1項）により，確定判決と同一の効力を持つ（同条2項）。

2 再生計画案の提出

従来の和議手続では，手続開始申立と同時に和議条件を提供することが必要であった（旧和議法13条1項）。しかし，これでは債権者の動向を考慮して履行可能な再建計画を立案することは著しく困難である。そこで民事再生法では，原則として，再生債務者が再生債権の届出期間満了後，裁判所の定める期間内に再生計画案を作成して裁判所に提出することとされている（163条1項）。再生規則では，この期間は，再生債権の一般調査期日の末日から2カ月以内とされている（規則84条1項）。管財人が選任されている場合は，管財人が再生計画案を提出する義務を負うが，その場合には，再生債務者および再生債権者も作成・提出することが認められている（163条1項・2項）。

裁判所は，再生債務者等からの申立または職権で，再生計画案の提出期間を伸長することができる（同条3項）。これは再生計画案の内容や事件の規模等の具体的な事情に適応するために，提出期間の延長の余地を認めたものである。

この期間の伸長は，迅速な事件の処理を損なわないように，規則上，原則として2回を超えられないとされている（規則84条3項）。

また再生債務者等は，裁判所が定めた期間とは別に，再生手続開始の申立ての後，債権届出期間満了前にも更生計画案を提出することも認められている（再生計画案の事前提出。164条1項）。この場合，通常の届出期間満了後の提出の場合と異なり，再生計画案中に，後に説明する個別債権の権利変更条項（157条）や未確定の再生債権に関する条項（159条）を定める必要はなく，権利の一般変更条項を定めれば足りる。ただし，債権届出期間満了の後，裁判所の定める期間内に再生計画案の条項を補充しなければならない（164条2項）。これは，たとえば，私的整理から再生手続に移行する場合のように，再生債務者等がいち早く再生計画案を裁判所に提出することによって，債権者に対する事前の同意の取付作業を継続することが適当な場合があることを考慮したものである。

3　再生計画の成立手続

裁判所は，債権者による決議に付する前に債権の一般調査期間の終了後，再生債務者等から提出された報告書等（125条・126条）を材料に，再生計画遂行の見込みを判断する。そして，その見込みがないと判断された場合（174条2項2号），あるいは再生手続または再生計画に軽微でない法律違反があり，その補正ができない場合（同1号）や再生計画の決議が再生債権者の一般の利益に反すると認められる場合（同4号）には，裁判所は再生計画案を決議に付すことはできない（170条）。

これらの不認可事由がない場合には，裁判所は再生計画案を決議に付する。決議の方法としては，債権者集会による決議（171条）と書面による決議（172条1項）が認められている。いずれの場合も従来の和議（和49条1項，破306条）の場合と比べると可決要件が緩和されている。

なお，裁判所は，再生計画案について労働組合等の意見を聴取する必要がある（168条）。

（1）　債権者集会による決議（171条）

裁判所は，再生計画案について書面による決議に付さない場合，または法定多数の債権者（10分の1以上）から再生計画案決議のための債権者集会の招集の申立（114条）がある場合には，債権者集会を招集する（171条1項）。この場合の決議要件は，出席者の過半数（頭数要件）で，議決権を行使できる再生債権者の議決権総額の2分の1以上（議決権額要件）とされている（171条4項）。従来の和議法では和議条件の可決には出席債権者の過半数，かつ，総届出債権額の4分の3以上の同意が必要であり，再建に絶対反対の債権者が4分の1以上いれば，和議条件の可決をあきらめなければならなかったのを緩和したものである。
　再建に絶対反対の立場を貫く一部債権者が存在することが多い現状に照らし，倒産実務に与える影響は大きいといわれている。

（2）　書面による決議（172条）

　裁判所は，相当と認めるときは，再生計画案を書面による決議に付すことができる（同条1項）。たとえば，債権者が多数いて，その所在地が全国各地に散在しているうえ，再生債権者のほとんどが再生計画案に賛成することが裁判所にも明らかであるような場合などがこれに該当する。書面による決議を行う場合は，その旨を公告したうえ，再生債権者等に対して再生計画案を記載した書面とともに，議決権を有する者に対しては，裁判所の定める期間内（2週間以上3カ月以内）に再生計画案に同意するか否かを書面で回答すべき旨を記載した書面を送達して行う（同条2項）。この場合の決議要件は，期間内に再生計画案に同意するかどうかを書面で回答した議決権者の過半数（頭数要件）で，かつ議決権の総額の2分の1以上の議決権を有する者の同意（議決権額要件）とされている（同条3項）。

4　再生計画の認可

　以上の決議によって再生計画案が可決された場合には，裁判所は一定の不認可事由が存在しない限り，再生計画認可の決定をする（174条1項）。
　具体的な不認可事由は，以下のとおりである（同2項各号）。
　①　再生手続または再生計画が法律の規定に違反し，かつ，その不備を補正

することができないものであるとき。ただし，違反の程度が軽微な場合は除く。
② 再生計画が遂行される見込みがないとき。
③ 再生計画の決議が不正の方法によって成立したとき。
④ 再生計画の決議が再生債権者の一般の利益に反するとき。

4号にいう「一般の利益に反する」とは，再生計画における弁済総額が，仮に破産手続が行われれば配当されたであろう配当の総額を下回ることをいい，これを下回らないことが求められている（清算価値保障原則）。

再生計画の認可または不認可の決定に対して，即時抗告が認められている（175条1項）。

5 再生計画案の条項

(1) 条　項

再生計画案には，次の各条項を定めることが必要である。
① 一般的権利変更条項（154条1項）
② 個別的権利変更条項（157条1項）
③ 未確定の再生債権に関する定め，別除権者の権利に関する定め（159条・160条）。
④ 根抵当権の極度額を超える被担保債権の仮払または精算条項（160条2項）
⑤ 債権者委員会の活動に関する条項（154条2項）
⑥ 資本減少に関する規定（161条）

(2) 各条項の内容

(a) 一般的権利変更条項　　一般的権利変更条項とは，再生債務者に対する再生債権者の権利が再生計画案によってどのように変更されるか，共益債権や一般優先債権としての性質を持つ権利がどのように弁済されるのかという点についての一般的な条項を意味する（154条1項）。

(b) 個別的権利変更条項　　個別的権利変更条項とは，一般的な条項とは異なり，債権者毎の権利の変更を内容とする条項である。再生債権者毎にそれぞ

れどのように権利が変更されるのかを明らかにして，変更した後の権利の内容を定めなければならないとされている。これによって，各再生債権者にとって自己の権利についてどのような弁済を受けることができるかが明らかになる。

(c) 未確定の再生債権に関する定め，別除権者の権利に関する定め　　未確定債権の取扱いに関する定めとは，再生手続中の届出債権のうち，異議等のある再生債権で確定手続が終了していない未確定の債権について，確定の可能性があるかどうかを考慮したうえで，再生計画でこれをどのように取り扱うかを定めるものである。また，別除権者の権利に関する定めとは，別除権の行使によっても弁済を受けることができない債権の部分（不足額）が確定していない再生債権を有する者がいる場合に，その債権の部分が確定した場合の再生債権者としての権利行使を定める条項をいう。

(d) 根抵当権の極度額越える被担保債権の仮払または精算条項　　これは，元本の確定している根抵当権を有する別除権者に対して，その根抵当権の被担保債権のうち，極度額を超える部分について仮払をするときに定める条項，および根抵当権の行使によって弁済を受けられなかった不足額が確定した場合の精算条項を意味する。

(e) 債権者委員会の活動に関する条項　　債権者委員会の活動に関する条項とは，再生計画で定められた弁済期間内に，その履行を確保するため債権者委員会が監督等を行う場合に生じる費用についての規定である。再生債務者が費用の全部または一部を負担するときは，再生計画においてその費用の負担に関する条項を定めておく必要がある。

(f) 資本減少に関する規定　　再生計画によって株式会社である再生債務者の資本を減少するときは，減少すべき資本の額および資本減少の方法を，また再生計画によって再生債務者が新株発行を行い，定款の変更を行う場合には，その変更の内容を定めることとされている。再生に向けて支援を受けやすくするためには，適切な資本減少を行ったり，新たな出資者に対して新株発行を行い易くする必要がある。そこで，定款変更の特別決議の規定（商法342条・343条）によることなく，再生計画にもとづいて減資や新株発行のための定款変更を行うことができるとしたものである。

6 再生計画の条件

　再生計画は，再生債権者の間では平等でなければならない（平等原則。155条1項）。ただし，これは形式的・機械的平等が求められているのではなく，不利益を受ける再生債権者の同意がある場合，少額債権，84条2項に定める債権（再生手続開始後の利息の請求権，再生手続開始後の不履行による損害賠償および違約金の請求権等）について，あるいはその他，差を設けても衡平を害さない場合には別の定めを設けることも許される（155条1項但書）。

　再生債務者や第三者が再生計画の定めによらないで，特定の再生債権者に対して特別の利益を与える行為は無効とされている（162条）。また，再生計画における債務の弁済期間は，特別の事情がある場合を除いて，10年間を超えない範囲とされている（155条2項）。

7 再生計画認可の効力

　認可された再生計画は，再生計画認可決定の確定により次のような効力を生ずる（176条）。

（1） 権利の変更・行使

　届出再生債権者の権利と，再生債務者等が自認して認否表に記載していた再生債権を有する権利者の権利は，再生計画の定めによって変更され，債権の確定によりその範囲で行使できる（179条）。

（2） 再生債権の免責

　再生計画認可決定の確定により，再生債務者は，再生計画の定めまたは民事再生法の規定によって認められた権利以外については，原則としてすべての再生債権についてその責任を免れる（178条本文。例外として再生手続開始前の罰金等がある。同条但書）。よって，届出のない再生債権はすべて免責され，弁済を受けることができないことになる。

（3） 中止した手続の失効

　再生計画認可決定が確定したときは，再生手続開始決定により中止していた

破産手続，および再生債務者の財産に対して既になされていた再生債権にもとづく強制執行等は失効する（184条1項本文）。

（4） 再生計画の効果の及ぶ範囲

再生計画認可決定の確定により，再生計画は効力を生じ（176条），①再生債務者，②すべての再生債権者，③再生のために債務を負担し，または担保を提供する者につき効力を生じる（177条1項）。ただし，別除権者が有する担保権，保証人，物上保証人等との関係には影響を及ぼさない（同条2項）。

（5） 確定判決と同一の効力

また，再生計画が認可されると，裁判所書記官は，再生計画の条項を再生債権者表に記載することになり（180条1項），この債権者表の記載は，再生債務者，再生債権者および再生のために債務を負担し，担保を提供した者に対して確定判決と同一の効力を持つことになる（同条2項）。

したがって，再生債権者で，金銭の支払その他の給付の請求を内容とするものを有する者は，再生債務者または再生債務者のために債務を負担した者に対して，その再生債権者表の記載にもとづいて強制執行を行うことができる（同条3項）。

8　再生計画の遂行

再生計画認可が確定したときは，再生債務者等は速やかに再生計画を遂行しなければならない（186条1項）。再生債務者または選任されている場合は管財人が，各再生債権者に対し，再生計画で定めた条件に従って，債務を履行していくことになる。監督委員が選任されている場合は，再生計画認可の決定が確定した後3年間は監督委員の監督が継続する（188条2項）。これによって再生計画の履行を確保しようとしたものであることは，すでに説明したとおりである。

第13章 ■ 再生手続の終了

1 再生手続の終結

　管財人または監督委員が選任されていない場合，裁判所は，再生計画認可決定が確定したとき，再生手続終結の決定をする（188条1項）。これに対し，管財人または監督委員が選任されている場合，裁判所は，再生債務者・監督委員・管財人の申立，または職権により，再生手続終結の決定をする（同条2項・3項）。

2 再生手続の廃止

　再生手続の廃止とは，再生手続開始後に，再生手続がその目的を達することのないままに終了することをいう。

　再生計画認可確定後の廃止決定は，再生計画の遂行および法の規定によって生じた効力に影響を及ばさない（195条6項）。

　再生手続の廃止決定は，職権による裁量的破産宣告事由となり，再生手続が不成功に終わった場合に，裁判所は職権で破産宣告をすることができるとされている（16条）。

第14章 ■ 簡易再生・同意再生

1 簡易再生・同意再生の必要性

　民事再生法は，DIP 型，監督型，管理型といった柔軟性に富んだ手続を用意し，かかる手続は大企業から中小企業，さらには事業者であるか非事業者であるかを問わず個人にも適用されることが予定されている。ところが，通常の再生手続では，債権の調査確定手続を置くなど複雑な手続が存在していることもあり，事案によってはかえって早期の再建ができなくなるおそれも含んでいる。そのため，中小零細企業にとっては，和議法以上に複雑で時間のかかるおそれのある民事再生法の手続選択に躊躇し，かえって企業の再建の契機を失うおそれもあることは否定できない。

　そこで民事再生法では，ある程度の債権者の同意がある場合には，通常予定されている手続を緩和し，簡易迅速な再建を企図する簡易再生手続および同意再生手続を用意した。これらは再生手続の４つの類型のうち簡易型に属するものである。

2 手続の概要

(1) 債権調査手続の省略

　簡易再生手続および同意再生手続は，債権の調査確定手続を省略して，再生計画案を決議し（簡易再生手続），あるいは提出された計画案をそのまま認める（同意再生手続）手続である。これらの手続の申立は，債権届出期間経過後，一般調査期間の開始前に行われる必要がある。そのため，手続が簡略化されているとはいえ，債権者は債権届出を行う必要がある。

（2） 簡易再生手続

　簡易再生手続は，裁判所が評価した届出総債権額の5分の3以上にあたる債権を有する届出債権者が，書面により，再生債務者等が提出した再生計画案について同意し，かつ再生債権の調査確定手続を経ないことに同意している場合は，再生債務者等の申立を受けた裁判所が簡易再生の決定をすることで開始する（211条1項）。再生債務者等は労働組合にもその旨を通知する必要がある（同条2項）。

　簡易再生手続では，簡易再生の決定から原則として2ヶ月以内に債権者集会で再生計画案が決議に付される。また，再生計画案を決議に付すためには，財産状況報告集会での債権者への報告，または裁判所への報告書の提出を事前に行う必要がある（214条2項）。これは，再生債権者に対して，決議前に再生計画案の内容について事前に情報を公開する趣旨である。以上のような条件が整った場合に初めて再生計画案の決議を行う（214条1項・2項）。再生計画案に書面により同意していた届出債権者が債権者集会に欠席した場合，事前に裁判所に書面による同意撤回をしない限り，出席して賛成したものとみなされる（同条3項）。

　再生計画案の決議が可決され，裁判所の認可決定が確定すると，すべての再生債権者の権利が再生計画に従って変更される（215条）。

　ただし，簡易再生手続では届出債権の調査確定手続が省略されたことに照応して，届出再生債権に確定効や失効力は付与されていない。そこで，再生計画の履行がなされなかった場合には，計画取消の申立を行うことによって対抗していくことが必要となる（216条・189条）。

（3） 同意再生手続

　同意再生手続は，すべての届出再生債権者が，簡易再生手続と同様の同意書面を提出する場合に，再生債務者等の申立により，裁判所が同意再生の決定を行う手続である（217条）。同意再生の申立も債権届出期間の経過後，一般調査期間の開始前でなければならないこと，および労働組合への通知が必要なことは簡易再生手続と同様である。また裁判所が同意再生の決定を行う前提として，財産状況報告集会での債権者への報告または裁判所への報告書の提出が必要である。この同意再生の決定が確定すると，再生計画案について再生計画認可の

決定が確定したものとみなされ（219条1項），すべての再生債権者の権利が再生計画に従って変更される（同条2項による215条の準用）。同意再生手続も手続を簡略化したことに照応して，届出再生債権に確定効や失効力は付与されない。そのため，再生計画が不履行となった場合には，簡易再生手続の場合と同様に，計画取消の申立が認められている（220条・189条）。

　なお，これら手続においては再生計画の変更は認められていない（216条・220条による187条の不適用）。

第4編
個人再生手続

第1章 ■ 個人再生手続の創設

　通常の再生手続は個人にも適用され得るものであるが，主として中小企業以上の規模の事業者を念頭において立案されている。そのため，実務上は，企業の代表者が当該企業の再生手続申立てと並行して代表者個人の再生手続を申し立てる例はあっても，個人が単独で再生手続を利用する場合は少ないのが実情であった。しかし，消費者破産の急激な増加のなかで，個人が破産をしないで，生活の基盤である住宅などの一定の資産を保有しながら，再生の途を確保できる手続が切望されるに至った。そこで，民事再生法が改正され，従来の再生手続の中の特則として，新たに個人債務者の民事再生手続（以下，個人再生手続という）が創設された。この個人再生手続は，経済的に破綻した，あるいは，破綻するおそれのある個人が，将来の収入等を原資として，債務の一部を弁済して，残債務を免除することにより，経済的な再生を目指す手続である。その際，生活の基盤となる住宅の確保などに配慮して，個人債務者が再生しやすいように工夫している。また，債権者にとっても通常の破産手続に比べて多くの債権の回収が期待できることを意図している。個人再生手続には，①「住宅資金貸付債権に関する特則」（民事再生法第10章196条から206条。以下，住宅資金貸付に関する特則という），②「小規模個人再生に関する特則」（民事再生法第13章第1節221条から238条。以下，小規模個人再生に関する特則という），および③「給与所得者等再生に関する特則」（民事再生法第13章第2節239条から245条。以下，給与所得者等再生に関する特則という）の三つの類型がある。

第2章 ■ 住宅資金貸付債権に関する特則

　住宅資金貸付債権に関する特則（民事再生法第10章196条以下）とは，経済的に破綻に瀕した個人債務者が，住宅を手放すことなく経済的再起を図ることを目的としている。この特則は，住宅資金貸付債権（住宅ローン債権）を担保するため，住宅に抵当権が設定されている再生債務者が，住宅ローンの返済を滞納している場合一定の条件のもとで，再生債務者が喪失した期限の利益を回復させ，さらには，所定の弁済期の繰延べを認めようとするものである（リスケジューリング）。この住宅資金貸付債権に関する特則は，通常の再生手続の特則として位置付けられ，一般の再生計画とは別枠で住宅資金貸付債権（住宅ローン債権）に関する条項を設けることになる。これは，通常の再生手続，小規模個人再生，給与所得者等再生のいずれにも適用がある。なお，この特則は，住宅ローンの支払額を免除する制度ではなく，あくまでも住宅ローンの支払を繰り延べる制度である。

1　住宅資金特別条項を定めることができる場合

　住宅資金特別条項とは，再生債権者の有する住宅資金貸付債権（住宅ローン債権）の全部または一部を変更する再生計画の条項をいう（196条4号）。この住宅資金特別条項は，「住宅資金貸付債権」（196条3号）についてのみ定めることができる（198条1項）。「住宅資金貸付債権」といえるためには，①住宅の建設もしくは購入に必要な資金，または住宅改良に必要な資金の貸付けにかかる分割払の定めがある再生債権であること，②当該再生債権，または当該再生債権にかかる保証会社（業として保証を行う者）の求償権を被担保債権として，抵当権が設定されていること，が必要である（196条3号）。

2　住宅資金特別条項を定めることができない場合

　これに対して，以下の場合には，住宅資金特別条項を定めることができない。たとえば，住宅に住宅ローンとは別の債務について抵当権が設定されている場合など，住宅について他の抵当権等が設定されている場合である。また，住宅に加えて，住宅以外の他の物件にも，住宅資金貸付債権（住宅ローン債権）または保証会社の求償権を担保するための共同抵当が設定されている場合において，その物件上に後順位抵当権が設定されている場合も同様に住宅資金特別条項を定めることができない（198条1項）。これは，たとえば，住宅以外の不動産に住宅資金貸付債権についての共同抵当が設定されており，その不動産に後順位抵当権が設定されている場合である。また，たとえば，個人である連帯保証人が保証債務の履行をして民法500条の代位によって再生債権者となった場合も除かれている（198条1項）。これは，もともと住宅資金特別条項は，住宅資金貸付債権者等の同意なくして，その権利を変更する制度であるため，保証会社でない者にまで適用を認めることは不合理であると解されるからである。さらに，保証会社の保証債務の履行の日から6カ月を経過した後に，再生手続開始の申立がなされた場合も除かれている（198条2項）。また，保証会社がすでに保証債務を履行した後であっても，住宅資金特別条項を定めることは可能である（196条3号参照）。特別条項を定めた再生計画の認可決定が確定した場合で，保証会社が住宅資金貸付債権にかかる保証債務をすでに履行していたときは，当該保証債務の履行はなかったものとみなされ，もともと住宅資金貸付債権を有していた者が再生債務者に対する再生債権者として復活することになる（204条1項・2項）。これを「巻戻し」制度という。保証債務履行後，あまりに長期間経過後にこの「巻き戻し」を認めると，法的安定を害することになる。そこで，保証会社による保証債務の履行があった場合には，その保証債務全部の履行の日から6カ月以内に再生手続開始の申立があったときに限り，住宅資金特別条項を定めることができるとしているのである（198条3項）。

3 住宅の意義

住宅資金貸付債権に関する「住宅」とは，個人である再生債務者が所有し，自己が居住している建物をいう。再生債務者がその建物の一部に居住しているときは，床面積の2分の1以上に相当する部分が専ら居住用として使用されていることが必要である。ただし，居住している建物が複数あっても，再生債務者が主として居住の用に供するもの一つに限ると規定されている（196条1号）。

4 住宅資金特別条項の内容

住宅資金特別条項を定めた再生計画案を提出できるのは，再生債務者のみである（200条1項）。この点は，通常の再生手続では，再生債務者のみではなく再生計画案を再生債権者も提出できることと異なる（163条2項参照）。これは，住宅資金特別条項の目的が，再生債務者が住宅を手放すことなく再生することにある以上，そもそも住宅資金特別条項を定めた再生計画案を提出するか否かを再生債務者の意思に委ねることが妥当であると考えられたためである。住宅資金特別条項による権利変更で，基本的に，住宅資金貸付債権（住宅ローン債権）の減免をすることはできず，弁済の繰り延べのみが認められている。しかも，住宅ローンの弁済を繰り延べる際も，できる限り，以下のとおり法定された方式の枠組みに従って，弁済の繰り延べを行うことが認められている。もともと住宅ローン債権者は抵当権を有していたり，保証会社の保証を受けるなどして，再生手続上もいわば優先的な地位にあるということができる。そのような住宅ローン債権者に対して，住宅資金特別条項によって，権利内容の変更をもたらすことになる。そこで，住宅ローン債権者の利益を不当に害することのないよう一定の枠組みが定められているのである。なお，小規模個人再生および給与取得者等再生における再生計画に，住宅資金特別条項を定めようとする場合は，あらかじめ債権者一覧表に住宅資金特別条項を定めた再生計画案を提出する意思がある旨を記載しなければならない（221条3項・244条）。この記載をしなかった場合は，住宅資金特別条項を定めた再生計画案を提出しても不認

可となる（174条2項1号・241条2項1号）。また，債権者一覧表に当該記載をしたにも拘わらず，住宅資金特別条項の定めのない再生計画案を提出したときも，同じく不認可となる（231条2項4号・241条2項5号）。この意味で，個人再生手続の場合に，住宅資金特別条項を定めるか否かを申立時に決定する必要がある点に注意を要する。住宅資金特別条項の内容は，次の4つの方式に分類されている（199条）。

（1）期限の利益回復

この方式は，住宅資金特別条項の原則的な内容となる。これは，住宅ローンの支払遅滞によって失った期限の利益を回復させることがその主たる内容である。①一般弁済期間内（住宅資金貸付債権以外の再生債権についての弁済期間内）に，債務不履行部分の元利金および不履行による損害賠償の金額を弁済する計画であること，②弁済期間は，5年以内であること，③将来の元利金を約定どおり支払うことを内容とする（同条1項）。

（2）最終弁済期の延期

再生債務者が，上記（1）の原則的条項による期限の利益の回復の方法によっては，住宅資金貸付債権（住宅ローン債権）の弁済をしていくことが困難な場合に，例外的に当初の契約において定められた最終の弁済期の延期を認めてリスケジュールを行う方式である。ただし，これが認められるためには，①当初の住宅資金貸付契約において定められていた約定の最終弁済期限を，最長10年（ただし，70歳まで）まで延長するものであること，②上記の弁済期内に，債務不履行部分の元利金等および将来の元利金の金額を支払うものであること，③一定の基準により住宅資金貸付契約における弁済期と弁済期の間隔や各弁済額が定められているときは，概ねそれに従うものであること，の要件を備える必要がある（199条2項）。

（3）元本の一部についての一定期間内の支払猶予

さらに，上記（2）の最終弁済期の延期の方法でも，再生計画の遂行が著しく困難であるときは，例外的に元本の一部の弁済を猶予した特別条項を定めることができる。これは，上記（2）の最終弁済期の延期の各要件を備えることを前提として，住宅ローン債権以外の一般の再生債権の弁済期間の範囲内で定める期間（元本猶予期間）中に限って，各弁済期に支払う元本額を少なくする

ものである (199条3項)。

(4) 同意による場合

特別条項により権利の変更を受ける者の別の個別の同意があれば，さらに他の変更を加えることができる。たとえば，約定最終弁済期から10年を超えて住宅資金貸付債権にかかる債務の期限の猶予を得ること，その他法律に規定された変更以外の変更をすることを内容とする特別条項などを定めることもできる (199条4項)。

5 抵当権の実行としての競売手続の中止命令

再生計画が認可される前に抵当権が実行され，その結果，住宅が競落されて再生債務者が住宅を失う結果となってしまっては，住宅資金特別条項を定めた再生計画案を提出した意味がなくなってしまう。そこで，住宅資金特別条項の実効性を確保するため，再生手続開始の申立てがあった場合に，住宅資金特別条項を定めた再生計画の認可の見込みがあると認めるときは，再生債務者の申立てにより，抵当権者の意見を聴いたうえで (197条2項)，相当の期間を定めて，抵当権の実行としての競売手続の中止を命ずることができる。これを，競売手続の中止命令という (197条1項)。通常の再生手続における担保権実行の中止命令には，厳格な要件が要求されているが (31条)，ここでは，特別条項付再生計画の認可の見込みがあればよいという程度の要件が要求されており，要件が緩和されている点に特色がある。

6 再生計画の決議

住宅資金貸付債権に関する特別条項が定められた場合，住宅資金貸付債権および住宅資金貸付債権の保証に基づく求償権については，再生計画案についての議決権が認められていない (202条1項)。住宅資金貸付債権等は，免除による不利益を受けることなく全額の返済が受けられ，他の再生債権と比較して再生計画による権利変更の影響が少ないといえるし，住宅ローン債権者は一般に融資額が大きいため，これに議決権を与えてしまうと事実上住宅ローン債権者

の意向で，再生計画が決定されてしまうからである。したがって，住宅資金特別条項を含む再生計画案が，一般の再生債権者によって可決された場合は，住宅資金特別条項によって権利の変更を受ける者の同意なくして，支払猶予を受けることができることになる。もっとも，裁判所は，住宅資金特別条項によって権利の変更を受ける者の意見を予め聴取しなければならないとされている（201条2項）。

7　再生計画の不認可

特別条項を定めた再生計画案が可決された場合でも，次の事由がある場合には，裁判所は不認可の決定をする（202条1項）。

①　通常の再生手続に規定されている不認可事由があるとき（202条2項1号・174条2項1号・4号）。なお，小規模個人再生において規定されている不認可事由（231条2項4号）や給与所得者等再生において規定されている不認可事由（241条2項1号・5号）があるときも不認可となる。

②　再生計画が遂行可能であると認めることができないとき（同条2項2号）。すなわち，住宅資金特別条項を定めた再生計画については，裁判所が再生計画が遂行可能であると積極的に認定することができない限り，不認可となるわけである。これは，通常の再生計画が再生計画が遂行される見込みがない場合に限って不認可とすることとしているのと比べて厳格である。

③　再生債務者が住宅の所有権または住宅の敷地の使用権を失うことになると見込まれるとき（202条同号3号）。

これは，再生計画が成立したとしても他の原因（例えば，租税の不払いを理由とする滞納処分による公売など）によって住宅の所有権や敷地の使用権を失うことが見込まれるのであれば，住宅資金特別条項を定めても無意味だからである。

8　再生計画の認可およびその効力

裁判所は，住宅資金特別条項を定めた再生計画案が可決された場合は，不認

可事由がなければ認可決定をしなければならない（202条1項）。特別条項を定めた再生計画の認可決定が確定すると，次のような効力が生じる。

① 住宅資金貸付債権（住宅ローン債権）は，特別条項の定めに従って，一般的に権利の変更がなされる（205条2項）。

② 変更後の権利については，期限の利益の喪失その他について，当初の住宅資金貸付契約における定めと同一の定めがなされたものとみなされる。ただし，199条4項の同意によって別段の定めをした場合を除く（203条2項）。

③ 住宅資金特別条項を定めた再生計画の効力は，住宅および住宅の敷地に設定されている抵当権，住宅資金貸付債権（住宅ローン債権）の保証人，連帯債務者等にも及ぶ（203条1項）。この理由は，次の**9**および**10**のとおりである。

9　抵当権への影響

抵当権（196条3号）は，被担保債権の期限が到来して，抵当権を実行できる段階になっていたとしても，特別条項によって期限が猶予されれば，その制限を受けて実行できなくなる（203条1項）。また，すでになされている競売手続は，再生債務者が特別条項を定めた再生計画の認可決定の謄本を提出すれば停止され（民執183条1項3号），すでに執行処分がなされている場合には取り消される（民執183条2項）。

10　保証人等への影響

すでに述べたとおり，住宅資金特別条項を定めた再生計画の認可が確定した場合は，住宅ローン債権についての再生債務者の保証人等にも，その効力が及ぶことになる。これは，通常の再生手続と異なる点である。このように保証人等に対しても効力が生じることとしたのは，仮に効力が及ばないとすると，住宅ローンの債権者が保証人等に対して保証債務の履行を請求できることとなる。そして，これに応じた保証人は，今度は住宅ローン債権者に代位（民法500条）して，住宅に設定された抵当権を行使することになってしまう。しかし，それでは，抵当権の実行を回避して，住宅の確保を図ろうという住宅資金特別条項

の目的が実現できなくなってしまう。そこで，住宅資金特別条項の効力は，保証人等にも及ぶこととしたのである。

11　再生計画の取消

特別条項を定めた再生計画については，住宅資金貸付債権者は再生計画の取消申立をすることはできない（206条1項）。住宅資金特別条項はあくまでも期限を猶予する意味を有するもので，約定弁済の遅滞によって期限の利益喪失条項が適用されうることから，特段の不利益が生じないからである。

第3章 ■ 小規模個人再生

1 はじめに

　小規模個人再生（民事再生法第13章第1節）は，通常の民事再生手続の特則として位置付けられており，その対象者を再生手続を利用できる者のなかで，「将来において継続的にまたは反復して収入を得る見込み」があり，かつ，その債務の総額（ただし，住宅ローン債務等の一定の債務は控除する）が3,000万円を超えない個人に限定している（221条1項）。通常の民事再生手続と同様，再建型の債務整理手続であり，当該個人である債務者が，将来の収入から再生計画にもとづき一定の債務を分割弁済して，残債務の支払いの免除を受けるという手続である。小規模個人再生は，手続の骨子については，通常の再生手続を準用しているが（民再238条参照），債権調査の手続や再生計画案の可決のための手続などの点で，通常の再生手続を簡素かつ合理化している点に特徴がある。

2 手　　続

(1) 手続開始の要件等

　(a) 申立権者　　小規模個人再生を利用しようとする個人債務者は，再生手続開始の申立に際して，小規模個人再生の申述をし（222条1項），債権者一覧表を提出しなければならない（同条2項）。申立権者は個人の債務者のみであり，債権者からの申立はできない。また，申立権者となれる債務者は，先に述べたとおり，①将来において継続的にまたは反復して収入を得る見込みがある者であり，かつ②再生債権の総額から住宅資金貸付債権の額，別除権の行使により弁済を受けることができると見込まれる額，再生手続開始前の罰金等の額を控除した額が3,000万円を超えないものでなければならない，（221条1項）。

ここで②の要件にいかなる者が該当するかが一応問題となるが，小規模個人再生手続では，再生計画の内容で，最低弁済基準額が法定されていること，弁済期が原則として再生計画認可決定の日から3年（最長5年）の範囲であること，3カ月に1回以上の弁済を行うことが求められていることに照らして個別具体的に判断すべきであろう。

(b) 申述の時期・方式　小規模個人再生を行うことを求める旨の申述は，通常の再生手続開始申立の際か，債権者の再生手続開始申立であれば，再生手続開始決定があるまでにすることが必要である（同条2項）。申述の方式および書面の記載事項はZ，民事再生規則（規則112条・113条）で規定している。申述をするには，民事再生規則で定める事項（規則114条1項）を記載した「債権者一覧表」を添付しなければならない（221条3項）。また，再生債務者が，債権者一覧表に記載した債権について，将来異議を述べる可能性があるときはその旨も記載することが求められている（221条4項）。再生債務者は，申述に当たっては，仮に小規模個人再生の要件を満たさない場合においても，通常の再生手続の開始を求める意思があるか否かを明らかにしなければならない（221条6項，規則112条2項1号）。

（2）再生手続開始決定

小規模個人再生における再生手続開始決定では，裁判所は，決定と同時に再生債権届出期間および届出再生債権に対し異議を述べることができる期間を定める（222条1項）。また，決定の主文および上記の各期間を公告し（222条2項），再生債権者および知れたる再生債権者にはこれを記載した書面を送達する（222条3項）。

3　機　　関

小規模個人再生では，簡易で迅速な手続を実現するという要請と費用の支出を最小限にするという観点から，簡易化を図り，通常の民事再生手続の機関である監査委員，調査委員，管財人，保全管理人，債権者集会，債権者委員会といった機関を設けていない。ここでは裁判所を補助する機関として，個人再生委員を選任することができるとしている（223条）。個人再生委員の員数は，1

人または数人とされている（223条1項）。また，その資格には特段の制限はなく，法人にも認められているが（54条3項・223条10項），実務上は弁護士が選任されている。

個人再生委員の職務は，裁判所の指定する，①再生債務者の財産および収入の状況の調査，②評価の申立がされた再生債権の評価に関し，その存否および額ならびに担保不足見込み額を調査し，裁判所を補助すること，③再生債務者が適正な再生計画案を作成するために必要な勧告を行うこと，の全部または一部とされている（223条2項）。個人再生委員は，①の職務を行うため，再生債務者，または，その法定代理人に対し，再生債務者の財産および収入の状況について報告を求め，再生債務者の帳簿，書類その他の物件を検査することができる（223条8項）。また，②の職務を行うため，再生債務者や再生債権者等に対し，再生債権の存否および額ならびに担保不足見込額に関する資料提出請求権が認められている（227条6項）。これらの個人再生委員の権限の行使については，これに応じない場合には，10万円以下の過料の制裁が存在している（252条2項）。

個人再生委員は，裁判所から指定された職務についての調査の結果を，指定された期間内に報告しなければならない（223条3項）。その他，個人再生委員については，裁判所の監督（57条），数人の個人再生委員があるときの職務の共同執行の定め（58条），監督委員の注意義務（60条），その他の通常の民事再生手続の規定（61条2項～4項）が準用されている（223条10項）。

4　再生債権の手続内的確定

小規模個人再生では，手続を簡易化して迅速に処理するため，通常の再生手続で行われる再生債権の届出・調査・確定の手続は行われない。そのため，再生債権の実体的な意味での存否や額は確定せず，手続内における確定の意味しか有しない。

（1）　みなし届出制度

再生債務者は，再生手続開始の申立時に，小規模個人再生を行うことを求める旨の申述を行い，その際に債権者一覧表を提出しなければならない（221条

3項)。この債権者一覧表に記載された再生債権者の債権届出については,「みなし届出」という制度が認められている。すなわち,債権者一覧表に記載されている再生債権者は,債権者一覧表に記載された再生債権については,債権届出期間内に裁判所に当該再生債権の届出または当該再生債権を有しない旨の届出をした場合を除いて,当該債権届出期間の初日に,債権者一覧表の記載どおりの届出をしたものとみなされる(225条)。これによって,再生債権者の債権届出の負担を軽減する趣旨である。

(2) 異 議 申 述

小規模個人再生では,通常の再生手続において行われる再生債権の調査期間の制度に代えて,より簡易な手続として異議申述の制度が設けられている。異議申述とは,再生債務者および届出再生債権者が,一般異議申述期間内に裁判所に対して,届出があった再生債権額または担保不足見込額について,書面で異議を述べることができる手続である(226条1項)。再生債務者は,届出再生債権の内容に対して異議を述べるほか,自らが債権者一覧表に記載した再生債権にも異議を述べられる。ただし,将来再生債務者が異議を申述する場合がある旨の見込額については,債権者一覧表に記載していないものについては,異議を述べられない(226条1項但書)。以上のとおり,小規模個人再生では,債権者一覧表の提出を義務付けたうえ,これにみなし債権届出の効力を認めて,手続の簡易迅速化を図る反面,申立時に再生債務者が正確な債権者一覧表を作成することは困難な場合もあり得ることを考慮して,再生債務者の保護のため再生債務者があらかじめ異議を留保した債権については,一般異議申述期間における再生債務者からの異議を認めることとしている。

(3) 再生債権の評価の裁判

再生債権の評価とは,再生債務者または届出再生債権者が異議を述べた場合に,当該再生債権を有する再生債権者が,裁判所に対して再生債権の評価を申し立てることをいう。

異議のあった当該再生債権の債権者は,異議申述期間の末日から3週間の不変期間内に,再生債権の評価の申立をすることになる(227条1項)。再生債権である場合は,異議を述べた者の側から評価の申立をしなければならない(民事訴訟法227条1項但書)。

（4） 個人再生委員による調査

　裁判所は，以上の評価の申立に対し，不適法として却下する場合を除いては，個人再生委員を選任して，再生債権の存否，その額，担保不足見込額の調査を職務として指定したうえで，調査させなければならない（223条1項但書）。個人再生委員は，調査の結果を一定の期日内に裁判所に対して報告し（227条5項），裁判所はその個人再生委員の意見を聴取したうえで，再生債権評価の申立があった再生債権について，その債権の存否および額または担保不足見込額を決定する（227条7項・8項）。この決定に対する不服申立は認められていない。

（5） 調査結果の効力

　調査手続を経て，債権者一覧表に記載された再生債権および届出再生債権のうち，①異議が述べられなかった再生債権（無異議債権），および②227条7項によって裁判所が評価した再生債権（評価済債権）は，再生計画上の計画弁済の対象となる。これらの債権は，再生手続内において議決権を有することになる（230条6項）。また，再生計画認可の要件である債務の総額や計画弁済総額（231条2項2号・3号）の計算上の基礎となる。再生債権の評価の裁判は，あくまでも小規模個人再生における議決権の額等の基礎となるという意味で，手続内でのみの確定を意味している。その意味で，通常の再生手続における再生債権の査定の裁判が，再生債権の存否や内容について実体的にも確定することとは，異なる。これは，もともと小規模な事件を想定している小規模個人再生で，実体的に債権の内容を確定させるための重い手続を取り入れることは費用や時間の点からもみて相当でないと考えられたためである。そのため，調査結果について既判力や執行力は生じない。

5　再生債務者の財産の調査および報告

　通常の再生手続では，再生債務者は，財産の評価および裁判所に対する報告をする（124条・125条）。再生債務者は，財産目録または報告書を裁判所に提出したときは，再生債権者の閲覧に供して開示するため，再生計画認可または不認可の決定が確定するまで，これらの書面の写しを再生債務者の主たる営業所

もしくは事務所・再生債務者の代理人の事務所または，その他の裁判所が相当と認める場所に備え置かなければならない（規則129条1項）。さらに，再生債権者は，再生債務者が裁判所に提出した財産目録および報告書の閲覧，謄写，その正本，謄本もしくは抄本の交付を請求することができる（17条2項）。小規模個人再生では，裁判所は必要に応じて，個人再生委員を選任して，財産状態の調査，報告をさせることになる（223条2項・3項）。なお，小規模個人再生では，実際上の困難さを考慮して，貸借対照表の作成および提出を要しないこととされている（224条）。この点は，給与所得者等再生の場合も同様です（244条）。

6 再生計画案の作成および提出

小規模個人再生では，再生計画案の作成および提出は，再生債務者のみができる（238条による163条2項の適用除外）。また，再生計画案の提出時期については，迅速な手続を実現するため，一般異議申述期間の末日から2カ月以内とされている（163条，規則84条・130条）。

再生計画案の条項については，以下の各点が重要である。

(1) 形式的平等原則の採用

小規模個人再生における再生計画による権利の変更の内容は，再生債権者間で，形式的に平等でなければならない（229条1項）。この点は，実質的平等主義を採用する（155条1項）通常の再生手続とは異なる。したがって，例えば，再生債権者間で弁済率に差異を設けることはできないと解されている。これは，小規模個人再生においては，簡易迅速な手続の実現のためには，いちいち個別の事情を踏まえたうえで，実質的平等か否かの判断を求めることは妥当でないと考えられたからである。ただし，例外として，①不利益を受ける再生債権者の同意があるとき，②少額再生債権の弁済期につき別段の定めをするとき，③期限後の利息等につき別段の定めをするときは除外されている（229条1項）。

(2) 3年間かつ3カ月に1回以上の分割弁済の原則

再生債権者の権利を変更する条項における債務の弁済期限の猶予については，上記(1)で別段の定めをする場合を除き，①弁済期が，3カ月に1回以上到

来する分割払いの方法によること，②最終の弁済期を再生計画認可の決定の確定の日から3年後の日が属する月中の日（特別の事情がある場合には，再生計画認可の決定の確定の日から5年を超えない範囲内で，3年後の日が属する月の翌月の初日以降の日）とすること，とされている（229条2項）。これは，通常の再生手続の10年の期限の猶予（155条2項）に比べて迅速な手続を実現しようとする趣旨である。

（3） 権利変更の一般的基準

権利変更は一般的基準のみを定めることとし，157条ないし159条の適用が排除されている（238条による157条から159条までの適用除外）。この点は，通常の再生手続における再生計画では，①権利変更の一般的基準（156条），②各再生債権についての変更後の権利の内容（157条），および③未確定の再生債権に対する適確な措置（159条）を定めなければならない，とされていることとは異なる。これは通常の再生手続では再生債権が債権調査確定手続によって実体的に確定することから，これを前提とする②や③を定める必要があるのに対して，小規模個人再生には，簡易な債権調査手続のみが設けられていて，債権の内容が具体的に確定しないためである。

（4） 清算価値保障原則の遵守

再生計画にもとづく弁済が，仮に破産手続に移行した場合に予想される配当率を下回っている場合がこれに反すると解されている。これを清算価値保障原則という。再生債権者としては，小規模個人再生によって，将来の収入からの分割弁済を余儀なくされる以上，少なくとも破産手続による配当額以上の弁済を受けられる場合でなければ，そのような再生計画に賛成する合理性はない。そこで，再生債務者による書面決議を求めるに際しては，再生計画の決議が再生債権者の一般の利益に反するとき，と規定され，これによって清算価値保障原則の遵守が要求されている。

（5） 最低弁済額要件の遵守

上記（4）の清算価値保障の原則だけでは，財産のない個人債務者の場合は，全く弁済しないような内容の再生計画でも成り立ち得ることとなってしまう。しかし，それで債務者の継続的な収入をベースにして，債務の一部弁済を行ったうえで残債務を弁済するという個人再生手続の目的に反する。また，モラル

ハザードを招くし、裁判所や債権者の労力を無駄にすることもなりかねない。そこで、再生計画の認可要件の1つとして、最低弁済額要件が設けられている。これによって、再生計画にもとづく弁済総額は、無異議債権および評価済債権（別除権の行使によって弁済を受けることができると見込まれる、再生債権を除く無担保再生債権および84条2項に定める利息等の請求権を除く。これを「基準債権」という）に対する再生計画にもとづく弁済の総額（これを「計画弁済総額」という）が基準債権の総額の5分の1または100万円のいずれか多い額（基準債権の総額の5分の1が300万円を超えるときは300万円）を下回っているときは、再生計画が不認可とされる（231条2項3号）。

7　再生計画案の決議

裁判所は、一般異議申述期間が経過し、かつ、再生債務者が財産状況等についての報告書を裁判所に提出した後に、再生計画案を決議に付する（230条1項）。

（1）　決議の時期

裁判所が付議する時期は、①異議申述期間が経過し、かつ、民事再生法125条1項規定の報告書が提出された後、②届出再生債権に異議が述べられた場合には、227条1項本文が定めた異議申述期間の末日から3週間の不変期間が経過した後、③この不変期間内に評価の申立がなされたときは評価がなされた後である（230条1項）。

（2）　書面決議

小規模個人再生では、債権者集会は開かれず、再生計画案は議決権を有する再生債権者による書面決議の方法が採用されている（230条3項）。

これは、通常の再生手続では、原則として債権者集会を開催することとされ、書面による決議が例外的であることと異なる（171条参照）。裁判所は、書面決議に付する決定をした場合は、その旨を官報に公告するとともに、議決権を行使できる再生債権者（無異議債権者および評価済債権者）に、再生計画案を記載した書面および再生計画案に同意しない者は裁判所の定める期間内に書面で回答すべき旨を記載した書面を送達する（230条4項）。これを受けて、再生計

画案に同意しない再生債権者は，裁判所の定める期間内に当該送付を受けた用紙を用いて，同意しない旨を回答する（規則131条2項）。

（3） 可決要件の緩和

上記の裁判所の定める期間内に再生計画案に同意しない旨を書面で回答した者が，議決権者総数の半数に満たず，かつ，反対の意思を表明した者の議決権の額が議決権者の議決権の総額の2分の1を超えないときは，再生計画案が可決されたものとみなされる（230条5項）。これによって積極的な賛成がなくとも，積極的に不同意の回答をしない限り再生計画案に賛成したものと扱われ，たとえ，賛否が留保されても事実上賛成として扱われることになる。その意味で，消極的同意による可決を取り入れて，通常の再生手続と比べて，再生計画案の可決の要件を緩和したものということができる。

8　裁判所の認可決定

小規模個人再生において，再生計画案が可決されたときは，裁判所は一定の不認可事由がある場合を除いては，再生計画認可の決定をする（231条1項）。裁判所の認可または不認可決定に対しては，即時抗告することができる（175条1項）。

9　認可の効力

小規模個人再生における再生計画は，再生計画認可の決定が確定することによって，効力を生じる。再生計画認可の決定が確定すると，非金銭債権等の再生債権者の権利（87条1項1号〜3号）は，それぞれ当該各号に定める金額の再生債権に変更され（232条1項），権利の内容も債務の免除，期限の猶予，その他の民事再生法156条1項の定める権利変更の一般的基準に従い，変更される（232条2項）。小規模個人再生においては，再生計画の認可決定が確定しても執行力は生じない（238条による99条・180条の適用除外）。これは，小規模個人再生では，再生債権を手続内でのみ確定することとし，実体的な確定手続を用意していないため，再生計画に執行力を認めることができないと考えられた

ためである。この点は，給与所得者等再生の場合も同じ扱いである（244条）。なお，通常の再生手続と同じく，別除権者の担保権，保証人その他再生債務者と共に債務を負う者に対して有する権利，物上保証人の提供した担保に対しては影響を及ぼさない（177条2項）。

10 小規模個人再生の終了

（1） 終結決定

小規模個人再生においては，再生手続は，再生計画認可の決定の確定によって当然に終了する（233条）。これは，個人再生委員が選任されていても同様で，個人再生委員が，通常の再生手続における監督委員のように再生計画認可の決定後に，再生計画の遂行を監督する役割（186条2項・188条2項）を担うのとは異なる。再生手続が終結すると，その後は再生債務者が単独で計画を遂行することになる。

（2） 再生計画の取消

小規模個人再生における再生計画の取消は，通常の再生手続における189条所定の事由によるほか，再生計画が清算価値の保証（再生計画における弁済の総額が，破産手続が行われた場合の配当総額を下回らないこと）がないことが明らかになった場合も含まれる（236条）。

（3） 再生手続の廃止

小規模個人再生の手続が廃止される場合には，通常の再生手続における廃止事由がある場合（191条の各号（ただし，民事再生法191条3号は，通常の再生手続では再生計画案が否決された場合には，裁判所は職権で，再生手続の廃止をしなければならないとしているが，小規模個人再生における書面決議では，消極的同意を要件としていることから（230条5項），否決という概念がないため，民事再生法191条3号は除く））のほか，①再生計画案に反対する者が法定多数以上で，計画案が否決されたとき（237条1項），および②再生債務者が財産目録に記載すべき財産を記載せず，または，不正の記載をしたとき（237条2項）がある。

11　再生計画の変更

　小規模個人再生では，通常の再生手続と異なり，手続終結後であってもやむを得ない事由で計画の遂行が著しく困難になったときに，再生計画の変更が可能である。ただし，その場合の期間の延長は，再生計画案で定めた債務の最終の期限から２年を超えない範囲で定めなければならない。再生計画の変更は，延長期限を最大２年とする債務の弁済期限の延長のみであり，弁済総額を減少することは許されない（234条１項）。再生計画の変更の申立があった場合の手続は，再生計画の提出があった場合と同様の手続で行う（234条２項）。

12　免　　　責

(1)　ハードシップ免責の創設

　小規模個人再生では，再生計画が認可されて，その履行をしている間に，失業や病気等の，再生債務者の責めに帰すべからざる事由で，再生計画を遂行することが極めて困難で，しかも再生計画の変更も極めて困難な場合には，本来であれば，再生計画が取り消されることになる（189条１項２号）。そうすると，債務者が残債務の履行を免れるためには，別に破産法上の免責手続によらなければならなくなってしまう。しかし，それでは再生計画にもとづいて誠実に，大半の債務の履行を遂行してきた債務者にとって酷である。そこで，一定の要件を満たしていれば，裁判所がその後の再生計画の未履行債務のみならず，再生債務者に対するすべての債務（罰金を除く）につき，免責を認めるという制度（いわゆるハードシップ免責）を創設した。

(2)　ハードシップ免責の要件

　ハードシップ免責のために必要な要件は，①再生債務者の責めに帰することができない事由により再生計画を遂行することが極めて困難となったこと，②再生計画で定められた弁済期間内に弁済すべき再生債権について弁済することになっていた基準債権の４分の３以上の弁済を終えていること，③ハードシップ免責の決定をすることが再生債権者の一般の利益に反しないこと（清算価値

保障の原則），④再生計画の変更によっても弁済することが極めて困難なことである（235条1項柱書および各号）。

(3) 手　　続

ハードシップ免責の要件を満たす再生債務者は，裁判所に対して免責の申立を行う。免責は，再生債務者の申立があった場合にのみ決定でなされる（同項）。

裁判所は，申立があると，届出再生債権者の意見を聴取しなければならない（235条2項）。裁判所は要件を備えていると認めるときは，免責の決定をすることができる。免責決定をした場合には，再生債務者および届出再生債権者に対して，その主文および理由の要旨を記載した書面を送達する（235条3項）。この決定には即時抗告ができる（235条4項）。免責決定は確定しなければ効力を生じない（235条5項）。

(4) 免責の対象

ハードシップ免責は，免責の対象とされる債権の対象が破産手続における免責の場合に比べて広い点に特色がある。すなわち，破産免責の場合は，非免責債権として，①租税，②破産者が悪意をもって加えた不法行為にもとづく損害賠償，③雇人の給料（ただし，一般の先取特権を有する部分に限る），④雇人の預り金および身元保証金，⑤破産者が知りながら債権者名簿に記載しなかった請求権（ただし，債権者が破産の宣告があることを知っている場合は除く），⑥罰金や過料等があげられている（破産366条の12但書）。しかしながら，ハードシップ免責の場合は，債務者は，再生手続開始前の罰金等（民事再生法97条）を除いて，すべての残債権について，免責されることとされている（235条6項）。もっとも，民事再生法上，一般優先債権（122条）とされている①租税債権，③一般先取特権のある雇人の給料（民法306条，商法295条）や，民事再生法上，ハードシップ免責の対象外とされている③再生手続開始前の罰金等（民事再生法235条6項カッコ書）には，ハードシップ免責の効果は及ばない。したがって，破産免責では非免責債権とされているが，ハードシップ免責では免責の対象とされている債権は，②，④，⑤の場合ということになる。

(5) 免責の効果

以上のとおり，ハードシップ免責の決定が確定すると，再生債務者は，すで

に履行した部分を除き，破産することなく，再生債権者に対する債務（再生手続開始前の罰金等を除く）の全部について責任を免れる（235条6項）。ただし，別除権者が有する担保権，再生債権者が再生債権者の保証人その他再生債権者とともに債務を負担する者に対して有する権利および再生債務者以外の者が再生債権者のために提供した担保には影響がない（235条7項）。

第4章 ■ 給与所得者等再生

　給与所得者等再生（民事再生法第13章第2節）とは，小規模個人再生の対象者のうち「給与又はこれに類する定期的な収入を得る見込みがある者であって，かつ，その額の変動の幅が小さいと見込まれるもの」を対象とした再生手続である（239条以下）。これは，対象者をサラリーマンのように将来における収入額を確実かつ容易に算出できるものに限定することによって，小規模個人再生を一層，簡易合理化しようとした手続である。給与所得者等再生は，小規模個人再生の特則として位置付けられ，再生債務者の可処分所得の2年分以上の額を弁済の原資とするという可処分所得基準（241条2項7号）を満たすことを条件として，再生債権者の再生計画案の決議を省略して，小規模個人再生に限り，更に手続を簡単にしている。その手続は，小規模個人再生とほぼ同様であり，小規模個人再生についての規定は，ほとんどが給与所得者等再生に準用されている（244条）。給与所得者等再生における特則は次のとおりである。

1　申述権者

　給与所得者等再生の申述権者は，小規模個人再生の場合と同様に，再生債権の総額から住宅資金貸付債権（住宅ローン債権）の額，別除権の行使により弁済を受けられる額，開始前の罰金等を控除した額が3,000万円以下である者であり，給与またはこれに類する定期的な収入を得る見込みがある者であって，かつ，その額の変動の幅が小さいと見込まれるものである（239条1項）。ここで，どの程度の変動であれば「収入の額の変動が小さい」といえるかが問題となるが，民事再生法が，給与所得者の可処分所得を算定するに際して，債務者の年収の額が再生計画案の提出前2年間の途中で5分の1以上の変動があった場合は，変動後の収入額を基準とすることとしていること（241条2項7号のイ）に照らして考えると，年間で収入の5分の1程度の変動であれば，この範

囲内であると解すべきであろう（一問一答「個人再生手続」278頁以下・始関正光編著・商事法務研究会）。

2　申立手続

通常の民事再生の申立と同時に，給与所得者等再生を求める旨の申述をすることが必要である。申述は，再生手続開始申立の際にしなければならない。なお，債権者が再生手続開始の申立をした場合は，再生手続開始決定があるまでにしなければならない（239条2項，民事再生規則136条1項：以下規則）。

3　再申立の制限

債務者が，過去に以下の①ないし③のいずれかがある場合において，それぞれ以下に定める日から10年以内は，給与所得者等再生を行うことを求める申述をすることはできない（239条5項2号のイ・ロ・ハ）。
（1）給与所得者等再生における再生計画が遂行された場合は，当該再生計画認可の決定の確定の日。
（2）ハードシップ免責（235条1項・244条）が確定した場合は，当該免責決定に係る再生計画認可の決定の確定の日
（3）破産免責（破産366条の11）が確定していた場合は，当該免責決定確定の日

これは，給与所得者等再生では，再生債権者の決議なくして再生債権者の権利が変更されるので，同一再生債務者が繰り返して申し立てるのはモラルハザードを招き，相当でないとの判断から，それぞれ10年間は，給与取得者等再生を行うことを求める申述をすることができないとして，再申立を一定の範囲で制限したものである。

4　再生計画

再生計画は，再生債務者が作成義務を負い，債権者による作成は認められな

い点は，小規模再生と同様である（245条・238条による163条2項の適用除外）。

（1） 再生計画の内容

再生債権の弁済方法は，小規模個人再生の場合と同様に次に定めるところによらなければならない。すなわち，①弁済期が3カ月に1回以上到来する分割払いの方法によること，②原則として，最終の弁済期を再生計画認可の決定の確定の日から3年後の日が属する月中の日（特別の事情がある場合には，再生計画認可の決定の確定の日から5年を超えない範囲内で，3年後の日が属する月の翌月の初日以降の日）とすること，が必要である。ただし，再生債権者の同意があれば別の定めも可能である（244条による229条の準用）。

（2） 最低弁済額基準

給与所得者等再生における再生計画は，小規模個人再生の場合と同様に，最低弁済額基準を充足する必要がある（241条2項5号・231条2項3号）。

（3） 可処分所得要件

給与所得者等再生における再生計画は，再生債権者の同意を要する必要がない代わりに，計画弁済総額が客観的な可処分所得要件を充足することが要求されている（241条2項7号のイ・ロ・ハ）。なお，同号に規定されている1年分の費用の額は，再生債務者およびその扶養を受けるべき者の年齢および居住地域，当該扶養を受けるべき者の数，物価の状況その他一切の事情を勘案して政令で定めるものとされている（241条3項）。

（4） 再生債権者の意見聴取

上記（3）のとおり，給与所得者等再生においては，再生計画案に対する同意の手続はなく（245条・238条による第7章第3節の適用除外），これに代えて可処分所得要件を要求したうえで，裁判所が再生債権者の意見を聴取する手続が設けられている（240条）。すなわち，裁判所は，再生計画に不認可事由がない場合であって，異議申述期間が経過し，報告書が提出された後（ただし，評価の申立があるときは評価決定後）に，再生債権者の意見を聴かなければならない（240条1項）。

（5） 再生計画認可決定

裁判所は，次のような不認可事由がない限り，再生計画認可の決定をしなければならない（241条）。すなわち，①再生手続，再生計画が法律に違反すると

き，②再生計画が遂行される見込みがないとき，③再生計画が再生計画者一般の利益に反するとき（清算価値の保障がないとき），④給与所得者に該当しないとき，⑤債務総額の要件に反しているとき，⑥計画弁済額が小規模個人再生の最低弁済額に達していないとき，⑦再生債務者に，給与またはこれに類する定期的収入の見込みがないか，その変動の幅が小さいと見込まれないとき，⑧再申立の制限に反しているとき，⑨可処分所得の弁済要件に反しているとき，である。

5 再生手続の終結

給与所得者等再生は，再生計画認可決定によって，当然に終結する（244条による233条の準用）。

6 再生手続の廃止

①給与所得者等再生における再生計画の認可の要件を満たす再生計画案の作成の見込みがないことが明らかになったとき（民再243条1号），②再生計画提出期間内に再生計画案の提出がないとき，または，提出されてもその再生計画案に不認可事由（241条2項）のいずれかに該当する事由があるとき（243条2号），③再生債務者が財産目録に不正の記載等をした場合（244条による237条2項の準用）には，給与所得者等再生における再生手続が廃止される。

7 再生計画の変更・取消

給与所得者等再生の再生計画の変更は，小規模個人再生におけると同様である（244条による234条の準用）。また，再生計画の取消しについては，給与所得者等再生においては，①再生計画が清算価値保障をしていないこと（再生計画における計画弁済総額が再生計画認可の決定があった時点で再生債務者について破産手続が行われた場合における基準債権に対する配当の総額を下回ること）が明らかになったとき，および②可処分所得の要件を満たしていないこと

(241条2項7号に該当すること) が明らかとなったときも，裁判所は，再生債権者の申立により，再生計画取消の決定をすることができるとされている (242条)。

第5編
国際倒産

第1章 ■ 序　　論

1　旧来のわが国の国際倒産法の状況

　たとえば，国際的な事業展開をしていた会社がある国で倒産手続を開始した場合に，他の国にある会社財産はどのように扱われるのだろうか。国際倒産の基本姿勢としては，大きく分けると（広義の）普及主義と属地主義がある。広義の普及主義は，一国で開始した倒産手続は他国でも効力を有するという考えであるのに対して，属地主義では，ある国で開始した倒産手続はその国においてのみ効力を有するにとどまる。広義の普及主義は，さらに，一人の債務者には1つの倒産手続しか認めない世界単一倒産主義（狭義の普及主義）と，一人の債務者につき複数の国で倒産手続が進行することをも認める並行倒産主義がある。現代社会では多く先進国は普及主義，なかでも並行倒産主義の立場を採用している。しかし，わが国における法的倒産処理の大きな比重を占めてきた破産法――大正期に制定されて以来大きな改正を経てこなかった――によると，旧3条1項は日本で下された破産宣告は外国に効力が及ばず（対外的効力の否定），また旧3条2項は外国で下された破産宣告は日本に効力が及ばない（対内的効力の否定）として，属地主義の立場によっていた。破産法制定当時は，外国に財産を有する倒産事件は稀であり，また当時の通信・交通手段を考えると，在外財産を日本の倒産手続に組み入れたり，外国の倒産手続に日本の債権者が参加することは，実際上困難であった。そのような状況下においては，わが国の倒産手続の効力は日本国内に限定するとの扱い（倒産属地主義）は，むしろ現実的選択ということができた。戦後まもなく制定された会社更生法も，破産法と同様に属地主義に立っていた（会更法旧4条1項・2項参照）。このような倒産属地主義は判例によっても基本的に確認されており，たとえば，わが国で破産免責制度が導入される以前であるが，大判明治35年6月17日（民録8

輯6巻85頁［新百選120事件］）ではハワイで下された破産免責の効果を否定している。これは，外国倒産手続の対内的効力を否定したものと理解されている。他方，わが国の倒産手続の対外的効力を否定した裁判例として東京高決昭和34年1月12日（下民集10巻1号1頁［新百選116事件］）がある。これは，沖縄が日本の本土に復帰する前に，宮古島沖に沈んだ債務者の船舶と積荷を宣告前に保全処分することを破産管財人が申し立てたのに対して，当時の宮古島は日本の主権領域内ではないことを理由に，抗告審裁判所が保全処分の取消を命じたものである。

しかし，企業活動の国際化とともに属地主義の不都合な面がしだいに表面化した。たとえば，属地主義のもとでは債務者の在外資産は破産財団を構成しないので，海外で債務者の財産を差し押えた債権者とその他の債権者とでは不平等が生じてしまうことになる。一成汽船事件では，神戸地裁で更生開始決定のあった海運会社に所属する船舶が，カナダで債権者（この債権者は日本の更生手続にも参加していた）によって差し押えられたが，カナダの裁判所は債権者による差押は日本法により禁止されていないとした。このような国際倒産における債権者間の不平等を是正するため，その後，学説によって属地主義の制限を試みる解釈，たとえば，①事実上の回復是認説（管財人が在外財産を事実上回復することは禁じられないが，日本の債権者が債務者の在外財産から満足を受けるのは，管財人による回復を妨げるので許されない），②財産・権限関係区別説（財産関係の属地主義と，管財人・債権者・債務者間の権限関係の属地主義とに分け，破産法旧3条および会社更生法旧4条は前者についてだけ規律する），③原則管轄・例外管轄区別説（債務者の生活の本拠地が日本の場合には原則管轄として渉外的効力を有するが，本拠地が海外の場合には例外管轄として破産法旧3条などが適用される），などが提唱されてきた。このような学説の流れを受けて，東京高決昭和56年1月30日（下民集32巻1＝4号10頁［新百選117事件］）は，スイスで選任されたスイス法人の破産管財人が，日本で登録された商標権に対する債権者の仮差押処分の取消を求める当事者適格を肯定し，また東京地判平成3年9月26日（判時1422号128頁）は，ノルウェーで選任された破産管財人が，破産財団に属する株式について株主権を行使することができる点を理由に，日本で株主総会決議取消訴訟を提起した事件で破産管財人の当

事者適格を肯定している。しかし，大阪地判昭和58年9月30日（判タ516号139頁［新百選118事件］）は，日本で貸金返還請求訴訟の被告となった者に対して香港で破産宣告が下されても被告は当事者適格を失わないとし，また大阪地判平成7年5月23日（判時1554号91頁）では日本で損害賠償請求訴訟の被告となったカリフォルニア州法人が米国でチャプター・イレブン（会社更生手続）が開始しても被告の当事者適格は失われないと判断するなど，日本に外国倒産手続の効力が及ばないとする裁判例もある。このように，属地主義の解釈論的克服には明文規定との関係では限界があった。

2　現行国際倒産法制の特色
――厳格な属地主義からの脱却――

　先進国の中でも稀なわが国の倒産属地主義は，国際的に有名であった。そこで，国際倒産法の整備は近年の倒産法改正作業の柱の1つであったが，2000年4月施行の民事再生法，2001年4月施行の「外国倒産処理手続の承認援助に関する法律（以下では，承認援助法とよぶことにする）」，「民事再生法等の一部を改正する法律」により，国際倒産に関する手続運営については一応の枠組みができた。大まかな特色として，①国際倒産管轄に関する規定が設けられたこと，②外国人の地位に関する相互主義規定を削除したこと，③厳格な属地主義を撤廃して日本の倒産手続が対外的効力を有することとし，他方で，④国際的に一債務者一倒産主義の原則を貫徹することは現状では非現実的であるとの認識から，外国倒産手続の国内的効力を制限する並行倒産主義（外国倒産手続と並んで日本の倒産処理手続を開始する）を採用し，その場合の債権者平等を図るために，ホッチポット・ルール（外国手続で債権の満足を受けた債権者は，国内手続では外国手続で受けた割合まで配当を受けられない）とクロス・ファイリング（日本の管財人は国内債権者を代表して外国手続で債権の届出をなすことができる）を採用したこと，また，⑤一定の場合に外国倒産手続をわが国で承認することとし，その場合の内外倒産手続の調整を定めたことなどがあげられる。

　しかし，これらの改正においては，否認権，相殺権，別除権などのいわゆる

倒産実体法に関する渉外的規律については規定が置かれなかった。したがって，これらの点は全面的に解釈に委ねられることになる。だが，従来採られてきた倒産属地主義の下では準拠法決定の問題が生ずることは殆どなかったことから，学説で十分な議論がなされてきたとはいえず，これから議論が成熟していくことが期待される。

　なお，国際倒産法の解釈に際しては，諸外国の立法，EU 国際倒産条約，国連国際商取引法委員会（UNCITRAL）のモデル法が参考になるが，本書の性質上，言及していない。

第2章　■　国際倒産管轄

　いかなる場合に，日本の裁判所が渉外倒産事件を扱うことができるのか。この点については，旧法下では規定がなく，国内倒産管轄規定から国際倒産管轄を導き出す修正逆推知説が有力に説かれていた。現行法では，民事再生法4条の2，破産法104条の2，会社更生法5条の2（金融機関等の更生手続の特例等に関する法律21条により共同組織金融機関に，同法160条の4により相互会社にも準用される）に明文規定が置かれたが，それぞれの倒産手続に応じて国際倒産管轄原因は異なる。まず，民事再生手続と破産手続では，個人については，営業所，住所，居所および財産所在地に，また法人については，営業所，事務所および財産所在地に管轄が認められている。財産所在地の倒産管轄との関係では，債権の所在地は必ずしも明確ではない。そこで，法はわが国が国際裁判管轄を有する債権は日本に所在するとした（破104条の2，民再4条2項）。また，知的財産権については，わが国で登録されていれば日本に所在する財産となる。船舶や航空機については，登録地とみるか現実の所在地とみるのか対立がある。これに対して，会社更生手続では営業所にのみ管轄が認められ，財産所在地は含まれていない。これは，国内会社更生事件の管轄が営業所所在地としていること（会更6条）とのバランスが考慮されている。国際倒産管轄は公益性の観点から，職権探知主義が妥当し，また合意管轄には服さないと解する。なお，商法上の会社整理手続および特別清算手続については，国際倒産管轄規定はおかれていない。

　国際倒産管轄は倒産手続を日本で進める場合のみならず（これを直接管轄という），外国倒産手続を日本が承認するに際して，当該外国倒産裁判所が所属する国が国際倒産管轄を有しているのかという形でも問題になる（これを間接管轄という）。わが国の国際民事訴訟に関する議論では，直接管轄と間接管轄は表裏の関係に立つとの見解（鏡像理論）が支配的であったが，承認援助法17条1項は間接管轄として債務者の住所，居所，営業所および事務所をあげてい

るものの，債務者の財産所在地を除外している。したがって，民事再生手続および破産手続では間接管轄よりも直接管轄は狭いことになり，会社更生手続では直接管轄と間接管轄は一致することになる。

第3章 ■ 外国人の地位
―― 相互主義から完全平等主義へ ――

　破産法旧2条は，「外国人又ハ外国法人ハ破産ニ関シ日本人又ハ日本法人ト同一ノ地位ヲ有ス」としながらも，「但シ其ノ本国法ニ依リ日本人又ハ日本法人カ同一ノ地位ヲ有スルトキニ限ル」と定め，「与えられたものを与える」という相互主義を条件とする内外人平等主義によっていた。この相互主義は，わが国では主として破産能力について問題視されてきた。破産能力とは破産宣告を受けることのできる資格を意味するが，破産能力について相互主義を適用すると，外国人の本国法（個人については国籍を有する国の法，法人については本国法といわず従属法という。従属法の決定基準には争いがあるが，日本の通説・判例（東京地判平成4年1月28日判時1437号122頁〔渉外判例百選〔第3版〕48頁〕）は，基準としての明確性を理由に設立準拠法と解している）により日本人が外国人と同一の地位が与えられているならば，日本でも外国人に日本人と同一の地位を与えるとの見解が学説では有力であった（実質的相互主義）。しかし，実質的相互主義によれば，商人破産主義を採用する国に国籍を有する非商人には，日本で破産宣告を下すことができないことになる。だが，これでは，外国人に対して破産宣告を下すことができず，自国民保護を目的とする相互主義に反すること，内外国法の厳密な比較は困難であること，また自国民保護の思想は内外人平等の観点から問題があることなどから批判が強く存在した。そこで，近時の通説は，相互主義に関する規定は破産能力には適用されないと解したり，形式的相互主義――非商人である外国人の本国法が商人破産主義をとる場合には，外国人の非商人も日本人の非商人も同等に破産能力が否定されるので，当該本国法では内外人平等が図られているといえ，日本法上も差を設ける必要はないとして日本法の下でも同等に両者の破産能力が認められると扱う立場――により破産能力を肯定していた。また，最近では，破産法旧2条但書は破産能力に限らず一般的に無視すべきとする有力説も主張されていた。その

ため，民事再生法3条は会社更生法3条と同様に無条件の内外人平等主義を採用し，また破産法も平成13年4月施行の「民事再生法等の一部を改正する法律」により2条の但書を削除し，無条件の内外人平等主義となった。

　債務者以外では，民事再生手続においては，再生債権の届出期間，および再生計画案の書面による決議の際の回答期間について，外国に債権者がいる場合には最低期間を6週間以上とし（それ以外の場合では最低2週間以上），外国債権者の地理的不利に配慮している（民再規則18条1号・91条1項）。また，外国管財人は，日本で倒産手続開始を申し立て，債権者集会への出席および意見陳述をし，倒産計画を提出する権限が認められ（民再209条，破357条の3，会更289条の4），日本の倒産手続に参加していない外国債権者を代表して債権を届け出ることができる（クロス・ファイリング。民再210条，破357条の4，会更289条の5）。

第4章　日本の倒産手続の対外的効力

　破産法旧3条1項は,「日本ニ於テ宣告シタル破産ハ破産者ノ財産ニシテ日本ニ在ルモノニ付テノミ効力ヲ有ス」と規定し,日本の破産手続が対外的効力を有しないとしていた。会社更生法旧4条1項も同様に,「日本国内で開始した更生手続は,日本国内にある会社の財産についてのみ,効力を有する」として国内手続の対外効を否定し,日本に所在する財産だけを対象として手続が開始するとしていた。しかし,日本の倒産手続の効力は債務者の在外財産には及ばないとすると（前出の東京高決昭和34年1月12日参照）,債権者にとっては債務者の在外財産は早い者勝ちになり,債権者間の不平等を生むことになる。そこで,現行破産法および会社更生法は,日本の倒産手続の対外効を否定した文言を削除してこれを改め,日本で破産手続が開始すると,原則として宣告時の債務者のすべての財産は破産財団を構成するとした（破6条1項）。また,民事再生法4条も対外効を制限する文言はなく,管財人等は（民再2条2号）,外国にある財産についても管理処分権を有する（民再38条1項。会社更生法40条も同趣旨の規定をおく）。したがって,管財人等が債務者の在外財産を回収することは適法であり,このことは民事再生法上は公平誠実義務（民再38条2項）,善管注意義務（民再78条・83条1項・60条1項）からも導かれるとされる。わが国の倒産法改正において,財産所在地を理由として開始した日本の倒産手続については対外効を否定する立場が検討されたが,退けられた。その理由としては,このような場合に対外的効力が認められるか否かは個々の外国裁判所の判断に委ねれば足りると解されたこと,また日本で財産所在地管轄を理由に倒産手続が開始しても,外国で主手続が開始しないことがあり得るので,この場合に債務者の財産散逸等を防ぐ必要があると考えられたからである。しかし,わが国の管財人などが外国で債務者の財産を回収するには,財産所在地国の法律が管財人の管理処分権を承認している必要がある。また,費用倒れになる在外財産の回収までも義務の内容をなすものではない。

このように，現行法下では基本的に国内財産・国外財産という区分が問題になる局面は減少した。しかし，外国倒産手続が日本で承認され承認援助手続が開始された場合（承認援助法22条）や，外国で主手続（同法2条1項2号）が開始したが日本で並行倒産手続が始まる場合には，日本の手続は事実上属地的に進行し手続の対象となる債務者の財産は国内財産に限られる。この場合は内外財産の区別は依然として重要な意味を持つ。その際，内外財産の区別は国際倒産管轄において述べたことが当てはまる。

外国の倒産処理手続で債務者の在外財産から弁済を受けた債権者がいた場合，日本の倒産手続は対外的効力を有することから，本来，この債務者の財産は他の債権者にも分配されるべき財産である。そこで，この場合に，外国手続で弁済を受けた債権者は，他の債権者がこの者と同じ割合で弁済を受けるまで日本の手続では弁済を受けることができないとして，弁済の調整を行うことにした。これを，ホッチポット・ルールという（民再89条2項，破23条の2・182条6項・265条の2・306条の2・326条の2，会更118条の2・124条の3）。もっとも，旧法下でも，属地主義の適用を制限する学説によって，日本の債権者が在外財産から満足を受けた場合には，日本で不当利得の返還請求を受けたり，外国手続で配当を受けた分は日本の手続では配当を減額されると説かれ，類似の処理が提唱されていた。また，並行倒産の場合に管財人は，国内債権者を代表して外国倒産手続において，これらの債権者の債権を届け出ることができる。これをクロス・ファイリングという（民再210条，破357条の4，会更289条の5）。しかし，外国倒産法においても管財人による債権提出権限を認めている必要がある（ホッチポット・ルールとクロス・ファイリングについては第6章を参照）。

第5章　外国倒産手続の承認

1　序

　前述のように，複数の国で事業活動を行っている企業が倒産した場合，関係国の倒産手続が国際的に効力を及ぼす普及主義はさらに2つに分かれる。第1に，ある国の倒産手続だけが進行して，それ以外の国の手続は排除されるとする世界単一手続主義（国際的な一債務者一倒産主義）があり，これは普及主義を突き詰めたものといえる。第2は，各国の倒産手続を併存させた上で調整を図る並行倒産主義である。わが国の現行倒産法は，内国債権者保護の観点から並行倒産主義によることとした。すなわち，まず民事再生法4条1項は，同法に特別の定めがある場合（民再207条以下）に国内的効力を有するとし，また破産法旧3条2項，会社更生法旧4条2項では，外国で開始した破産宣告・更生手続は日本国内の財産には及ばないとしていたが，「外国倒産処理手続の承認援助に関する法律（承認援助法）」の附則2条・4条により，対内効を否定したこれらの条文は削除されている。したがって，外国倒産手続の日本に及ぼす効果は，承認援助法により定まることになる。同法は，外国手続に参加することが困難な内国債権者を保護するために，並行倒産主義を基調とする制度を採用し，例外的に外国倒産手続が主手続である場合には外国倒産手続を承認することとした。

　外国で倒産手続が開始している場合に外国管財人は，①外国倒産手続の承認（承認援助法17条以下），②日本で倒産手続を申し立てて並行倒産を開始する，③任意整理，のなかから選択することになる。前二者では，外国倒産手続の承認に際しては承認管財人が，また並行倒産でも管財人が選任される。これらの場合には，外国管財人は日本国内については直接的コントロールは大幅に減少する可能性がある（ただし，外国倒産手続の承認では外国管財人自身が承認管

財人に選任されることがありえ，また並行倒産に際しては外国管財人と日本の管財人との間で協定：プロトコルが結ばれることで予測可能性が高まることはあり得る）。これに対して任意整理の場合には，債務者たる企業の業務上の指揮系統を通じて資産の処分や事業活動を実施することができるので，管財人としては，かえって法的手続よりも目的達成が容易なこともあり得る。他方，債権者サイドからすると，日本に債務者の営業所や工場がある場合には，労働債権や担保権が生じていることがあり得るが，これらの権利について，外国倒産手続において日本法におけるような優先的扱いが認められているとは限らない。そこで，外国管財人が承認を申し立てた場合には，国内債権者は日本で倒産手続を申し立てて並行倒産に持ち込むか否かの選択をすることになる。後述するように，外国倒産手続の承認申立と国内倒産手続開始の申立が競合する場合には，原則として並行倒産となるが，例外的に，①外国倒産手続が主手続で，②外国倒産手続を承認することが債権者一般の利益となること，③外国倒産処理手続の承認が国内債権者を害さないこと，の要件を満たす場合には外国倒産手続が承認される（承認援助法57条）。

2　外国倒産手続の承認

(1)　承認の性質

　外国倒産手続の承認は，外国判決の承認（民訴118条）とは性質が異なる。外国判決の承認では，承認要件を具備している外国判決は当然に日本で効力を有するが（法律上の自働承認制度），外国倒産手続の承認の効力は承認決定時に発生し（承認援助法22条2項），一定の者には決定の送達や通知をなすこととした（同法23条2項・3項）。これは，倒産手続は利害関係人が多数いることから，承認手続の明確性と手続保障を期するためである。また，承認の効力の範囲も異なる。つまり，外国判決については判決国の効力が承認国にそのまま拡張されるとする見解（効力拡張説）が多数説であるが，倒産手続についてはわが国の裁判所が下す個別的援助処分による効力だけが生じ，外国倒産手続が開始された国の法により認められている効力は日本に拡張されない。承認援助法2条1項5号が，外国倒産手続の承認は援助処分の基礎として承認するとしている

のはこのことを示す。また，外国倒産手続の承認に際しては，外国倒産手続が主手続（債務者の営業所所在地国などの，債務者の主たる経済活動の中心地国。同法2条1項2号参照）であるのか，それとも従手続（主手続以外の外国倒産手続。同3号）であるのかによって区別をしていない。外国倒産手続が主手続であるかそれとも従手続であるかによって承認の際に区別を設けず，また承認援助処分により個別的に効力を発生させる方法を採用したのは，次の理由による。第1に，承認を求められた外国手続が主手続か従手続かが必ずしも判然としないこともあり得ること，第2に，日本法による処理の方が個別事案に応じて柔軟な対応が可能になると考えられたこと，第3に，主手続の承認により一定の効果が必ず発生するとなると，主手続の承認に慎重になり迅速性を損なうこと，などがあげられている。承認援助手続は，債務者の国内業務および財産について外国倒産手続を援助することを目的としている（同法2条1項6号）ことから，属地主義的性質を有する手続である。

（2）承認要件

外国倒産手続が承認されるためには，次の要件を具備することが必要である。

(a) 間接管轄が存在すること（承認援助法17条1項）　外国倒産裁判所の所属国に，債務者の住所，居所，営業所または事務所が所在していることが必要である。わが国の裁判所が国際倒産事件を進める際の管轄（直接管轄）について，民事再生法4条の2および破産法104条の2は財産所在地国の倒産管轄を認めているが，会社更生法5条の2は否定している。したがって，会社更生事件では直接管轄と間接管轄は鏡像的であるが，破産事件および民事再生事件では間接管轄は直接管轄よりも狭いことになる。なお，間接管轄の存在は，外国倒産手続承認を申し立てる際の適法要件でもある。これは濫用的申立を防ぐ趣旨である。

(b) 申立棄却事由がないこと（承認援助法21条）　承認棄却事由には次の6つの場合がある。

(i) 承認援助手続に要する費用の予納がないこと　予納をするのは申立人である（承認援助法20条1項）。承認援助手続の申立権者は，外国倒産手続で管財人が選任されているときには，その外国管財人，外国管財人が選任されていないときには債務者である（同条1項，同法2条1項8号）。

(ii) 外国手続が日本の財産に及ばないことが明らかであること　外国倒産手続が対外的に効力を及ぼさず属地的に進められる場合には，日本の倒産手続が援助する必要はないので，このような場合には承認しないこととされた。

(iii) 公序に反すること　たとえば，外国倒産手続が自国の債権者以外を差別的に扱う場合，債権者の手続保障を欠く手続進行，などがあり得る。

(iv) 援助処分をする必要がないことが明らかであること　外国判決の承認の場合には承認によって判決効の拡張がもたらされるのに対して（通説的理解），外国倒産手続の承認の場合，承認自体には法的効果は結びつけられず，承認援助決定により具体的な処分（強制執行の中止命令など）が下されてはじめて法的効果が生ずる。したがって，このような援助処分をする必要性がないことが明らかな場合には，承認をする必要性がないとした。

(v) 外国管財人が報告義務を懈怠したこと　外国管財人等は，承認の申立てをすると裁判所に対して進行状況などを報告する義務を負う（承認援助法17条3項）。外国管財人等がこの義務に違反した場合には，利害関係人に不利益が生ずるおそれがあり，また手続の円滑な運営を期待することもできないので，軽微な違反を除き申立棄却事由とした。

(vi) 濫用的申立であること　たとえば，国内にある財産を持ち出すために申立てをする場合などがあり得る。

(c) 外国倒産手続が開始したこと（承認援助法22条1項）　なお，外国倒産手続開始以前でも承認を申し立てることはできるが（同法17条2項），この場合には，仮処分の申請はできるものの承認決定自体は外国倒産手続の開始後に可能となる。

(3) 承認手続

(a) 承認事件の管轄　外国倒産手続の承認は，東京地裁の専属管轄に属する（承認援助法4条）。外国法に関する知識を要する専門的事件を特定の裁判所に集中させる方が効率的と考えられたことや，東京は外国会社の主たる拠点であること，交通の便がよいことなどが根拠としてあげられる。他方，著しい損害や遅滞をさけるために，承認決定と同時または決定後に，他の地方裁判所に移送することができる（同法5条）。これは債務者の国内の主たる営業所や財産所在地が東京から離れている場合の，関係者の便宜を考慮したものである。

(b)　**申立権者**　　外国倒産手続で外国管財人が選任されているときはその管財人が，また外国管財人が選任されていないときには債務者が承認を申し立てることができる（承認援助法17条1項・2項1号8号）。この承認申立は，外国倒産手続の申立がなされていればよく，当該外国手続が開始していなくても可能である（同法17条2項）。

　(c)　**申立書**　　申立書には，外国管財人の氏名・住所，外国管財人の送達場所（日本国内に限る），債務者の氏名・住所，申立の趣旨などを記載し（承認援助規則13条・14条），外国管財人であることを証する書面などを添付する（同規則15条）。

　(d)　**承認決定前の処分**　　承認申立後は決定前でも，裁判所は，債務者の国内財産に対する強制執行などの中止命令（承認援助法25条2項），担保権実行としての競売の中止命令（同法27条2項），財産等の処分や弁済の禁止などの処分（同法26条2項），保全管理命令（同法51条1項）による援助処分を下すことができる。ただし，強制執行などの禁止命令はできない（同法28条参照）。

　(e)　**申立人の義務**　　まず，申立人は外国倒産手続が国際倒産管轄を有することを疎明しなければならない（承認援助法19条）。申立権者による申立の濫用を防ぐ趣旨である。また，外国倒産手続の開始・変更・終了について裁判所に報告する義務を負う（同法17条3項，承認援助規則18条・19条）。これは，裁判所が援助処分を発令するのに必要な情報を収集することを目的とする。この義務の重大な違反は，承認申立の棄却事由になるし（同法21条5号），承認決定後は裁量的承認取消事由（同法56条1項2号）となる。さらに，裁判所は，外国管財人に対し承認援助手続について代理人の選任を命ずることができる（同法17条4項）。これは，国内裁判所と外国管財人との連絡を容易にする趣旨であり，実際には日本の弁護士が選任されることが多いと思われる。外国管財人等が命令に反して代理人を選任しない場合には，サンクションを定める規定はないが，援助処分をしないことや，外国管財人以外の者を承認管財人とする管理命令を下すことがありうる。また申立人は費用の予納義務を負う（同法20条）。

　（4）　承　認　決　定

　承認の性質のところで述べたように，法律上の自働承認制度（承認要件を満たしている外国判決は日本国内の何らの手続を経ることなく当然に効力を有す

る）を採る外国判決の承認（民訴118条）と異なり，外国倒産手続の承認では承認決定によりはじめて効力が生ずる（承認援助法22条2項）。承認要件を満たすときには必ず承認決定をしなければならず，裁判所の裁量は認められない。財産保全の必要から承認決定の時に即時に効力が生ずるので，決定書には決定の年月日時を記載しなければならない（承認援助規則22条2項）。また，承認決定がなされても外国倒産手続の効力が日本に拡張されるものではない。この点も外国判決の承認と異なる。つまり，承認決定がなされ，外国倒産手続に対して個別的に援助処分が下されるという形で創設的に効力が付与される（援助処分の内容については後述）。承認決定が下されると決定主文が公告され，外国管財人に送達される（承認援助法23条1項）。しかし，知れたる債権者の全てに通知がなされるわけではない。まず，租税などの公課を所管する官公庁，債務者の国内の労働組合などには通知がなされる（同法23条3項）。これらの者は，国内法上優先権が認められているが外国倒産手続でも同様に扱われているとは限らないことから，外国管財人による財産の持ち出しに対して大きな利害関係を有するこれらの者に，外国管財人の行動を監督する機会を与える趣旨である。他方，それ以外の債権者に対しては送達はなされない。これは先に述べたように承認決定それ自体は法的効果を有しないので，個別的な援助処分を下す際に影響を受ける関係者に通知をすれば足りると解されたことによる。承認決定に対しては即時抗告が可能であるが（同法24条1項），執行停止の効力はない。

（5） 個別的援助処分

（a） 総論　承認決定が下されると，個別的な援助処分が命じられることになる。大別すると，第1に，債権者の個別的権利行使を制限するものとして，強制執行などの中止命令（承認援助法25条），担保権実行としての競売の中止命令（同法27条），強制執行などの禁止命令（同法28条）があり，そして第2に，債務者の処分権を制限するものとして，処分の禁止や弁済の禁止（同法26条），管理命令（同法32条），保全管理命令（同法51条），財産の持出しを裁判所の許可行為に指定すること（同法31条）がある。

（b） 強制執行などの中止命令　利害関係人（債権者，外国管財人など）による申立，または職権により，裁判所は債務者の国内財産に対して実施されている強制執行などの手続を中止するよう命じることができる。この中止命令の

要件は「承認援助手続の目的を達成するために必要がある」ことである。そして，中止の対象となる手続は，債務者の国内財産に対する強制執行，仮差押または仮処分，債務者の財産に関する訴訟などである（承認援助法25条1項）。外国倒産手続の承認が申立てられた時点以降であれば，承認決定前であっても裁判所はこの命令を下すことができる（同条2項）。また，裁判所は承認援助の目的達成に特に必要と認めたときには，中止された強制執行などの手続の取消しを命ずることができる（取消命令。同条5項）。たとえば，債務者の在庫商品に対する仮差押手続に，本条による中止命令が下されたとしても当該商品に対する処分禁止効は喪失しない。しかし，これでは債務者が在庫商品をもとに事業の継続を計画することはできない。そこで，承認管財人などによる申立，または職権により，裁判所は中止されている仮差押などの手続を取り消すことができるとした。しかし，この取消命令は，債権者に与える影響が重大であることから承認決定後に限られる（同条5項但書）。

　裁判所は，中止命令をいつでも変更したり，取り消したりすることができる（同条4項）。中止命令などに対して不服があるときには，即時抗告をなすことができる（同条6項）。しかし，即時抗告には執行停止効はない（同条7項）。当事者には送達がなされる（同条8項）。

　(c)　担保権実行としての競売の中止命令　　担保権者は国内法上優先的扱いを受けており，このことは国際倒産の局面でも尊重されるべきであるが，他方で債務者の事業の継続に必要不可欠な財産に対する担保権の実行は債務者に重大な影響を及ぼすことになる。そこで，承認援助法27条は，承認援助法25条の中止命令よりも厳格な要件のもとで担保権実行としての競売の中止命令を認めた。この中止命令は利害関係人の申立または職権にもとづく。本条による中止命令の要件は，①債権者の一般的利益に適合すること，②競売申立人に不当な損害が生じないこと，③競売申立人などの意見を聴取すること，である（同条1項・4項）。①については，担保権を実行するよりも手続を中止した方が，債権者に分配可能な債務者の財産価値が高くなる場合をいう。ここでの債権者は，国内債権者だけではなく，総債権者と考えられる。並行倒産の局面では属地的に国内倒産手続が進められるので国内財産と国内債権者が中心になるが，外国倒産手続が承認された場合は外国債権者の利益も考慮する必要があるから

である。②の要件は，中止命令が出て担保権者が担保権を実行することができなくなることにより，その者が経済的に困窮することがないようにするためのものである。中止命令が下されると，担保権者は裁判所が定める相当期間の間，担保権の実行を中止する。これにより債務者と担保権者は弁済方法などについて交渉する機会を有することになる。この期間は延長することができるが（同条5項），期間経過後は担保権実行が可能になる。本条の中止命令は25条による中止命令と同様に，外国倒産手続の承認決定が下される前でも下すことができる（同条2項）。中止命令に対して，担保権者は即時抗告を申し立てることができるが（同条6項），執行停止効はない（同条7項）。

(d) 強制執行などの禁止命令　債務者に対する強制執行手続などが複数実施されている場合には，個別的な中止命令では手続が煩雑になり対応しきれない。したがって，包括的な禁止命令の手段が必要になる。そこで，利害関係人による申立，または職権により，すべての債権者に対し債務者の財産に対する強制執行などを禁止することができるとした（承認援助法28条）。要件は25条の場合と同様に，「承認援助手続の目的を達成するために必要がある」ことである。禁止命令が下されると公告がなされ，その決定書は外国管財人等，承認管財人および申立人に送達される（同法29条1項）。知れたる債権者への送達は要求されておらず，債権者の周知のために外国管財人等が必要な措置を講ずるものとされるが（同条3項），これに反した場合の効果については特に規定されていない。命令の効力発生時は，承認管財人への送達時（承認管財人が選任されていないときには外国管財人等への送達時）である（同条4項）。この禁止命令を発令することにより債権者に不当な損害が発生するおそれがあるときには，債権者の申立により，個別的に禁止命令を解除することができる（同法30条1項）。この禁止命令は，他の場合と異なり承認決定と同時またはそれ以降に限られる。

(e) 処分の禁止，弁済の禁止その他の処分　外国倒産手続の承認がなされても債務者は当然には管理処分権を失わず，後述の管理命令が下されて初めて承認管財人に移る（承認援助法34条）。したがって，管理命令が下される前，もしくは承認管財人が選任されないときには，債務者によって債務者の国内財産が散逸するおそれがあることから，利害関係人の申立，または職権で処分の禁

止（占有移転の禁止，担保権設定の禁止など）や弁済の禁止を命ずることができるとした（同法26条）。この中止命令の要件は，25条と同様に「承認援助手続の目的を達成するために必要がある」ことである。弁済禁止については，電気・ガス・水道などの料金について除外することができる。また，弁済が禁止されているにもかかわらず弁済がなされた場合には，債権者が悪意であるときは，この債権者は弁済の効果を主張することはできない（同法26条5項）。「その他の処分」には，債務者に対して借財の禁止を命ずることなどが含まれる。本条の処分は，開始決定以前から可能である。裁判所は，本条の処分の変更・取消をいつでもなすことができる（同条4項）。

　(f)　管理命令　　前述のように，承認決定がなされても債務者は当然には管理処分権を失うものではない。そこで，債務者による業務の遂行や財産管理が適切に行われていない場合には，承認管財人を選任して，財産の散逸を防ぐために債務者の業務・財産について管理を命ずることができるとした（承認援助法32条1項）。管理の対象は，債務者の国内財産・業務に限られる。この管理命令は承認決定と同時またはそれ以降に下されるので，申立段階における債務者の財産散逸防止手段としては，保全管理命令によることになる（同法51条）。

　承認管財人は，個人でも法人でもなることができる（同法32条3項，承認援助規則30条2項）。承認管財人が選任されるパターンとして，次の場合があり得る。第1に，外国倒産手続で管財人が選任されていないときに，承認管財人として日本の弁護士があたる場合，第2に，外国倒産手続で管財人が選任されており，この者が日本で承認管財人になる場合，第3に，外国倒産手続で管財人が選任されてるものの，承認管財人としては日本の弁護士があたる場合，である。一般論としては，外国管財人は外国倒産手続に精通しており，また統一的判断が可能な点などから承認管財人に適しているといえる。管理命令が下されると，公告がなされ（承認援助法33条1項），当事者や知れたる財産所持人に送達がなされる（同条4項・6項）。

　管理命令が下されると管理処分権は承認管財人に専属し（同法34条），債務者の国内財産に関する訴訟は承認管財人が当事者となる（同法36条1項）。また，承認管財人は，債務者などに対して国内財産・業務状況について報告を求めたり，債務者の帳簿などの調査の実施（同法41条）や，債務者宛の郵便を開披す

ることができる（同法44条1項）。承認管財人が債務者の国内財産を海外に持ち出すに際しては，裁判所の許可が必要となる（同法35条1項）。他方，承認管財人は善管注意義務を負い，これに反したときには利害関係人に対して賠償責任を負う（同法45条）。外国管財人でない者が承認管財人に選任された場合には，両者は協力し情報を提供する義務を負う（承認援助規則32条）。また，裁判所に対して，債務者の国内での業務および財産の管理状況を報告し（承認援助法46条），任務終了後は計算報告をしなければならない（同法50条1項）。承認管財人は裁判所が監督し，重大な事由があるときには，申立または職権で解任することができる（同法38条）。

　管理命令が下された後で債務者がなした債務者の財産に関する法律行為は，相手方が善意の場合は有効である（同法48条1項）。同様に「日本国内の債権（同法2条2項）」について管理命令後に「日本国内で債務者になした弁済」は（二重の内国性の要件），第三債務者が善意のときには有効である（同法48条2項）。これに関しては，たとえば，管理命令後に債務者が外国に有する銀行口座に第三債務者が有する外国の口座を通じて送金した場合には，弁済は有効とされると考えられるが，このような扱いが妥当かは問題がある。管理命令の公告前には善意が，公告後は悪意が推定される（同条4項）。

　(g)　保全管理命令　　外国倒産手続の承認申立以降，とくに必要があると認められた場合には，利害関係人の申立，または職権で，承認決定が下されるまでの間，および承認申立棄却に対する抗告審の裁判が確定するまでの間，債務者の国内業務および国内財産について保全管理人による管理を命ずることができる（承認援助法51条1項・3項）。承認決定があるまで債務者が自由に管理処分権を行使することができるとすると，債務者の財産が散逸してしまうなどの場合には，本条により保全管理人を選任することができよう。この場合の管理処分権は保全管理人に属するので，承認管財人が有する権利義務の多くが準用される（同法55条）。

　(h)　国内財産の海外への持出し　　債務者の国内財産が管財人または債務者によって外国に持ち出された場合，国内債権者が外国の手続によって権利を行使することには実際には多くの困難がともなう。そこで，国内債権者の利益保護の観点から，承認管財人が債務者の国内財産を海外に持ち出すことについて

は裁判所の許可を要するものとし（承認援助法35条1項），また債務者が自己の財産を海外に持ち出す場合には裁判所の許可行為に指定することができるとされた（同法31条）。

持出しがなされるケースとしては，次の2つの場合があり得る。第1に，国内手続において管財人が選任されておらず，債務者が管理処分権を有している場合である。この場合には，①強制執行などの中止命令（同法25条），②処分等の禁止命令（同法26条），③担保権実行としての競売手続等の中止命令（同法27条），④強制執行等禁止命令，⑤国内倒産手続の中止命令（同法57条・58条・59条・60条），⑥外国従手続の承認援助手続の中止命令（同法63条），および⑦62条2項により中止した外国従手続の承認援助手続がある，のいずれかに該当し，必要と認められたときには，債務者による国内財産の海外持出しを裁判所の許可を要する行為に指定することが可能である（同法31条1項）。国内財産の海外持出しが許可行為として指定されたにもかかわらず，債務者が裁判所の許可を得ずに財産を国外に持出したときには，裁判所は外国倒産手続の承認を取り消すことができる（裁量的取消事由。同法56条2項1号）。第2に，承認管財人または保全管財人が選任されている場合がある。この場合には，指定がなくとも国内財産の海外持出しは裁判所の許可を要し（同法35条1項・55条1項），これに反する行為は裁量的取消事由となる（同法56条2項2号）。国内で承認管財人でない外国管財人が国内財産の持出しを行った場合も同様である（同3号）。

（6） 承認の取消

承認援助手続を終了させる場合には，その理由にかかわらず承認取消手続によらなければならない。取消事由には，必要的なものと裁量的なものとがある。

(a) **必要的取消事由** 次の場合には，承認裁判所は外国倒産手続の承認を取り消さなければならない（承認援助法56条1項）。以下に述べる4つの場合のうち，(iii)を除いては承認が取り消された後に国内手続を再開する必要が生じる。そこで並行倒産手続の場合は，国内手続は取り消されるのではなく中止されるとした。また，(iii)による外国倒産手続の承認取消をなす場合には，取消決定書でその理由を明確にすることとされた（承認援助規則38条1項・2項）。

(i) 外国倒産手続の承認申立が承認援助法17条1項の要件を欠いていたとき（承認援助法56条1項1号）。これは，外国倒産手続を開始した国が債務者の住

所地国などではなく間接管轄を有しないときや，申立権者以外の者が承認申立をなした場合などである。

(ii) 外国倒産手続が承認援助法21条 2 号から 6 号の承認申立棄却事由に該当するとき（同法56条 1 項 2 号）。すなわち，外国倒産手続が日本に効力が及ばないとき（同法21条 2 号），外国倒産手続の承認が日本の公序に反するとき（同 3 号），外国倒産手続が援助処分をする必要がないとき（同 4 号），外国管財人が17条 3 項の定める裁判所への報告義務に違反したとき（同 5 号），外国倒産手続の承認申立が濫用にあたるとき（同 6 号），である。

(iii) 外国倒産手続が手続開始地国で目的を達成して終了したとき（同法56条 1 項 3 号）。この場合，国内手続を続行する必要がないので，当然に失効する（同法61条 1 項・64条）。

(iv) 目的を達成しないで外国倒産手続が終了したとき（同法56条 1 項 4 号）。3 号と 4 号を区別して規定している理由は，前述のように，国内倒産手続や別の承認手続を中止している場合に，終了原因により扱いが異なるからである。

(b) 裁量的取消事由　　日本国内の財産が外国に持ち出された場合などには，承認裁判所は外国倒産手続の承認を取り消すことができる（同法56条 2 項）。承認援助手続上の義務違反に相当するときでも，利害関係人に不利益が及ばず，また不誠実さが著しくない場合もありうることから，以下の事項については裁量的取消事由とされた。

(i) 債務者が，承認援助法31条に違反した場合（同法56条 2 項 1 号）。たとえば，財産を処分したり国外に持ち出す際には裁判所の許可を要するとされた行為を，債務者が無許可でなした場合などがある。

(ii) 承認管財人である外国管財人が，承認援助法35条 1 項または46条に違反した場合（同法56条 1 項 2 号）。前者は，(i)と同様に財産の処分や国外持ち出しにつき，裁判所の許可が必要であるのに違反した場合であり，後者は債務者の国内の業務や財産状況などについて，外国管財人は裁判所に報告する義務があるにもかかわらず，これに違反した場合である。

(iii) 承認管財人ではない外国管財人が，債務者の国内財産を国外に持ち出した場合（同法56条 2 項 3 号）。

(c) 承認取消手続　　利害関係人の申立（申立書の記載については承認援助

規則37条）にもとづき，または職権で外国倒産手続の承認は取り消される。承認取消手続をする裁判所は，承認裁判所である東京地裁（承認援助法4条）であるが，承認決定後に他の裁判所に援助事件が移送されているときには（同法5条），受移送裁判所になる。承認取消決定は確定により効力が発生し（同法56条6項），それによって強制執行の中止命令などの援助処分は効力を失う（同条7項）。

第6章 ■ 並行倒産

1 管財人の権限

　外国管財人は，日本で倒産手続の開始を申し立てることができる。たとえば，外国管財人が日本における外国倒産手続の承認では実効的な手続を進められないと判断し，否認権を行使するなどの手段に出る必要があると考えた場合に，日本での倒産手続を申し立てる必要がある。また，外国管財人は債権者集会出席権・意見表明権，再生計画などの提出権をも有する（民再209条，破357条の3，会更289条の4）。外国で倒産手続が開始したときには，国内手続について倒産原因が推定され（民再208条，破131条の2，会更289条の3），国内倒産手続の開始が容易になる。外国手続が主手続（債務者の主たる営業所ないし事務所の所在地国。承認援助法2条1項2号参照）の場合に国内で並行して倒産手続が申し立てられると，国内手続は国内財産を対象とし，債権者もまた国内債権者となることから，事実上属地主義的になると説かれる。

　並行倒産においては内外管財人は相互に協力し，また情報を提供する義務を負う（民再207条，破357条の2，会更289条の2）。この規定により，それぞれの国における債務者の財産や事業の状況などについて情報交換が可能になる。具体的な内容としては，文書の提供，国際的会計調査の実施，さらにはプロトコル（議定書）の締結がある。プロトコルとは，複数の倒産手続実施国の管財人同士で，経営者の選任，事業運営，財産の処分，さらには再建計画案の作成などで協力を約束するものであり，すでに内外の大規模な国際倒産事件でその有用性は認められている。

2 並行倒産における債権者平等

（1） クロス・ファイリング

　この制度は，内外管財人による内外倒産手続の相互参加権を認め，国際的債権者平等を目指すものである（民再210条1項，破357条の4，会更289条の5）。これにより，日本の管財人は，国内債権者を代表して外国倒産手続で債権を届けることができるし（しかし，外国倒産法においても管財人による債権提出権限を認めている必要がある），また反対に外国管財人は，外国債権者を代表して日本の倒産手続で債権を届けることができる。たとえば，わが国の労働者が倒産した会社に対して有する未払いの賃金債権について，各債権者が個別に外国手続で債権の届出をしなければならないとすると実際上困難が予想され，権利追求を断念しかねないことになるが，この制度により債権者は債権の届出が容易になる。この場合の外国管財人の代理権は，当該外国倒産手続開始地国法により認められる必要があり，この権限は書面での証明を要する。

（2） 弁済の調整

　これは，たとえば，国内倒産手続の開始後に，特定の債権者が債務者の在外財産に対して強制執行をかけて債権の満足を得た場合，国内手続では他の債権者が自分の受け取った場合と同じになるまでは弁済を受けることができないとする制度である（ホッチポット・ルール。民再89条2項，破23条の2・182条6項・265条の2・306条の2・326条の2，会更118条の2第2項・124条の3）。前述のように日本の倒産手続は対外効を有することから，ある債権者が外国で債務者の在外財産から債権を回収しても，本来それは他の債権者にも分配されるべき財産である。そこで，簡明な処理をするために，当該債権者から財産を返還させるのではなく，他の債権者が同じ割合で弁済を受けるまでは日本の手続では弁済を受けられないとした（外国の立法例には，外国手続で受け取った配当額の全額の返還を定めているものもあるが，日本はそこまで踏み込まなかった）。たとえば，ある債権者が外国の手続を利用して債務者の在外財産から5％の弁済を受けたときには，この債権者は国内倒産手続で5％を超える弁済がなされる場合に，超過部分を受けることができる。この場合に海外で弁済を

受けた債権者は，日本の手続では弁済を受ける前の債権全額を届け出るが，海外で弁済を受けた分については議決権を行使することができない。なお，弁済調整の場面に限られないが，異種通貨債権についてはいつの時点で評価すべきかは問題である。議定書（プロトコル）によって統一的に処理することになろうか。

　このルールの適応を受けるのは，(i)国内倒産手続に参加している債権者が，(ii)国内倒産開始決定後に外国倒産手続などで配当等を受け，(iii)この債権者に対する外国手続での配当等の割合が国内手続における他の債権者よりも高い場合である。したがって，国内倒産手続の開始決定以前に債務者の在外財産から弁済を受けたときには，このルールの適用を受けず否認権の問題になる。また債権者が債務者の在外財産から弁済を受けた手続とは，倒産手続に限定されない。外国で任意弁済を受けた場合に，このルールの適用を受けるのか否かは問題があるが，国際的な債権者の平等確保という観点からは，肯定すべきである。また，外国で担保権を実行した場合には，このルールの適用はない。しかし，日本法（破産債権，更生債権，再生債権）と当該外国法（別除権）とで権利の位置づけが異なる場合に，どのように扱うのかという問題が生ずる。この点については，倒産手続における債権の順位ないし範囲の問題は，総債権者にとって引き当てとなる財産の範囲を画する問題といえ，倒産手続地法が判断すべきであると考える。また別の問題として，①強制執行により満足を受けた債権者が国内手続で債権届出をしたときに，在外資産からの回収割合が国内手続の弁済割合を上回る場合，または②この債権者が国内倒産手続で債権の届出をしなかった場合には，このルールによっては債権者平等を図ることはできない。そこで，このような債権者に対して不当利得返還請求が可能か否かが問題となる。制限的肯定説は，債務者の海外資産を見つけることは困難な場合が少なくなく，債権者に対して債務者の財産を発見させるインセンティブを与える必要があること，また国際的な不当利得返還請求訴訟合戦を誘発しかねないことを根拠に，外国領域内で当該国がなした国家行為の効力は正当なものとして承認する「外国国家行為承認理論」を展開し（ただし，外国国家行為は外国判決承認に関する民訴法118条の要件を充足する必要がある），他方で外国での任意弁済については債権者と債務者の間には不正な関係がある可能性が高いとして不当利得を

肯定する。これに対して，国際的な債権者平等を実現させる必要性を根拠に一般的に肯定する見解もある。基本的には後説が妥当と考えるが，不当利得を肯定する場合，国際裁判管轄の管轄原因をどう構成するのか，また準拠法（法例11条）をどのようにして決定するのか，日本の倒産手続が外国で承認されず外国で弁済を受けた場合にも当該外国での弁済を不当利得と見るべきか，日本の手続が終了した後に外国手続で弁済を受けた場合にどうすべきかなど，問題が残されている。このようにホッチポット・ルールが機能する局面には限界があることから，内外倒産手続機関相互の情報交換を活発にし，またクロス・ファイリングを積極的に利用することが求められる。

第7章 ■ 内外手続の調整

　内外の倒産関係手続が競合する場合には，法律関係が混乱するおそれが生ずる。そこで，承認援助法では内外倒産手続を調整する規定が設けられている。内外手続が競合する場合には，①外国倒産手続の承認と国内倒産手続とが競合する場合と，②複数の外国倒産手続の承認が競合する場合とに分かれる。この場合，承認援助法の立場は，基本的には承認援助手続と国内倒産手続とが同時に進行することも，複数の承認援助手続が同時に進行することも認めず，いずれか一方が進行する立場を取っている。しかし，日本の倒産裁判所が外国倒産手続を必ずしも適時に認識することはできないので，実際には同時進行することが起こりうる。

1　外国倒産手続の承認と国内倒産手続の競合

(1)　要　　件
　外国倒産手続の承認申立と国内倒産手続開始の申立とが競合するときには，外国倒産手続の承認が優先する場合と，反対に国内倒産手続が優先する場合とがある。外国倒産手続が優先するためには（承認援助法57条・58条・59条・60条），まず第1に，外国倒産手続が主手続であることが求められる。主手続（同法2条1項2号）とは，営業者（個人，法人）の場合には主たる営業所所在地国，非営業者または営業所を有しない場合には，個人であれば住所地国，法人であれば主たる事務所の所在地国，で開始された手続をいう。主たる営業所，主たる事務所がいかなる概念であるのかは問題である。この点について，経済活動を伴っているのか否かを実質的に判断する立場と，定款により形式的に判断する立場とがあるが，後者の方が明確な判断基準を提供する。また，自然人の住所概念も国によって異なる。住所の有無が問題になっている国の法により判断する見解（領土法説）もありうる。しかし，これでは，外国倒産裁判所の所属

する国の法では当該外国に住所があり、また日本法では日本に住所がある場合（国際的な重住所）や、逆に双方に住所がない場合（国際的な無住所）が生じうる。したがって、重住所、無住所を回避する観点から、わが国の国際倒産法独自の立場から住所概念を捉えるべきである。第2の要件として、外国の倒産手続の承認が、債権者の一般的利益に適合することが必要である。これは、外国倒産手続を承認する方が、国内倒産手続を続行するよりも債権者全体にとって利益になるという趣旨である。そして、第3に、外国倒産手続の承認によって、日本国内の債権者に不当な損害が生じないことが必要である。第2の要件は債権者全体の利益を問題にしているので、債務者の事業や財産の扱いについて、外国の債権者の利害と日本の債権者の利害とは必ずしも合致しない場合が生じうる。そこで、国内債権者を保護するために設けられたのが第3の要件である。たとえば、わが国に多数の労働者を有する企業が倒産したときに、外国手続では労働債権に優先権が認められていないが日本では優先権が認められているので、外国倒産手続を承認するよりも、日本で倒産手続を進行させた方が国内債権者に対する弁済率が高い場合などが考えられる。この第3の要件により、外国倒産手続の承認により不利益を被る国内債権者は、国内倒産手続を申し立てることで、外国倒産手続の承認を阻止し不利益を回避できることになる。

上記の要件を充たさない場合には、国内倒産手続が優先する。

（2） 手続上の扱い

内外の倒産手続の競合では、いずれか一方の手続を進めるに際しては他方の手続を中止することにしている。これは、中止されずに進行した手続が目的を達成せずに終了した場合に、中止した方の手続を再開させる必要性があるからである。進行した手続が目的を達成した場合には（承認援助法56条1項3号）、中止された手続は当然に失効する（同法61条1項）。

外国倒産手続の承認裁判所（同法4条により東京地裁の専属管轄。ただし、5条も参照）と、国内倒産手続が係属する裁判所とが一致しないことがあり得る。そこで、両裁判所が連絡をとる必要が出てくる。まず、双方の裁判所書記官は、競合状態を認識したときには、相手の裁判所書記官に通知しなければならない（承認援助規則41条1項・2項）。また、承認裁判所が承認援助手続を優先させて国内倒産手続の中止命令を出すときには、国内倒産裁判所の意見を聴かなけれ

ばならない（同3項）。

　(a)　**承認決定前に国内倒産手続の開始決定がなされていた場合**　承認決定前に国内倒産手続の開始決定が下されていたことが明らかな場合には，承認裁判所は外国倒産手続の承認申立を棄却し，国内手続が優先する。ただし，外国倒産手続が承認援助法57条1項の要件を充たす場合には，外国倒産手続の承認が優先する。その際，裁判所は，職権で承認援助決定とともに国内倒産手続の中止命令を下さなければならない（承認援助法57条2項）。また，承認援助の申立がなされ，承認援助決定が下される以前であっても，すでに国内倒産手続が開始していることが明らかな場合に，外国倒産手続が57条1項の要件を満たしているときには，裁判所は国内倒産手続の中止を命ずることができる。外国倒産手続の承認決定が未確定の状況でも，各手続で矛盾する処分が下される事態を回避する必要があると考えられたからである。この命令は，利害関係人の申立または職権にもとづく（同法58条1項）。

　(b)　**承認決定後に国内倒産手続開始決定の存在が判明した場合**　外国倒産手続の承認決定が下された後になって，債務者について国内倒産手続が開始されたことが明らかになった場合には，外国倒産手続が57条1項の要件を充たすときには，国内倒産手続を中止しなければばらない（承認援助法59条1項1号）。それ以外の場合には，承認援助手続を中止しなければならない（同2号）。

　(c)　**承認決定後に国内倒産手続の申立があった場合**　承認決定後に国内倒産手続の申立がなされたことが明らかになった場合には，外国倒産手続が57条1項の要件を充たすときには，国内倒産手続の中止命令を下さなければならない（承認援助法60条1項）。それ以外の場合には，必要に応じて外国倒産手続の承認の中止が可能である。他の場合と異なり，中止命令が必要的ではなく可能とされるのは，国内手続が開始されるのか否かは不確定であること，また中止されず国内倒産手続が開始した場合には，前述の承認援助法59条1項2号により手続を進めればよいからである。

2　外国倒産手続の承認申立の競合

　わが国で承認対象となる外国倒産手続は，主手続であると従手続であるとを

問わないことになっている。したがって，複数の外国倒産手続の承認が申し立てられる場合としては，①主手続と従手続の承認の申立が競合する場合と，②従手続の承認が複数申し立てられる場合とがある。まず主手続（承認援助法2条1項2号）と従手続（同3号）とが競合する場合には，主手続が優先する。この場合に，先に主手続の承認申立がなされた後で，従手続の承認申立がなされたときには，従手続の承認申立は棄却される（承認援助法62条1項1号）。逆に従手続の申立の後に主手続の承認申立がなされたときには，主手続の承認決定をし，従手続は中止される。この場合，主手続の承認手続が目的達成により取り消されると（同法56条1項3号），従手続は当然に失効する（同法64条）。次に，複数の従手続の承認が求められた場合には，債権者の一般的利益に適合する方の外国倒産手続が承認される（同法62条1項2号）。

第8章 ■ 倒産抵触法

1 総 論——「手続は法廷地法による」の原則との関係——

　渉外民事事件での法適用関係は，一般的に次のようになっている。すなわち，実体問題については，国際私法（抵触法）が定める準拠法選択ルールにしたがい，事件と最も密接に関係する国の法を探求する。わが国では法例が重要な国内法上の法源となる。したがって，実体問題の要件・効果は準拠法とされた各国の法が具体的に定めることになるが，この準拠実体法は国内法の場合もあるし外国法となる場合もある。これに対して手続問題については，「手続は法廷地法による（lex fori）」の原則により法廷地の訴訟法が適用されるので，日本が法廷地の場合には日本の手続法が適用されることになる。もっとも，当事者能力や訴訟能力などについては，手続的的抵触規定という抵触法ルールを認めて，外国訴訟法の適用を認める見解もある。

　倒産手続も裁判手続であるから，多くの問題は法廷地法原則に服することになる。具体的には，倒産手続開始原因，各手続の申立権者および申立期間，倒産手続遂行機関の選任・権限，送達・公告など関係者への通知手段，倒産能力，倒産財団の範囲，手続進行上の諸原則，債権届出の方法・期間，弁済の方法などが該当すると考えられる。ところで，倒産法には実体問題に関係する規定（倒産実体法）が置かれているが，国際倒産の場合にどのような法的処理をするのか，すなわち法廷地法原則に服するのか，それとも外国法の適用を認めるのかについては規定がないので解釈に委ねられている。従来からの支配的な見解は，倒産実体法の分野についても，前提となる法律関係については準拠実体法により定まるが，それ以外は法廷地法の適用があると説かれていた。これに対して，近時有力に説かれているのは，通常の渉外的法律関係と，倒産といういわば非常事態の渉外的法律関係とに連続性を認めようとする見解である。す

なわち,倒産手続が開始するのか否かで準拠法が一変するのは法的安定性を害するとして,倒産の開始如何にかかわらず準拠法を一体的に適用することを主張する。この見解は現在のところ生成途上にあるといえるが,倒産手続の局面では多数の利害関係人が手続に登場し,またそれ故に統一的処理が要求されることから,平時の渉外的法律関係とは前提状況が大きく異なる。この点を前記有力説がどのように理論的に克服していくのか,今後の展開が興味深いところである。

2　各　　論

(1) 双務契約

　倒産手続地法の適用を説く見解は,未履行双務契約の存続は契約の相手方への債務を優先的に弁済するので債権者の平等的扱いに関係し,また,手続の方向性(清算か再建か)に関係すること,法適用関係が簡明であることを理由とする。この立場では,倒産を理由とする解除権の行使は実体法上の解除権にもとづくものではなく,したがって解除権の行使に際しては契約準拠法を考慮しないが,前提となる契約の成立および効力については契約準拠法により判断する。しかし,倒産手続地法の適用を前提としながらも弱者保護を要する領域,たとえば,労働契約については現実に労働を提供している地(労務給付地)の法律による保護が当事者の予測可能性の点から説かれ,また,不動産の賃貸借契約についても同様の見地から不動産の所在地法の適用が説かれる。

(2) 否認権

　否認権については,かねてから要件・行使方法・効果について,倒産手続開始地国法による見解が国際的にも日本の従来の学説でも有力である。その理由としては,否認権が行使されることにより,倒産手続開始地国での債権者の引き当てとなる債務者の財産が増加し,また多くの利害関係人が関わるので一義的に定まる必要があることから,現実に弁済がなされる地の法(すなわち,手続開始地国法)によるべきであると説かれる。これに対して,近時は,ドイツ倒産法施行法102条2項と同様に,原則として倒産手続開始地法を適用しつつも,利害関係人の予測可能性に配慮して否認対象行為の準拠法による拒絶の余

地を認める見解，債権者取消権の準拠法と一致させる見解，あるいは画一的な準拠法選択は妥当ではないとして具体的事案での最適な準拠法の適用を説く見解も主張されている。

（3） 取　戻　権

取戻権も債務者の財産の範囲を確定し，総債権者の利害に関係することを理由に倒産開始地国法によるとの見解がある。これに対しては，一般の取戻権は倒産法が独自に創設した倒産法固有の効果でなく，手続外で行使することができることを確認したにすぎないので，物権であれば物権の準拠法（取戻権の対象となる財産の所在地）による見解などが主張されている。

（4） 別　除　権

別除権行使による特定債権者への優先的弁済は，一般債権者の地位に対する影響を意味するので，倒産開始地国法により統一的に判断すべきであるとの見解がある。この見解による場合でも，別除権が認められる根拠となる担保物権の準拠法が決定されなければならない。まず，担保物権は被担保債権を担保するために存在するので，被担保債権が債権自体の準拠法により成立している必要がある。その上で担保物権の準拠法を決定することになるが，近時の担保物権の準拠法決定に関する有力説によると，約定担保物権の成立については目的物の所在地法の適用があるとされ，そして法定担保物権の成立については，一定の債権を担保するために法が特に認めたものであるから被担保債権の準拠法が認めた権利である必要があるとして，債権の準拠法と目的物の所在地法の累積的適用になるとしている。効力は，約定担保物権，法定担保物権のいずれの場合も物権の準拠法による。

（5） 相　殺　権

倒産開始地法の適用を説く見解によると，相殺は別除権と同様に他の債権者に先立って優先弁済を受けることができ（担保的機能），また相殺権の倒産法上の扱いは法廷地の各倒産手続の目的に応じて異なりうるので，一般債権者の地位に対する影響から手続地の適用が妥当であると主張する。この場合，債権の成立については債権自体の準拠法が，倒産手続での相殺適状の問題については手続開始地国法，相殺の効力については相殺の準拠法によることになろう。相殺の準拠法には争いがあるものの，日本の通説によれば，両債権の消滅にか

かわることから双方の債権の準拠法を累積的に適用すると説かれる。

事項索引

い

異議申述 …………………………… *252*
異時廃止 …………………………… *154*
慰謝料請求権………………………… *70*
移　送 ……………………………… *188*
一成汽船事件 ……………………… *269*
一般的権利変更条項 ……………… *231*
一般の財団財権 …………………… *137*
一般の双務契約 …………………… *77*
一般の取戻権 ……………………… *120*
一般破産主義………………………… *30*
一般優先債権 ……………………… *218*
一般要件説…………………………… *91*
委　任………………………………… *83*
引　致………………………………… *49*

う

請負契約……………………………… *81*
請負人の破産………………………… *82*

え

営業譲渡 …………………………… *206*
営業の譲渡 ………………………… *146*
閲覧等の制限 ……………………… *190*
援助処分 …………………………… *283*

か

概括主義……………………………… *33*
外国人の破産能力…………………… *30*
外国倒産手続の承認 ……………… *278*
外国判決の承認 …………………… *279*
開始後債権 ………………………… *219*
会社更生……………………………… *7*
会社更生計画認可決定 …………… *158*
会社整理……………………………… *9*
会社整理開始命令 ………………… *158*
確定判決と同一の効力……………… *62*
確認訴訟説 ………………………… *110*
瑕　疵………………………………… *77*
可処分所得要件 …………………… *262*
株　主………………………………… *61*
仮登記担保権 ………………… *123, 127*
簡易型 ………………………… *178, 181*
簡易再生 …………………………… *236*
簡易再生手続 ………………… *181, 236*
管轄裁判所…………………………… *40*
関係人集会…………………………… *8*
監査委員………… *27, 109, 145, 178, 179*
　——の法的地位…………………… *27*
管財人 ……………………………… *212*
監　守………………………………… *49*
間接管轄 ……………………… *272, 280*
監督委員 ……………………… *11, 209, 210*
監督型 ………………………… *178, 179*
監督命令 ……………………… *180, 210*
管理型 ………………………… *178, 180*
管理機構人格説……………………… *66*
管理行為 …………………………… *145*
管理処分の喪失……………………… *19*
管理命令 ………………… *180, 212, 286*

き

危機否認 …………………………… 89
期限の利益回復 …………………… 244
議定書（プロトコル）…………… 291
却下決定 …………………………… 162
求償権 …………………………… 60, 76
給付訴訟説 ………………………… 110
給与所得者等再生 ………………… 262
共益債権 ……………… 201, 203, 218
鏡像理論 …………………………… 272
強制和議 ………………………… 26, 155
協定案 ………………………………… 6
共同債務関係 ……………………… 59
銀行取引停止処分 ………………… 36
禁止命令 …………………………… 285
金銭債権 …………………………… 55

く

組合員・会社の社員の破産 ……… 83
クロスファイリング ………… 277, 291

け

形式的相互主義 …………………… 30
形式的要件 ………………………… 28
形成訴訟説 ………………………… 109
継続企業価値 ……………………… 38
係属中の執行関係 ………………… 86
係属中の訴訟関係・執行関係 …… 84
継続的供給契約 …………………… 78
競売手続の中止命令 ……………… 245
競落効果の否認 …………………… 107
減少行為 …………………………… 87
原則的土地管轄 …………………… 187

現有財団 …………………………… 64
牽連破産 …………………………… 39

こ

故意否認 ………………………… 89, 91
交互計算 …………………………… 82
行使主体 …………………………… 109
更生管財人 ………………………… 8
更生計画 …………………………… 8
更生担保権 ………………………… 7
公平誠実義務 ………… 179, 198, 210
国際倒産管轄 ……………………… 272
個人再生 …………………………… 11
個人再生委員による調査 ………… 253
個人再生手続 ……………………… 240
固定主義 ………………… 49, 53, 68
個別的権利行使禁止の原則 ……… 62
個別的権利変更条項 ……………… 231
雇用契約 …………………………… 81

さ

債権および有価証券の譲渡 ……… 146
債権確定訴訟 …………………… 85, 110
債権確定の訴え …………………… 63
再建型倒産整理手続 ………………… 3
債権者委員会 ……………………… 214
債権者集会 ………… 5, 25, 109, 213
──の権限 ………………………… 25
債権者の決議権 …………………… 26
債権者平等の原則 ………………… 17
債権者申立 ………………………… 40
債権調査 …………………………… 62
債権的効力説 ……………………… 112
債権の復活 ………………………… 115

債権表	62
最後の配当	150
財産の評価・財産目録	144
財産評定	222
最終弁済期の延期	244
再生計画	177, 226
──の履行の監督	211
再生計画案	186
再生債権	217
──の評価	252
財政再建団体	31
再生債務者	209
──の行為制限	201
──の第三者性	210
再生手続の廃止	235
財団債権	137
──の範囲	137
──の債務者	139
──の弁済	140
財団不足による廃止	154
最低弁済額基準	262
債務者の経済的再起更生	17
債務超過	4, 37, 185
債務保証の否認	100
詐害意思	90
詐害行為取消権	88
先取特権	57

し

資格制限	49
自己破産	39
──の申立	4
執行行為否認	106
──の要件	106

失効しない手続	86
実質的相互主義	30
実質的要件	28
私的整理	3
支払停止	35, 95
──の二義性論	37
──の例外	102
支払不能	4, 33, 185
資本減少	205
住居制限	49
自由財産	49, 71
住　宅	242
住宅資金貸付債権	241
──に関する特則	241
住宅資金貸付特別条項	242, 243
従手続	280
主手続	280, 295
準別除権者	130
少額管財手続	5
小規模個人再生	249
消極的財産	85
条件付債権	56
使用者の破産	81
譲渡担保権	122, 126
承認管財人	286
承認の取消	288
商人破産主義	30, 274
小破産	47
証明責任の転換	99
将来の請求権	69
将来の退職金債権	69
職分管轄	24, 187
職務説	65
書面による決議	230

所有権留保 …………………… 122, 128
人的保全処分 ……………………… 44
新得財産 …………………………… 68

せ

請求権保全 ………………………… 75
清算型倒産整理手続 ………………… 3
清算価値保障原則 ……………… 255
世界単一主義 …………………… 268
制限説 …………………………… 103
積極的財産 ………………………… 85
説明義務 …………………………… 49
善意取引の保護 …………………… 75
全額財団債権 ……………………… 78
善管注意義務 ……………………… 22
宣告時現存額主義 …………… 59, 60
専属管轄 ………………………… 187
占　有 …………………………… 143

そ

相互主義 ………………………… 274
相殺権 …………………… 130, 301
　――の拡張 …………………… 132
　――の権限 …………………… 133
　――の効果 …………………… 136
　――の行使 …………………… 136
相殺の担保権機能 ……………… 130
創設説 …………………………… 104
相続財産破産 ……………………… 32
相続の承認・放棄 ………………… 76
双方とも不履行の場合 …………… 77
双務契約 ………………………… 300
双務契約以外の法律関係 ………… 83
即時抗告 …………………………… 50

属地主義 ………………………… 268
損害賠償請求権 …………………… 77

た

対価請求権（代金債権）………… 78
対抗不能 …………………………… 73
対抗要件充足行為 ……………… 105
対抗要件の否認 ………………… 103
貸借対照表 ……………………… 144
代償的取戻権 …………………… 124
退職金債権 ………………………… 57
代理説 ……………………………… 65
多数債務者関係 …………………… 58
他の手続の中止命令 …………… 191
担保権者 …………………………… 90
担保権消滅制度 ………… 196, 210, 225
担保権の実行としての競売手続の中
　止命令 ……………………… 192, 195
担保物権 …………………………… 52

ち

中間配当 ………………………… 147
中止命令 ………………………… 283
注文者の破産 ……………………… 81
調査委員 ………………… 209, 211
調査命令 ………………………… 211
帳簿の閉鎖 ……………………… 144
直接管轄 ………………………… 272
賃金債権 …………………………… 57
賃借人の破産 ……………………… 78
賃貸借契約 ………………………… 78
賃貸人の破産 ……………………… 80

つ

追加配当 …………………………… *152*
通常登記説 ………………………… *117*

て

DIP 型 ……………………………… *178*
定期金債権 ………………………… *55*
手形の買戻 ………………………… *103*
手形の買戻請求 …………………… *102*
手形の引受・支払 ………………… *76*
手形の不渡り ……………………… *36*
手続は法廷地法によるの原則 …… *299*
転得者に対する否認 ……………… *108*

と

問屋の取戻権 ……………………… *124*
同意再生 …………………………… *236*
同意再生手続 ……………… *181, 236*
登記に関する特則 ………………… *75*
倒　　産 …………………………… *2*
倒産五法 …………………………… *3*
倒産手続の対外的効力 …………… *276*
同時処分 ……………………… *47, 198*
同時破産廃止 ………………… *48, 153*
特殊の双務契約 …………………… *78*
特殊保全処分 ……………………… *44*
特別清算 …………………………… *5*
　――の開始決定 ………………… *159*
特別の財団債権 …………………… *139*
特別の取戻権 ……………………… *124*
土地管轄 ……………………… *24, 187*
取消命令 …………………………… *284*
取締役 ……………………………… *83*

取戻権 ……………………… *119, 301*
　――の行使 ……………………… *123*

に

任意整理 ………………………… *3, 278*

ね

根抵当権 …………………………… *126*

は

配偶者・親権者 …………………… *84*
配　　当 ………………… *5, 56, 147*
配当に加えられる債権 …………… *148*
配当財団 …………………………… *65*
配当表 ……………………………… *147*
配当率 ……………………………… *149*
破産管財人 ………………… *20, 87, 209*
　――の行為の法律的意味 ……… *22*
　――の職務 ……………………… *21*
　――の費用 ……………………… *22*
　――の法的地位 ………………… *23*
破産原因 ……………………… *4, 33*
破産債権 …………………… *20, 52, 56, 76*
　――に関する訴訟 ……………… *85*
　――の金銭化 …………………… *55*
　――の現在化 …………………… *55*
　――の等質化 …………………… *54*
　――の届出 ……………………… *62*
破産債権確定訴訟 ………………… *63*
破産裁判所 ………………………… *24*
破産財団 ……………………… *48, 64*
　――の換価 ……………………… *145*
　――の管理 ……………………… *142*
　――の減少 ……………………… *118*

――への償還 …………………… 103
破産財団法主体説 ………………… 66
破産者
　――の行為 …………………… 104
　――の法律行為 ………………… 73
　――の法律行為によらない場合 … 74
　――への弁済 …………………… 76
破産終結 …………………………… 5
破産終結決定 ……………………… 152
破産障害事由 ……………………… 42
破産宣告 …………………… 4, 87, 96
破産宣告決定 ……………………… 46
破産宣告後の登記・登録 ………… 75
破産宣告後の破産者の行為 ……… 73
破産宣告時 …………………… 53, 55
破産宣告前の賃金 ………………… 81
破産宣告前の保全処分 …………… 43
破産手続 …………………………… 18
　――の終了 …………………… 147
　――の諸機関 ………………… 18
破産取消決定 ……………………… 51
破産能力 ……………………… 29, 274
破産廃止 …………………………… 153
破産犯罪 …………………………… 166
破産免責 …………………………… 160
　――の合憲性 ………………… 161
破産申立 ……………………… 18, 38, 115
破産申立前 ………………………… 95
ハードシップ免責 ………………… 259
反対給付の返還 …………………… 114

ひ

非金銭債権 ………………………… 55
否認権 ………………………… 211, 300
　――の行使 …………………… 109
　――の裁判外行使 …………… 111
　――の消滅 …………………… 116
　――の類型 …………………… 89
否認の効果 ………………………… 112
否認の登記 ………………………… 116
非免責債権 ………………………… 164
被傭者の破産 ……………………… 81
費用の予納 ………………………… 41
比例的満足 ………………………… 77

ふ

封　印 ……………………………… 143
普及主義 …………………………… 268
付随処分 …………………………… 47
不足額責任主義 …………………… 53
復　権 ……………………………… 165
物権的効力説 ……………………… 112
物権的請求権 ……………………… 52
物権的相対的無効 ………………… 112
物権変動の実体的要件 …………… 75
物上保証人 ………………………… 55
物的保全処分 ……………………… 44
不当利得返還請求 ………………… 293
不服申立 …………………………… 50
分割債権関係 ……………………… 58

へ

並行倒産 ……………………… 91, 278
並行倒産主義 ……………………… 268
別除権 ………………… 125, 225, 301
　――の行使 …………………… 128
　――の種類 …………………… 126
別除権者による破産債権の行使 … 129

弁済禁止の保全処分……………44, 195
弁済能力の欠乏…………………………34
弁済の調整 ……………………………292
偏頗行為…………………………………87

ほ

包括的禁止命令 ………………………191
報酬請求権………………………………83
法人破産…………………………………50
法人役員財産についての保全処分
　　……………………………192, 196
膨張主義…………………………………68
法定財団…………………………………64
法定信託説………………………………66
法的整理 …………………………………3
保険契約…………………………………82
補充的土地管轄 ………………………187
保証人………………………………55, 59
保全管財命令 ………7, 181, 212, 286
保全管理人 ……………………7, 209, 212
保全処分 …………………………………7
ホッチポット・ルール ………277, 292
本旨弁済…………………………………93

み

みなし届出制度 ………………………250
民事再生…………………………………11
民事再生手続……………………………19
民事再生法上の再生認可決定156

む

無限責任社員……………………………61
無条件平等主義…………………………30
無償行為の否認 ………………………108

無償否認……………………………89, 100
　――の例外 …………………………114
無名義債権………………………………63

め

免　責……………………………………58
　――の効果 …………………………164
　――の取消 …………………………165
　――の申立 …………………………161
免責許可決定 …………………………162
免責手続 ………………………………161
免責不許可決定 ………………………162
免責不許可事由 …………………162, 163

も

申立権者…………………………………39
申立手数料………………………………40
申立の取下げ……………………………43

ゆ

有害性阻却事由説………………………91
有限責任社員……………………………61
優先的破産債権…………………………56
郵便物・電報の管理 …………………144
有名義債権………………………………63

よ

予告登記説 ……………………………116
予納金……………………………………41

れ

列挙主義…………………………………33
劣後的破産債権……………………56, 58
連鎖倒産…………………………………17

連帯債務 …………………………55, 59
連帯保証債務………………………59

わ

和議の提供 ………………………155
割引銀行 …………………………102

編者　石川　明(いしかわ あきら)（慶應義塾大学名誉教授）

〔執筆者〕　　　　　　　　　　　　〔担当箇所〕

石川　　明＝岡　　伸浩　　　　　　第1編第1章〜第3章
　　　　　　　　　　　　　　　　　　第2編第1章
岡(おか)　伸浩(のぶひろ)（弁護士）　　　　　　　第3編第1章〜第14章
　　　　　　　　　　　　　　　　　　第4編第1章〜第4章
田村(たむら)　陽子(ようこ)（山形大学講師）　　　第2編第2章
山本(やまもと)　研(けん)（国士舘大学助教授）　　第2編第3章
草鹿(くさか)　晋一(しんいち)（平成国際大学講師）　第2編第4章，第6章
近藤(こんどう)　隆司(たかし)（白鷗大学助教授）　第2編第5章
栗田(くりた)　陸雄(りくお)（杏林大学教授）　　　第2編第7章
宮里(みやざと)　節子(せつこ)（琉球大学助教授）　第2編第8章
本田(ほんだ)　耕一(こういち)（関東学院大学教授）　第2編第9章
波多野(はたの)　雅子(まさこ)（札幌学院大学教授）　第2編第10章
芳賀(はが)　雅顯(まさあき)（明治大学講師）　　　第5編第1章〜第8章
　　　　　　　　　　　　　　　　　　（執筆順）

みぢかな倒産法

2002年4月30日　第1版第1刷発行

編者　石川(いしかわ)　明(あきら)

発行　不磨書房
〒113-0033　東京都文京区本郷 6-2-9-302
TEL(03)3813-7199／FAX(03)3813-7104

発売　㈱信山社
〒113-0033　東京都文京区本郷 6-2-9-102
TEL(03)3818-1019／FAX(03)3818-0344

制作：編集工房INABA　　　　印刷・製本／松澤印刷
©著者　2002, Printed in Japan
Eメール：inaba@shinzansha.co.jp

ISBN4-7972-9295-4　C3332

初学者にやさしく、わかりやすい、法律の基礎知識

―― 石川明先生のみぢかな法律シリーズ ――

みぢかな法学入門【第２版】　慶應義塾大学名誉教授　石川　明 編

有澤知子（大阪学院大学）／神尾真知子（尚美学園大学）／越山和広（香川大学）
島岡まな（亜細亜大学）／鈴木貴博（東北文化学園大学）／田村泰俊（東京国際大学）
中村壽宏（九州国際大学）／西山由美（東海大学）／長谷川貞之（駿河台大学）
松尾知子（京都産業大学）／松山忠造（山陽学園大学）／山田美枝子（大妻女子大学）
渡邊眞男（常磐大学短期大学）／渡辺森児（平成国際大学）　009203-2　■ 2,500 円 （税別）

みぢかな民事訴訟法【第２版】　慶應義塾大学名誉教授　石川　明 編

小田敬美（松山大学）／小野寺忍（山梨学院大学）／河村好彦（明海大学）／木川裕一郎（東海大学）
草鹿晋一（平成国際大学）／越山和広（香川大学）／近藤隆司（白鷗大学）／坂本恵三（朝日大学）
椎橋邦雄（山梨学院大学）／中村壽宏（九州国際大学）／二羽和彦（高岡法科大学）／福山達夫（関東学院大学）
山本浩美（東亜大学）／渡辺森児（平成国際大学）　009223-7　■ 2,800 円 （税別）

みぢかな倒産法　慶應義塾大学名誉教授　石川　明 編

岡伸浩（弁護士）／田村陽子（山形大学）／山本研（国士舘大学）／草鹿晋一（平成国際大学）
近藤隆司（白鷗大学）／栗田陸雄（杏林大学）／宮里節子（琉球大学）／本田耕一（関東学院大学）
波多野雅子（札幌学園大学）／芳賀雅顯（明治大学）　649295-4　■ 2,800 円 （税別）

みぢかな商法入門　酒巻俊雄（元早稲田大学）＝石山卓磨（日本大学）編

秋坂朝則（日本大学）／受川環大（国士舘大学）／王子田誠（東亜大学）／金子勲（東海大学）
後藤幸康（京都学園大学）／酒巻俊之（奈良産業大学）／長島弘（産能短期大学）
福田弥夫（武蔵野女子大学）／藤村知己（徳島大学）／藤原祥二（明海大学）／増尾均（松商学園短期大学）
松崎良（東日本国際大学）／山城将美（沖縄国際大学）　009224-5　■ 2,800 円 （税別）

みぢかな刑事訴訟法　河上和雄（駿河台大学）＝山本輝之（帝京大学）編

近藤和哉（富山大学）／上田信太郎（香川大学）／臼木　豊（小樽商科大学）／津田重憲（明治大学）
新屋達之（立正大学）／辻脇葉子（明治大学）／吉田宣之（桐蔭横浜大学）／内田　浩（成蹊大学）
吉弘光男（九州国際大学）／新保佳宏（京都学園大学）　649225-3　（近刊）

みぢかな刑法（総論）　内田文昭（神奈川大学）＝山本輝之（帝京大学）編

清水一成（琉球大学）／只木　誠（獨協大学）／本間一也（新潟大学）／松原久利（桐蔭横浜大学）
内田　浩（成蹊大学）／島岡まな（亜細亜大学）／小田直樹（広島大学）／小名木明宏（熊本大学）
北川佳世子（海上保安大学校）／丹羽正夫（新潟大学）／臼木　豊（小樽商科大学）
近藤和哉（富山大学）／吉田宣之（桐蔭横浜大学）　649275-X　（近刊）

不磨書房